让法律被信仰

新时代创新司法保障丛书
杨临萍 总主编

司法体制改革与智慧法院的实践与探索

杨临萍/主编

法律出版社
LAW PRESS·CHINA

总　序

国无常强，无常弱；奉法者强，则国强，奉法者弱，则国弱。党的十八大以来，以习近平同志为核心的党中央高度重视法治工作，将全面依法治国作为战略布局的重要组成部分，形成了习近平总书记关于全面依法治国新理念新思想新战略。人民法院公正司法作为全面推进依法治国的重要环节，具有举足轻重的意义。党的十九大发出了夺取新时代中国特色社会主义伟大胜利的动员令，开启了社会主义现代化建设的新征程。在习近平同志为核心的党中央的坚强领导下，我们解决了许多长期想解决而没有解决的难题，办成了许多过去想办成而没有办成的大事，党和国家事业取得了新的历史性成就，全面推进依法治国取得显著成效。

昨夜江边春水生，此日中流自在行。法院审判执行工作是充满政治智慧的技术工作，也是需要高超司法技术的政治工作。重庆法院全体干警以习近平新时代中国特色社会主义思想为指引，认真学习习近平总书记视察重庆重要讲话精神，围绕“努力让人民群众在每一个司法案件中感受到公平正义”的要求，积极发挥司法职能，为经济社会发展大局贡献司法智慧与力量，用实际行动将习近平总书记的殷殷嘱托全面落实在重庆大地上。我们根据中央、最高人民法院、重庆市委部署，推进司法体制综合配套改革，落实司法责任制改革，完善各项单项改革，发挥“制度优势＋技术优势”，构建人力与科技深度融合的司法运行新模式，推动司法质效和公信力全面提升。

习近平总书记指出:“实践决定认识,是认识的源泉和动力,也是认识的目的和归宿。”重庆法院全体干警深学笃用习近平新时代中国特色社会主义思想,坚持总体国家安全观,推进平安重庆建设;坚持贯彻新发展理念,服务保障中心大局;坚持以人民为中心,满足群众多元司法需求;坚持深化改革创新,主动拥抱智慧时代,为实现“两点”定位、“两地”“两高”目标贡献力量,为推动高质量发展,创造高品质生活提供司法保障。全面依法治国是国家治理的一场深刻革命。重庆法院全体干警在这场气势磅礴的革命实践中形成了大量经验、方法和技术,这些经验、方法和技术经过理论升华,生动诠释了中国特色社会主义法治理论。

法,国之权衡也,时之准绳也。审判执行是法院的核心业务,但不是唯一业务。作为国家审判机关,法院在维护宪法法律尊严的前提下,必须充分发挥审判职能,参与社会治安综合治理,服务经济社会发展大局,服务党和国家中心工作,履行好维护国家政治安全、确保社会大局稳定、促进社会公平正义、保障人民安居乐业的职责任务。法律是对权利义务的确认与分配,司法案件往往体现了各种社会利益的冲突。法院在审判执行工作中能够较直接地了解法律问题背后的社会问题。法院受理的案件往往由法律问题和社会问题交错,法官们需要通过解决法律问题实现对社会问题的化解,为人民群众的行为提供预期,从司法角度实现法的指引、评价、预测和教育功能。重庆法院的法官们在法院审判、执行、管理、改革等各方面表现出卓越智慧与丰富经验,并取得了喜人成绩。

一花独放不是春,万紫千红春满园。为及时总结审判经验与司法规律,指导司法实践,更好地发挥新时代司法保障发展的功能,我们编辑出版了这套“新时代创新司法保障丛书”。首批推出《新时代司法促进良法善治的实践》《人民法院法律适用与司法政策审判指导与参考》《司法体制改革与智慧法院的实践与探索》《基本解决执行难理论探索与实务指引》《供给侧结构性改革司法实践——破产重整与和解的最新理论及实务》《人民法院解决“一带一路”贸易争端的司法实践与探索》,旨在反映人民法院在审判实务、司法体制改革、智慧法院建设、基本解决执行难、司法服务中心工作等方面的一些实践与思考。丛书既有对重大司法问题的宏观考量,也有对具体规则的微观分析。“新时代创新司法保障丛书”是锻炼人才、发现人才的重要平台,是进一步促进法院队伍革命化、正规化、专业化、职业化建设的重要手段。我们衷心希望这些成果能够对促进我国司法工作发展起到一定作用。

实践无止境，理论创新无止境。“新时代创新司法保障丛书”是开放式文丛，我们将及时总结法院工作中的司法智慧，并纳入丛书出版，为我国审判理论的丰富和发展添砖加瓦，为法学研究、法学教育和司法实务提供参考。

2019 年，正值中华人民共和国成立 70 周年，“新时代创新司法保障丛书”是重庆法院全体干警对中华人民共和国 70 华诞的隆重献礼。祝福祖国繁荣昌盛，国泰民安！

是为序。

2019 年 1 月

序　把党的十九大精神转化为重庆法院生动的审判实践

党的十九大是在全面建成小康社会决胜阶段、中国特色社会主义进入新时代的关键时期召开的一次十分重要的大会，开创性地提出了一系列重要思想、重要观点、重大判断、重大举措，形成了习近平新时代中国特色社会主义思想，具有里程碑和划时代的重大意义。党的十九大精神为新时代人民法院工作提供了根本遵循，深学笃用党的十九大精神，是做好人民法院工作的根本保证。

一、把党的十九大精神全面落实在重庆法院工作中

一是把学习宣传贯彻党的十九大精神作为首要政治任务。充分认识学习宣传贯彻党的十九大精神的重大现实意义和深远历史意义，学习中应读原文、用原话、悟原理，原原本本、原汁原味学习党的十九大报告、决议和党章，准确把握党的十九大精神实质，深刻领会习近平新时代中国特色社会主义思想的丰富内涵，确保学在深处、谋在新处、干在实处。坚持深学笃用，学思践悟、知行合一，坚持战略思维、历史思维、辩证思维、创新思维、底线思维，做到学懂弄通做实，不断提高改造客观世界和主观世界的能力。

二是深学笃用习近平新时代中国特色社会主义思想。自觉用习近平新时代中国特色社会主义思想武装头脑、统一行动，进一步增强“四个意识”、坚定“四个自信”，旗帜鲜明

讲政治，严格遵守政治纪律和政治规矩，坚决维护党中央权威，坚决服从党中央集中统一领导，紧密团结在以习近平同志为核心的党中央周围，时时处处事事维护习近平总书记的核心地位，做政治上的明白人、老实人，确保法院工作正确政治方向。

三是对标对表党的十九大报告，准确把握新时代法院工作的职责使命。准确把握社会主要矛盾变化对法院工作提出的新要求，紧紧抓住人民群众日益增长的司法需求与法院工作发展不平衡、保障群众权益不充分之间的矛盾，切实满足群众多元司法需求。采取政策化、项目化、事项化方式，确定实施思路、贯彻举措和具体行动，推动党的十九大精神在重庆法院落地生根、开花结果。

二、为贯彻新发展理念实现高质量发展提供有力司法保障

对标对表党的十九大报告关于新发展理念的战略部署，认真践行习近平新时代中国特色社会主义经济思想，准确把握我国经济已由高速增长阶段转向高质量发展阶段的新时代经济发展基本特征，把审判工作的重心放在提升审判质量，实现更高水平的公平正义，促进规则之治上来，“法治搭台，企业唱戏”，以法治作为最大公约数，以优质法治环境聚集经济要素。

一是为深化供给侧结构性改革提供有力司法支持。对标对表党的十九大报告“把发展经济的着力点放在实体经济上”“推动互联网、大数据、人工智能和实体经济深度融合”“激发和保护企业家精神，鼓励更多社会主体投身创新创业”“加快国有经济布局优化、结构调整、战略性重组，促进国有资产保值增值，推动国有资本做强做优做大，有效防止国有资产流失”的要求，依法履行纠纷解决的基础功能，公正高效解决市场主体间的权利争议，平等保护市场主体合法权益；有效发挥秩序维护的重要功能，保护合法行为，保障契约自由，维护交易安全；努力履行规则之治的深层功能，以统一的裁判尺度调整法律关系，规范交易行为，引导秩序形成，实现规则之治。依法保护贯彻新发展中出现的新型权益，支持在法律原则内的制度创新，尊重商事习惯、国际商事惯例、市场规则在审判中的运用，以一流司法环境为标志营造国际化、法治化、便利化的营商环境。在“重庆钢铁股份有限公司破产重整案”中，促成上海证券交易所充分考虑调整重整中除权参考价格计算公式，获得香港联合交易所首次对召开类别股东大会的豁免，创造性地并案解决了第三方担保问题，以市场化、法治化、智能化方式精准践行供给侧结构性改革要求，推动大型国有上市企业质量变革型重整，成为具有规则意义的典型案例，受到最高人民法院、重庆市委的肯定。

二是助推以“乡村振兴战略”为重点的城乡融合发展体制改革。对标对表党的十九大报告“巩固和完善农村基本经营制度，深化农村土地制度改革，完善承包地‘三权’分置制度”“深化农村集体产权制度改革，保障农民财产权益”“发展多种形式适度规模经营，培育新型农业经营主体”“健全自治、法治、德治相结合的乡村治理体系”的要求，分析研判“三农”发展中涉及新型经济关系构建、土地流转、“三权”抵押等前沿法律问题，妥善处理农村改革发展过程中出现的矛盾纠纷，发挥人民法庭在健全自治、法治、德治相结合的乡村治理体系中的作用，促进“乡村振兴战略”实施和城乡融合发展。

三是为重庆市深度融入“一带一路”建设和“长江经济带”发展战略提供司法服务。对标对表党的十九大报告“以‘一带一路’建设为重点”“形成陆海内外联动、东西双向互济的开放格局”“优化区域开放布局，加大西部开放力度”“赋予自由贸易试验区更大改革自主权”的要求，打造涉“一带一路”、自由贸易试验区审判的专业品牌。积极发挥法治的引领和推动作用，按照国际化、法治化要求，通过审判职能行使助推政府行为法治化、经济行为市场化，为完善国际投资贸易规则、陆上贸易规则作贡献。着力研究“一带一路”倡议、中国（重庆）自由贸易试验区和中新（重庆）战略性互联互通示范项目等对外开放建设中的法律问题，推动完善相关法律和政策，促进相关案件公正审理。

四是强化西部创新城市建设的司法保护。对标对表党的十九大报告“加快建设创新型国家”“加强对中小企业创新的支持，促进科技成果转化”“倡导创新文化，强化知识产权创造、保护、运用”的要求，发挥司法保护知识产权的主导作用，加强两江知识产权法庭建设，支持和鼓励在知识产权审判机制创新上先行先试，加强互联网、物联网、人工智能等科技创新中知识产权法律问题的研究。推进知识产权审判方式创新，完善技术咨询专家制度，依法适用知识产权临时措施，及时采取保全措施，提高司法救济的及时性和有效性。

五是加强生态文明司法保护。对标对表党的十九大“加快生态文明体制改革”的要求，落实习近平总书记“只有实行最严格的制度、最严密的法治，才能为生态文明建设提供可靠保障”的重要指示，充分发挥司法在生态环境保护中的作用，推动建立生态文明法治保障机制。推进生态损害赔偿诉讼制度改革，健全生态损害赔偿诉讼与公益诉讼的衔接，加大环境公益诉讼支持力度。强化环境司法专门化，完善“三审合一”和跨区划集中管辖制度，健全专家参与环境资源审判机制，推进审判程序、审判团队、审理方式专门化。完善环境司法与行政执法衔接机制，建立日常联络、案件移送、联合调查、专案会商、信息共享、技术协助等机制，实现生态保护的统一性、及时性和协同性。

三、助推法治国家、法治政府、法治社会建设

对标对表党的十九大报告“法治国家、法治政府、法治社会建设相互促进”“完善党委领导、政府负责、社会协同、公众参与、法治保障的社会治理体制”“提高社会治理社会化、法治化、智能化、专业化水平”“正确处理人民内部矛盾”“加快社会治安防控体系建设”“保护人民人身权、财产权、人格权”的要求，有力推动法治建设。

一是持之以恒抓安全、保稳定。牢固树立总体国家安全观，依法严惩危害国家安全、暴力恐怖和邪教组织等犯罪，坚决维护国家政治安全特别是政权安全、制度安全。

二是履行行政审判职能助推法治政府建设。依法妥善审理行政案件，做好非诉审查工作，积极推进行政案件跨区域管辖试点，定期发布行政审判白皮书，监督支持依法行政。

三是有效参与社会治理。围绕社会治理社会化、法治化、智能化、专业化的要求，及时分析研判司法数据中蕴含的规律性、倾向性和苗头性问题，通过司法建议、以案讲法等形式，助推社会治理水平提高。

四、加强民生权益司法保障

对标对表党的十九大报告中我国社会主要矛盾变化的重要论断，以及“提高保障和改善民生水平”“不断满足人民日益增长的美好生活需要，不断促进社会公平正义”“加强社会保障体系建设”“坚决打赢脱贫攻坚战”等要求，践行以人民为中心的发展思想，坚持公正司法、司法为民，不断满足人民群众最直接、最迫切、最强烈的司法需求。进一步落实司法便民举措，坚持优良传统和高科技融合，完善线上线下诉讼服务中心功能，逐步将全域立案试点扩大至全市范围，为当事人提供集约化、便捷化、科技化司法服务。充分运用巡回审判箱、“车载法庭”等形式开展巡回审理，继续加强便民诉讼网络建设，增强便民实效。发挥司法在助推精准扶贫中的作用，以诉讼服务中心为支点方便贫困群众诉讼，以人民法庭为中心为贫困群众提供便捷司法服务，推动司法援助与精准扶贫的对接，服务保障“精准脱贫攻坚”实施。在坚决打

赢“基本解决执行难”攻坚战上狠下功夫,巩固深化执行工作综合治理大格局,充分运用大数据、互联网、人工智能等前沿科技,切实提高执行工作智能化水平,积极对标第三方评估指标体系,明确方向,补齐短板,圆满完成“基本解决执行难”目标任务。

五、推进司法体制改革与现代科技应用的深度融合

对标对表党的十九大报告“深化司法体制综合配套改革,全面落实司法责任制,努力让人民群众在每一个司法案件中感受到公平正义”的要求,落实中央推进司法体制综合配套改革的各项具体部署。抓住大数据、人工智能、互联网等新一轮信息化的核心内容,实现与司法运行机制的深度融合。

一是以法智云中心为基础推进“大数据 + 司法”。将大数据应用作为智慧法院建设的基础工程,集成“智搜”“慧析”等系统应用,并加快建设法智云中心下的案例云中心,对大数据进行深度挖掘、分析、统计,为法官裁判、审判管理和党委政府决策服务。

二是以类案智能专审平台为核心推进“人工智能 + 司法”。将金融案件智能专审平台建设经验推广至民间借贷、物业合同、买卖合同、劳动争议等其他案件体量大、案情共性强、重复劳动多的民事类案,实现大数据、人工智能在简单类案中的全面适用。尽快建成工伤认定、醉驾案件智能专审平台,推进大数据、人工智能在行政、刑事诉讼中的全面运用。

三是以在线诉讼为重点推进“互联网 + 司法”。继续巩固重庆法院纠纷易解平台建设,推广在线调解、在线司法确认机制的适用。科学确定诉讼案件互联网在线审理的适用范围与具体程序,探索特定类型案件试点互联网在线审理。

六、在法院工作中严格落实全面从严治党要求

对标对表党的十九大“坚定不移全面从严治党”“全面推进党的政治建设、思想建设、组织建设、作风建设、纪律建设”“建设高素质专业化干部队伍”“持之以恒正风肃纪”“夺取反腐败斗争压倒性胜利”的要求,纵深推进党的建设和队伍建设。

一是把党的政治建设摆在首位。牢牢把握新时代党的建设新要求,在政治立场、政治方向、政治原则、政治道路上始终同以习近平同志为核心的党中央保持高度一致,在新时代践行习近平新时代中国特色社会主义思想。

二是进一步加强队伍建设。按照“信念过硬、政治过硬、责任过硬、能力过硬、作风过硬”要求，建设正规化、专业化、职业化队伍，着力提升法院队伍适应新时代中国特色社会主义发展要求的能力，更好地完成全面依法治国、建设法治国家的时代使命。

三是持续深入推进司法廉政建设。深入落实中央八项规定精神，进一步整治“四风”，坚持无禁区、全覆盖、零容忍严惩司法腐败，持之以恒正风肃纪。运用监督执纪“四种形态”，抓早抓小、防微杜渐，使法官及其他工作人员习惯在受监督和约束的环境中工作生活。

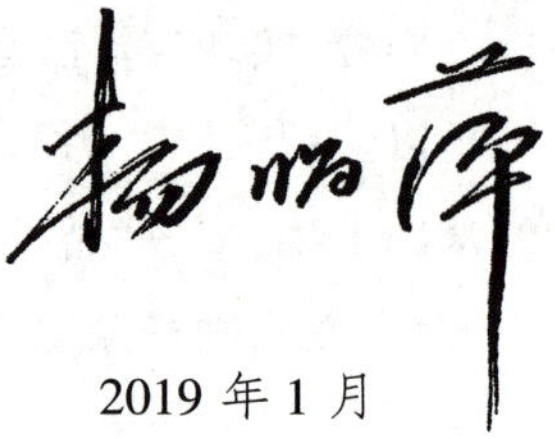

2019 年 1 月

目 录

第一章　智慧法院建设

第二章　法院人员分类改革

第三章 司法责任制改革

第四章 诉讼制度改革

第一章
智慧法院建设

智慧法院建设的实践与思考

杨临萍*

在2018年7月召开的全国司法体制改革推进会上,习近平总书记作出重要指示,强调“遵循司法规律,把深化司法体制改革和现代科技应用结合起来,不断完善和发展中国特色社会主义司法制度”。中央政法委对构建人力和科技深度融合的司法运行新模式、最高人民法院就智慧法院建设均提出明确要求。按照习近平总书记重要指示和中央政法委、最高人民法院部署,重庆市在智慧法院建设方面大胆探索,大数据、人工智能、互联网在便利当事人参与诉讼、规范司法权力运行、辅助法官裁判、引领实现规则之治等方面的积极作用正逐步发挥。

一、重庆智慧法院建设的实践探索

面对即将来临的大数据、人工智能新时代,智慧法院建设已不再局限于构建信息化业务流程体系,实现审判业务、审判管理网上办理,而应抓住大数据、人工智能、互联网这三个新一轮信息化的标志与核心技术,实现与司法运行机制的深度融合,构建“大数据+”“人工智能+”“互联网+”三位一体、协同推进的新型智慧法院建设格局。

---

* 重庆市高级人民法院党组书记、院长。

(一)"大数据 + 司法":重庆法院法智云中心

现代信息科技在司法中的应用,尤其是人工智能对法官裁判的辅助,必须以司法大数据为基础。"大数据 + 司法"不仅是智慧法院建设的重要内容,更是人工智能等新兴技术应用的前提条件。将大数据应用作为智慧法院建设的基础工程,汇聚重庆全市三级法院所有司法审判信息数据和社会公共数据,全面建成三级法院共享共用的法智云中心,集中存储和管理全市法院审判、政务、队伍等应用系统信息及其他相关信息的数据仓库,集成"智搜""慧析"等系统,对大数据进行深度挖掘、分析、统计、对比,根据不同需求形成相关审判大数据分析报告,为法官裁判、审判管理和党委政府经济社会决策服务。在法智云中心下建设案例云中心,要求每位员额法官每年至少向云中心上传一件承办的典型案例,汇集各类案例资源动态数据,与法官智能办案系统对接,作为向法官推送类案的主要信息源,保障类案智能推送的精确性。

(二)"人工智能 + 司法":金融案件智能专审平台

将建设"类案智能专审平台"作为智慧法院建设的核心任务,通过对类型化案件要素的分析提取,机器对同类案件大数据进行深度学习,形成一定的人工智能,在类案智能推送、裁判结果预测、裁判文书自动生成上发挥作用。鉴于信用卡、金融借款案件法律关系相对单一、事实较明晰,大数据、人工智能可在立案、审理和裁判等各阶段快速得到深度应用,将信用卡、金融借款案件作为探索"类案智能专审平台"的突破口。依托互联网和法院专网,分别打造专供金融机构使用的类案"智慧E审"和法官使用的"智能专审"系统。金融机构足不出户便可在互联网系统的固定表格输入少量基础信息,即可自动生成起诉书,还具有批量案件一键立案功能,网上智能便捷立案的功能得以发挥。将信用卡案件审判规则要素化,嵌入案件审理全过程。在开庭阶段,围绕双方当事人是否存在借贷关系、是否存在违约行为以及合同中违约责任的约定等事项进行要素化整理,生成法官庭审指引;在裁判文书撰写阶段,运用裁判文书智能生成系统收集、整理庭审阶段的所有确认信息,生成令状式裁判文书,法官仅需核实关键信息;借助"本息结算系统"一键生成应还本金和利息。同时,向法官推送相似度较高案例,促进类案同判。渝中区人民法院和江北区人民法院自2017年5月1日试点以来,依托智审平台受理信用卡纠纷案件5691件,其中,通过网上远程申请立案1791件,立案大厅批量自助立案3900件,案件平均立案时间缩短到10分钟以内;审结4462件,案件平均审理周期27.4天。

（三）“互联网 + 司法”：全市法院纠纷易解平台与全域立案

采取“互联网 + 多元解纷”路径，构建“全市法院纠纷易解平台”，打造市级层面统一的多元解纷一体化平台。人民调解、行业调解及行政调解组织可直接在平台录入案件、进行网上调解、交互对接法院办案系统。易解平台与法院案件管理系统互联互通，当事人足不出户便可通过平台一键申请法院对人民调解协议进行司法确认。易解平台还与重庆市司法局“巴渝和事佬”调解平台互联互通，法院可在线委托调解、委派调解。2017 年 7 月在合川区人民法院试运行以来，分流调解纠纷 329 件，调解成功 87 件，平台结案平均周期 7 天，法院对通过平台提出申请的 137 份调解协议予以一键式司法确认。“互联网 + 立案”是重庆法院探索“互联网 + 司法”的另一路径。在重庆市第二中级人民法院辖区基层法院开展全域立案试点，当事人在重庆市第二中级人民法院辖区所有基层人民法院以及乡镇法庭，均可提交向辖区内的任一法院提起诉讼的相关材料。收件法院接收起诉材料后进行信息录入，将起诉材料扫描后通过互联互通的立案系统传至有管辖权的法院，管辖法院依法立案后，由收件法院当场打印立案通知书等材料并代为送达。试点结束后，将在重庆全市范围实行全域立案，运用互联网互联互通的优势“让数据多跑路、群众少跑腿”。

二、重庆智慧法院建设的基本特征

（一）遵循大数据与人工智能相辅相成的建设路径

大数据与人工智能是智慧法院建设的核心，两者不能孤立推进，而应融合发展。法院已积聚海量大数据，但大数据并不必然能够辅助法官裁判。法官面对海量案例大数据，实际难以有效阅读，无法起到辅助裁判之效。只有引入人工智能技术，实现大数据的智能化运用，才能有效为法官推送类似案例，甚至为某些简单个案自动生成裁判文书。另外，人工智能的生成必须以大数据尤其是司法案例大数据为基础，由机器对司法案例大数据进行深度学习，深度学习的前提又在于裁判规则的类型化、标准化与要素化。

（二）理性确定大数据、人工智能、互联网司法应用的重点

清晰认知大数据的意义在于担当智慧法院的基石，大数据并不对辅助法官裁判、裁判尺度统一、便捷当事人诉讼具有直接作用，而是作为“人工智能 + 司法”和“互联网 + 司法”的信息源，把司法大数据建设的重心放在“做实”上，三级法院同一标准，数据实时生成并确保真实准确。大数据基础上的人工智能辅助法官裁判是重

点突破的领域，主要有三种应用方式：一是在简单类案中以智能方式提示庭审要素、自动生成裁判文书，减轻法官工作量；二是在复杂类案中智能推送与本案要素最接近的类似案例，为法官提供裁判参考，统一裁判尺度与法律适用；三是在利息、损害赔偿额计算等简单事项中，代替法官的人工计算，为法官减负。诉讼案件互联网在线审理是“互联网 + 司法”的发展方向，具有程序快捷、节约司法资源等价值，但可能与当事人的程序选择权以及直接审理、言辞审理等诉讼法原则冲突，需在提升效率与当事人诉权保障间求得平衡，根据纠纷性质确定互联网在线审理适用范围。当事人为法人或较为简单的案件可探索全程在线审理，对自然人参诉或案情较为复杂的，立案、庭前会议可实行电子化，是否适用在线庭审则应充分尊重当事人意愿，不宜作为强制性、倡导性规定。

（三）三级法院整体推动

发挥直辖市人民法院的体制优势，重庆市高级人民法院统筹设定路线图，既高起点、高标准、高要求谋划，又立足实际、实事求是地分步实施、先行试点、扩大适用、逐步推广。鼓励中基层人民法院积极探索，尤其是在案件要件式审理、要素式提取上发挥基础作用。在“人工智能 + 司法”和“互联网 + 司法”等领域均选择若干中基层人民法院率先试点，积累融合发展经验。以重庆全市三级法院“同一系统、同一平台、同一标准”作为技术支撑，为省级层面推进类案智能专审平台、多元解纷一体化平台建设以及全域立案提供技术便利和保障。

三、重庆智慧法院建设的发展方向

面向未来，重庆法院将以大数据为基础，重点从人工智能司法应用与互联网司法两方面推进智慧法院建设。人工智能司法应用的重点是提升类案智能专审平台的质量与数量，互联网司法的重点在于推进互联网在线审理。

（一）依法保护新型工业化和信息化深度融合中的新业态新权益

大数据、人工智能促进传统领域演变出新的产业形态，新业态对法律体系产生巨大影响，法律规则缺失系亟待解决的问题。在人工智能新兴阶段，谁掌握了法律规则确定权，谁就掌握了产业融合发展的主动权。人工智能形成过程中及人工智能创造的著作权作品的知识产权归属、隐私和数据保护、标准的制定、劳动权的保障、国家安全、无人驾驶汽车等智能产品的法律责任、智能社会法律和伦理道德的边界等，均需进行前瞻性研究。大数据、人工智能与产业融合发展的司法需求正在形成，新业态、新兴权益需要司法的认可、保护与引领。深入研判人工智能技术促进产业结构调整、城市建设与社会治理智能化进程中的司法需求,依法审理人工智能发展中的各类诉讼案件,为人工智能新兴产业发展提供司法支持。加强人工智能知识产权司法保护,依法保护人工智能发展中形成的新兴权益,建立智能产品侵权承担责任的司法规则,防范人工智能技术带来的社会风险,以司法手段有力维护人工智能应用中的国家安全。

(二)推进大数据、人工智能在三大诉讼的全面适用

贵州、上海法院在刑事领域应用大数据、人工智能取得良好效果,但就全国而言,民事及行政诉讼领域是应用的薄弱环节。刑事领域直接移植贵州、上海法院做法,避免重复劳动。把实践探索重点放在案件数量较多、人案矛盾更突出的民事、行政领域。以工伤认定案件为突破口推进行政诉讼案件智能专审平台建设,将金融案件智能专审平台建设经验推广至民间借贷、物业合同、买卖合同、劳动争议等其他案件体量大、案情共性强、重复劳动多的民事类案,实现大数据、人工智能在简单类案件中的全面适用。之后,进一步探索在复杂类案中的适用方法与切入点,逐步实现大数据、人工智能在三大诉讼的全面适用。

(三)形成大数据、人工智能司法应用的方法体系

精准度是大数据、人工智能司法应用的关键,要素式提取和类型案件要件式解构是最重要的基础工作。把做好基础工作尤其是案件要件式解构放在最重要位置,继续探索行之有效的机器认知个案、对司法大数据进行深度学习的方式方法,以要素的对应关系精准推送类案,实现由"案件—案件"转向"要素—要素"的辅助。发挥智能专审平台在促进规则之治方面的作用,社会公众在手机、法院一体机中输入相关争议要素后,即可从智审系统获得裁判结果预测,从而把法治意识和法治规则传递给社会公众,发挥司法在良法善治中的积极作用。正确认知人工智能的局限性,大数据、人工智能仅能辅助法官裁判。审判是集法律知识、经验法则、裁判技术于一体的判断过程,在自由心证、证明标准判断、法律适用解释、经验法则运用、价值判断、社会政策考量等方面,人工智能难以发挥作用。人工智能在涉人身关系诉讼中的运用也受到极大限制。

(四)推动特定类型纠纷的互联网在线审理

拟推动两类纠纷的互联网在线审理。一是涉"一带一路"纠纷在线审理。涉"一带一路"纠纷当事人距离较远且诉讼水平相对较高,纠纷性质多为商事纠纷,可作为探索互联网在线审理的重点领域。二是督促程序的互联网在线审理。以电子化的高效、经济和便捷促进督促程序适用,激活我国《民事诉讼法》"睡眠条款",使大量简单债务纠纷通过电子督促程序解决,从制度上缓解法院人案矛盾。以督促程序电子化为切入点,逐步实现非讼案件的全面在线审理。

智慧法院的重庆实践

陈　浩*

人民法院信息化建设过程当中,电子法院是法院信息化建设3.0版的主要特征之一。电子法院的开通,实现了数据通过互联网流转,实现了司法产品提供方式的创新,是人民法院利用互联网思维,为实现智慧法院建设迈出的第一步。但是,仅仅实现电子法院还不足以支撑网络化、阳光化、智能化的人民法院信息化体系,尤其难以满足面向法官、诉讼参与人、社会公众和政务部门提供全方位智能服务的要求。重庆法院着力尝试利用人工智能、大数据技术对电子法院的核心功能进行智能化改造,打造智能化电子法院"六E",①在此基础上不断进行智慧法院系统的融合创新、升级换代,实现人民法院司法产品生产、交互、提交、评价的智能化升级,精心打造以"4+1"("4易平台+1中心")为核心的智慧法院新生态。

一、智慧法院建设的时代背景

习近平总书记指出,没有信息化就没有现代化。加快智慧法院建设,是落实党和国家科技发展战略的生动实践,是促进司法事业科学发展的内在需求。重庆市高级人民法院

---

* 重庆市高级人民法院信息技术处处长。

① "六E",即E诉讼、E送达、E调解、E庭审、E公开、E执行。

坚决贯彻落实以习近平同志为核心的党中央提出的实施网络强国战略、"互联网+"行动计划、国家大数据战略等一系列决策部署,按照最高人民法院工作部署,将智慧法院建设作为提升司法公信力的重大举措、提升人民群众获得感的有效手段、深化人民法院司法改革的重要支撑。

当前,人民法院正在经历自身的"信息技术革命"。党的十八大以来,最高人民法院将信息化和司法改革作为司法事业发展的"车之两轮、鸟之双翼",深入推进信息化建设,取得明显成效,信息化已经融入人民法院工作的方方面面。重庆法院始终坚持信息技术与审判工作深度融合,倾力打造了重庆全市三级法院"同一系统、同一平台、同一标准"的信息化体系,全面建成重庆法院信息化"12334"总体架构,形成智慧法院的雏形。截至2016年年底,重庆法院已建成面向审判执行、面向人民群众、面向管理决策的全覆盖的业务系统。面向审判执行,研发案件管理监控预警、审判智能决策和风险自动识别预警等智能系统,确保司法责任真正落实在司法裁判全过程。面向人民群众,研发司法公开和诉讼服务智能服务系统,提供诉讼服务应用、当事人信用、律师评价推荐、司法建议、社会管理专题、案例研判、信访咨询和法院审判工作白皮书等公开与诉服成效和对外司法大数据分析服务,努力通过信息化让人民群众切身感受到司法便民、利民。面向管理决策,研发审判资源配置评估、司法研究与指导、人员选拔评价、工作量智能评估等司法研究和工作评估智能服务系统,为管理决策提供有力的"大数据"保障。

但是,由于人力、财力等客观因素限制,重庆法院信息化建设的智能化程度仍然不够,无法满足智慧法院建设要求。2017年以来,以机器学习、自然语言处理、语音识别等为代表的人工智能前沿技术逐渐成熟,人工智能与人民法院工作的融合创新也快速发展。为此,重庆法院结合本地实际,大胆提出,以人工智能、大数据技术升级改造原有电子法院的各项功能,以"六E"推动重庆法院智慧法院建设。全力探索更加高效、经济的智慧法院建设途径。

二、智慧法院的基本架构

(一)E诉讼

重庆法院自觉遵循新发展理念,紧紧围绕重要定位,探索通过人工智能类型化处理案件,研发"类案智能专审平台",通过信息化手段提升案件办案效率和精准度,破解案多人少矛盾,助推裁判标准统一。"类案智能专审平台"充分运用人工智能前沿技术，依托互联网和法院专网分别打造专供诉讼参与人使用的类案“智慧E审”和办案法官使用的“智能专审”两大系统，同时实现系统无缝对接。

1. 智能便捷的网上立案

运用自然语言处理等现代技术，在“重庆法院公众服务网”打造“智慧E审”系统，金融机构无须到法院，登录平台点击“生成起诉书”功能，录入相关信息及材料，即可自动生成标准的起诉状，并在线提交法院。提供智能批量立案功能，当事人或者诉讼代理人只需在平台一张表格中填录需要案件信息，所有案件即可实现一键批量立案。对于纸制材料等非电子材料，当事人仅需将其拍照或扫描上传至“智慧E审”，系统一键自动智能识别原告、被告等关键信息并自动填录，告别烦琐枯燥的人工填录，实现电子数据自动生成、智能识别和分类。对符合立案条件的案件，智能一键生成案件受理通知书、应诉通知书、答辩通知书、举证通知书和送达回证等文书材料，并自动生成打印邮政专递的填录信息。

2. 智慧规范的审理裁判

依托人工智能技术，在法院专网打造“智能专审”系统，将信用卡、民间借贷、工伤认定等类型化案件审判规则要素化，并自动嵌入案件审理全过程，确保法官办案更加标准、规范。在开庭阶段，用系统自动提取关键信息，通过庭审要素智能提取案件共性信息，自动围绕双方当事人的法律关系、法律行为，事实、约定等事项进行要素化整理，并生成法官庭审指引，实现庭审过程的智能化。在裁判文书撰写阶段，运用裁判文书智能生成系统收集、整理案件庭审阶段的所有确认信息，自动生成令状式裁判文书。提供“民间借贷本息结算系统”等智能辅助工具，一键生成应还本金和利息，排除不予支持的利息金额、依法应予返还的利息金额，有效提升了裁判文书的制作效率。同时，自动向法官推送相似度较高的案例，并对法官拟作出的裁判进行智能评析，有效统一裁判尺度，实现类案同判。

3. 全面准确的偏离预警

平台建设过程中，注重提升审判效率与提升审判效果同步推进。以极具代表性的信用卡纠纷案件为例，依托平台智能评析模块，将拟裁判的滞纳金、利息，对标比对重庆全市同期已审结案件裁判标准，对标值与同期90%以上案件一致的，则提示为“正常”，对标值偏低或偏高的，系统自动向法官发送偏离度警示。法官通过查看偏离度，减少出错的概率，推动实现裁判尺度统一。裁判文书稿件出现与已有裁判规则较大偏离的，也会实时推送至院庭长管理平台，为院庭长开展管理提供智能辅助。

4. 快捷高效的文书送达

平台对接重庆法院“E送达—智送速达”系统，法院专递送达单自动识别打印、专递信息实时互通、电子回执快速反馈等功能，让类案专递送达全程留痕、公开透明。研发电子送达系统，利用重庆法院公众服务平台、“12368”短信平台、个人邮件服务平台向当事人提供电子送达服务，大大提高了类案文书送达成功率。对各种送达流程进行信息化再造，完全嵌入案件流程管理系统，让送达不再游离于办案节点管控之外，送达信息自动生成，送达过程清晰可见，送达提醒实时反馈，送达效率和成本主动评估，送达管理更为精细化。

5. 精准多元的类案研判

发挥“大数据”挖掘分析功能，实时分析“E审平台”收集、提取、分析各类数据，将分散的个案关联起来，及时把握数据中蕴含的规律性、倾向性和“苗头性”问题，及时掌握反映纠纷特点及当前经济社会发展存在的热点问题和主要矛盾的关键信息，为党委政府决策提供更加准确的信息支撑。例如，平台通过对金融纠纷案件资金流向的分析，决策者可以清楚地了解资金是否流向实体经济。同时还可以提供特定被告大量举债并被诉至法院的警示信息。

2017年4月“类案智能专审平台”在渝中区人民法院、江北区人民法院试运行以来，得到法官和当事人一致好评。以渝中区人民法院为例，截至2017年12月27日，信用卡纠纷案件共收案7235件，其中网上立案2610件，占比36%；审结6395件，审理时间平均缩短至27.26天，服判息诉率达99.73%。

（二）E送达

“送达难”是长期困扰人民法院工作开展的一大痼疾。长期以来，送达事务耗费了人民法院大量人力、物力。随着案件数量的“井喷”增长，“送达难”问题日益凸显，破解“送达难”问题已刻不容缓。重庆法院采取多头探索、重点突破的方式推进解决“送达难”，在推进重庆法院“智送速达”平台建设，整合邮件送达、短信送达、微信送达等方式，拓展送达途径的同时，建成法院专递管理系统，用互联网思维改造传统送达方式，提升送达效率。

法院专递管理系统是一套法院专递送达流程智能管理系统，创新实现了送达方式智能推送、送达难度智慧判断、送达地址自动选择，送达情况实时反馈，让法院专递真正活起来，点点鼠标就完成送达。重庆全市三级法院实现了法院专递全程管控、专递流程送达信息实时互通、当事人送达地址和联系信息全市共享、电子送达回执自动反馈等目的,还解决了法院专递投递单扫码打印、个案投递难易度分析、专递费用的统计分析等功能。

1. 送达流程全程掌控

旧工作模式中,法院专递交寄后,法院工作人员需收到纸质回执后才能确信和分辨是否已真实送达当事人,以便启动下一步程序。法院专递管理系统利用网联技术,在法院、邮政速递公司和受送达人之间架起了一座闭环高速通道,送达过程和信息实时共享,自动流转,全程留迹,让沟通变得简单,让送达不再困难,解决绝大多数重复送达的困难。

2. 送达信息智能分析

为每个当事人建立专门的送达信息库,通过全市法院诉讼服务中心、公众服务平台,并正在探索第三方(公安、社保、邮政、通信运营商、律协等)联系方式和送达地址共享模式,多渠道采集获取当事人送达地址。同时结合该当事人以前的送达信息和送达方式,利用大数据分析,系统自动向法院工作人员智能推送该当事人的最佳送达方式、最优送达地址和送达难易程度供参考,让法院工作人员按部就班地完成送达工作,节约司法资源。

3. 专递送达单自动识别打印

通过套打实现法院专递烦琐的填单工作,系统智能提取地址信息和联系方式,自动打印专递送达单,彻底解决了字体潦草、字迹不清晰、地址联系方式不准确而导致的回退。委托专业公司研发了能自动识别专递送达单号的打印机和高拍仪,通过自动打印识别和拍照识别专递送达单号实现流转信息的自动采集,并逐案与送达信息关联。

4. 递送信息实时交互

通过与中国邮政速递物流系统的数据交互,实现送达进度实时提醒,方便法院工作人员跟进办案进程。专递送达单信息,寄、收件人信息自动导入邮政速递物流系统,专递结算费用由邮政工作人员定期上传到法院办案系统,方便财务结算。

5. 电子回执自动生成

邮政速递机构专邮人员使用带条码识别的高拍仪、手机将签收信息拍照后形成电子回执实时反馈。通过数据交互自动将电子回执回传至法院案件管理系统,并同步生成送达回证等电子卷宗材料。

6. 送达信息主动发布

利用重庆法院公众服务网的案件流程信息公开平台，将送达情况和进程及时公开，让当事人全程参与监督，随时了解法院办案进程，避免出现不必要的误会。同时通过该平台，让当事人可以随时变更送达地址和联系方式，并推广当事人选用电子送达。

7. 加强法院专递管理

细分法院专递的各个流程节点和工作责任，法院专递管理系统重新定义每个岗位职责，全程记录各个节点的耗时，合理优化改进。并通过互联网和重庆法院专递微信群实现了数据互通共享和法院工作人员与派送人员之间的信息实时交互，提高送达效率和成功率。同时实现了案件信息、送达信息和费用信息逐一匹配，满足法院个案评估和精细化管理的需要。

小系统，大作用，法院专递管理系统上线以来，操作简便、反馈迅速、使用智能、自动提醒等功能深受法院工作人员认同；和邮政速递机构的互动管理让送达行为更为规范；送达流程实时公开满足当事人全程了解送达进程。以重庆市高级人民法院的试点为例，启用法院专递管理系统后，就建议本院工作人员凡是原审案件未妥投的当事人或未联系上的自然人原则不采用法院专递送达，并在专递送达单中对是否联系过的当事人和要求的送达日期进行备注，提高快递人员工作效率。

（三）E 调解

“纠纷易解平台”是重庆法院智慧法院建设进程中推出的又一项重大成果，是重庆法院信息技术在司法为民、便民、利民方面应用领域中的又一次创造性实践。目标就是“让当事人更加理性的选择纠纷化解方式，更加便捷地提供纠纷化解一站式服务”重庆法院从创新纠纷协调机制、有效化解社会矛盾的现实需求出发，充分运用“互联网＋”思维，积极探索大数据多元化纠纷解决机制的新途径，依托重庆法院专网和互联网这“两张网”，全新打造了省级层面统一的法院纠纷多元化解一体化平台，为老百姓解决矛盾纠纷提供了“全流程”“一站式”服务，既大大便利了当事人诉讼，也促进了纠纷化解工作更加专业化、规范化、高效化。

1. 数据共享

重庆市高级人民法院搭建一体化大平台，并以平台为纽带，汇集整合司法调解、人民调解、行政调解、行业调解等多方调解资源，实现了重庆法院诉讼与人民调解、行业调解、行政调解大数据的“实时共享”，有利于最大限度地集约化处理矛盾纠纷，实现资源整合的最大化与实际运用的最优化。平台与重庆市司法局主导的“巴渝和事佬”等调解平台实现了数据共享和互通。根据工作需要与矛盾纠纷综合调处系统、仲裁机构和公证机构进行衔接,建立信息关联点,切实健全拓展平台功能,推动完善矛盾纠纷多元化解体系。

2. 机制共建

平台搭建是基础,多元化解机制是关键。重庆法院纠纷易解平台在合川区人民法院试用以来,合川区人民法院以平台建设为契机,进一步促进人民法院与地区综治办、人力社保局、公安局、司法局、医疗纠纷人民调解委员会、保险行业协会、相关街道人民调解委员会等单位的工作衔接,切实完善涉及婚姻家庭、邻里纷争、交通事故、保险、医疗纠纷等领域的矛盾纠纷多元化解机制。线上,平台打通调解员和当事人登录专用通道,实现当事人申请调解、调解员开展调解与法院工作的“多对一”;建成法官登录通道,实现法院“一对多”委托、特邀调解组织对案件进行调解,以构建起多渠道、多层次的信息化诉调对接通道和诉讼服务体系。线下,试点应用的合川区人民法院已设立线下实体诉调对接中心 1 个,建成诉调对接平台 3 个,实现与 33 个调解组织的工作对接;组成专业级别的调解员库,其中特邀调解员 138 名,专职调解员 2 人。

3. 诉调对接

平台依托互联网和人民法院专网“两张网”,在确保数据安全的情况下,打通了网上“互联通道”,实现了易解平台与法院案件管理系统的互联互通,建成了真正意义上的、覆盖重庆全市的诉调对接大平台。同时,平台采用开放性设计,增强研发当事人自主登录、选择调解、在线调解、网上立案衔接等功能模块,满足当事人多元需求,若当事人达成协议并解决了纠纷,流程可以随时终结;若前一流程不能化解纠纷,程序则自动流转进入下一矛盾纠纷化解环节。当事人愿意调解的,登录界面,进入调解资源,根据案件类型选择人民调解、行业调解和行政调解。调解员可根据双方当事人的申请,组织“线下”座谈调解或是“线上”远程视频调解。案件调解成功,录入双方当事人信息即自动生成调解协议书,在平台一键立案后流转至法院,由法院对调解协议进行司法确认。目前已对通过平台提出申请的 201 件中的 199 件案的调解协议予以司法确认。案件前期调解不成功,征求当事人意愿后,录入当事人信息及诉求、证据资料等直接流转至法院立案。

4. 智能引导

通过纠纷易解平台，引导矛盾纠纷主体理性选择纠纷化解方式，促进纠纷“易解”、实现“规则之治”。以用户体验为核心，通过建立平台参考案例库、典型真实调解案件、调解时间费用等成本要素计算，突出网络调解的高效便捷性、调解方式的权威性和契合性、调解结果的效力性，引导当事人结合自身争议焦点、比较调判案例、预估案件结果，自主选择最为适合的纠纷解决方式。

5. 智能调解

目前正在尝试人工智能等技术引入网上调解，实现人机自动智能对话，为当事人调解智能提供更加多元的网上服务，如法条自动推送、智能计算、简单纠纷智能调解等。

平台以“数据共享、机制共建、诉调对接、纠纷易解”理念为引领，推行“互联网+多元化解”的纠纷化解新模式，为老百姓找到了一条经济、方便、快捷、有效解决矛盾纠纷的途径。2017 年 7 月率先试点应用的合川区人民法院正式启用了“合舟共济 e+平台”，截至 12 月底，已通过平台分流调解 303 件，约占该院同期受理民商事案件 10%。其中，特邀调解案件 175 件，调解成功 155 件；专职调解 128 件，调解成功 87 件，调解平台办结案件的平均周期为 28 天。

（四）E 庭审

2016 年 6 月习近平总书记主持召开的中央全面深化改革委员会第 25 次会议，审议通过了一个对法院具有深远影响的重要文件，就是《关于推进以审判为中心的刑事诉讼制度改革的意见》，要求推进庭审实质化改革，做到“事实查明在法庭、证据认定在法庭、公开宣判在法庭”，审判法庭将会在中国法治进程中发挥越来越重要的功能和作用。重庆法院积极探索，对科技法庭进行智能化升级，打造智能的 E 庭审。

1. 庭审语音识别

2017 年 5 月 19 日重庆市高级人民法院与百度公司签署战略合作协议，将其语音识别等前沿人工智能技术引入法庭，实现了语音自动转换为文字，自动生成高可用性的庭审笔录，大大减轻书记员的工作量，也让庭审记录更为全面、客观、真实。目前，改造后的科技法庭普通话识别率达到 95%，重庆本地方言识别率达到 85%。

2. 证据智能展示

在电子卷宗同步生成的同时，利用智能语音识别技术改造证据展示平台。庭上直接通过语音就可以找到需要展示的电子卷宗内容。传统庭审中的纸质证据材料传递质证方式除走动、耗时之外，还存在检索难、不同步问题。引入语音识别技术改造电子卷宗展示平台后，电子材料上传后会自动生成每页的检索关键字。庭审时，相应电子材料能够根据使用者的语音直接展示电子材料。系统根据庭审过程中说话人的指令，检索到电子卷宗中相应的电子材料，并实时显示在各方当事人面前的显示屏上，方便快捷。

3. 移动终端庭审直播

通过数据对接，直接将视频和语音信号传输至新浪网，通过与新浪公司进行深度合作，大胆将庭审过程面对社会全程公开。在“重庆法院”App 上，以社会公众身份打开“庭审直播”栏目，不需要使用账号密码登录，就可以查看正在公开开庭案件的实时庭审情况。

4. 网上视频开庭

搭建网上三方视频平台，实现网上开庭。双方当事人通过互联网庭审平台参加诉讼，法庭调查、法庭辩论、最后陈述等庭审各环节均在网上运行。庭审过程中，同样运用语音识别技术，自动生成庭审笔录。“网络庭审”极大地方便了身在外地当事人参加诉讼，原、被告只需一台能上网、有摄像头的电脑，就能实现“网络诉讼”。

（五）E 公开

深化司法公开是推进司法责任制改革、健全审判运行机制的重要内容，是保障人民群众有序参与司法、满足人民群众日益增长司法需求的重要方面。为切实深化司法公开，重庆法院通过政务网站、官方微博，开展庭审录音录像、微博图文直播，开通“12368”司法服务短信公开审判流程信息。2017 年更以建设“智慧法院”为支撑，以创建“司法公开示范法院”为载体，充分利用数据集中优势，构建实体、网络和移动终端三位一体的全息化司法公开体系。

1. 构建网上公开平台

重庆法院公众服务网是重庆市三级法院统一的网上公开平台，是一个司法公开、司法便民的数字化功能性网站，推动诉讼服务由实体窗口向网络空间延伸。重庆法院公众服务网采用扁平化设计，全市三级法院共用，除司法公开规定的裁判文书公开、审判流程公开、执行信息公开功能外，还提供法院概况信息展示、网上诉讼服务、案件进展情况查询等功能。当事人通过立案时在受理通知书或应诉通知书中获得的账户及密码登录，足不出户就能查看其起诉到法院的案件的进展情况。网上提交诉讼材料，并实现当事人与承办法官的网上互动交流。

2. 升级诉讼服务中心

为提升诉讼服务中心的智能化水平，专门研发诉讼服务一体机。诉讼服务一体机集指纹识别、材料扫描、文书打印、自助缴费于一体，具有自助立案、证据提交、案件查询、档案查询、异地送达等功能，可以大大方便老百姓，特别是案件数量较大法院的诉讼当事人。诉讼服务一体机具有三大特点：一是功能齐全。诉讼服务一体机配备了高拍仪、身份证读卡器、彩色打印机、指纹仪等多种设备，相当于一个自助式的立案窗口。二是方便快捷。当事人可以借助该设备独立完成立案登记，并可查询立案进度，打印裁判文书等。三是网上流转。自助一体机接入法院内网，案件数据和扫描材料自动转入案件管理系统，法官可实时对当事人录入的资料进行审核，提高工作效率。

3. 完善移动终端 App

"重庆法院"App，以社会公众身份打开"重庆法院"App 应用时，即不以账号密码的方式登录时，可以查看人民法院简介、开庭公告、裁判文书、诉讼指南四个模块，手指轻轻点击相应图标即可进入模块查看内容。如果诉讼参与人使用人民法院案件受理通知书或者应诉通知书中提供的案件查询账号和密码进行登录，还可运用"审判流程公开""执行信息公开"等模块，查看自己所涉案件的办理情况等信息。在庭审直播栏目，还可以查看正在公开开庭案件的实时庭审情况。

4. 拓展公开新渠道

重庆全市法院均将充分运用信息化技术作为丰富司法公开形式，更好地满足人民群众司法需求的重要手段。数据实时统计、实时更新和互联互通的全面实现，为深化司法公开提供了坚实的科技保障。各法院将互联网思维运用于司法公开，均依托互联网平台，通过开通法院官方微博，公开各类审判信息和政务信息；通过开通微信服务号，推送各类信息，增进与公众的良性互动；通过提供二维码安装 App 服务，为公众访问法院的网上平台提供便捷。为人民陪审员配备专用案管账号，便于陪审员查看案件信息。

（六）E 执行

切实解决执行难，是党的十八届四中全会作出的重要部署。最高人民法院向全国人民庄严承诺"用两到三年时间基本解决执行难"。为此，最高人民法院主持建成了网络执行查控体系，上线银行存款查询功能、实现冻结乃至扣划功能，并逐步将网络查控范围扩展到车辆、证券、土地、房屋和新类型财产等。重庆法院在积极借力全国统一平台进行网络查控、评估拍卖的同时，积极创新，借助信息化手段，不断推动“基本解决执行难”取得新成效。

1. 加强执行指挥中心建设

建成执行指挥中心应用平台、远程执行指挥监控系统和视频会议系统，推动信息化与执行工作高度融合。为执行法官、法警配备执法记录仪，拥有120度水平视角，15米的有效拍摄距离，内存达32GB，可满足10小时连续拍录需求，还能监测环境光线，自动开启红外线夜摄模式。可根据现场情况选择录音、拍照，连拍模式，提前与对讲机进行频率配对可以实现实时通话，提升移动执行的信息化保障。加快推进网络查控系统建设，重庆市高级人民法院执行指挥中心建设“点对点”系统对接银行、公安、工商、国土、民政等部门，实现执行信息化查询全覆盖，“查人找物”能力大幅提升，2017年通过该系统查询控制被执行人财产近49亿元。

2. 信息互联实现信用惩戒

加强联合信用惩戒机制建设，推动市委、市政府联合发文支持法院“基本解决执行难”工作，建立党政机关及公职人员涉执线索移送机制，严惩特殊主体规避执行行为，与财政、金融、工商等46家单位建立联合信用惩戒机制，通过网络互联、信息共享共将约20万名“老赖”信息纳入失信被执行人名单库，4.6万余名失信被执行人迫于惩戒压力主动履行义务。

3. 探索网上和解分期支付

在互联网上搭建平台，实现执行和解网上办理和分期支付网上申请。双方达成执行和解的，可以在互联网上进行记录并将信息同步。同时为被执行人和申请执行人搭建通道，被执行人可以直接在网上提出分期支付的申请，经双方网上磋商并同意后，可以进行分期给付。给付记录自动同步至执行案件管理系统，执行法院可以实时跟踪进度和履行情况。

4. 研发上线案款管理系统

重庆法院自主研发“执行案款管理系统”，全市三级45家法院通过“一案一人一账户”匹配，实现了执行案款收、发全流程网上运转，资金收支记录网上审批、全程留痕，快速准确抵达当事人账户。“执行案款管理系统”上线前，每个法院只有一个主账号，所有执行案款都会进入这个账号，来款一旦没有标注具体的案件信息，进账的案款就难以找到对应的执行当事人。缺少关键信息的未认领款项的沉淀，不仅降低了案件执行效率和效果，也影响了执行人权益。“一案一人一账户”的实行，彻底清除不明案款。当事人在法院立案后，通过信息化业务系统，自动对当事人及对应的具体案件自动生成对应的银行账号。从立案到结案到执行，这个账户及信息，就与案件当事人贯穿各个环节，案件的诉讼费用、执行案款都将自动与这个账号并联匹配，执行案款进入后，案款自动对应案件，从而消除“案子对不上钱、钱对不上案子”的情况。同时，银行与法院无缝对接，案件对应账号的实时进账信息自动同步到案款管理系统，既实现了“全程留痕”，规范了执行活动，也有效提高了执行法官的工作效率。

三、推动智慧法院融合创新

检索党的十九大报告发现，一些关键词高频出现：“发展”232 次、“中国特色社会主义”69 次、“创新”60 次、“依法治国”20 次、“科技”16 次。这些关键词大都与智慧法院建设息息相关，同时也充分凸显出创新在新时代的重要地位。智慧法院建设身处现代科技前沿阵地，其本身就意味着必须更加注重人民法院工作与科技的融合，必须对任何未知领域进行积极地探索创新。换言之，智慧法院的生命和本质就在于融合创新。

近年来，中国法院信息化和智慧法院建设成绩斐然，已经处于世界先进水平。这些成绩的取得，有一条尤为重要的经验就是全国四级法院凝心聚力、久久为功的融合创新。成绩永远属于过去，歌功颂德只会止步不前。我们应当看到，以深度学习、自然语义分析、语音识别等为代表的人工智能前沿科技还有待进一步成熟，其中一些核心算法和技术并未掌握在我们手中，人工智能更多是人工，智能只占很少部分，还谈不上真正的人工智能。同时，人工智能与人民法院工作的融合也还处在起步阶段，类案精准推送、庭审方言精准识别等智慧法院产品远未达到一线办案人员的需求。中国智慧法院建设要保持绝对领先地位，当前最紧要的就是敢于发现问题、直面问题，继续汇聚起融合创新的磅礴力量，推动中国智慧法院这艘巨轮不断劈波斩浪、砥砺前行。

要率先抓好智慧法院的科技创新。现代科技是智慧法院建设安身立命之本。习近平总书记深刻指出，“核心技术是国之重器，要下定决心、保持恒心、找准重心，加速推动信息领域核心技术突破”。在全国法院第五次网络安全和信息化工作会上，周强院长强调，“要坚定不移走科技创新之路，为人民法院网信事业发展提供动力源泉”。因此，科技创新是智慧法院融合创新的重要基础和突破口。目前，智慧法院建设呈现出百花齐放的良好势头，但也存在技术趋同和相继效仿的隐忧，其根源在于缺乏核心和关键技术。如前所述，算法作为人工智能的核心，其在裁判文书非结构化数据的运用上还非常局限，使类案精准推送这一智慧法院重点工程的推进举步维艰。当前普遍的做法是由专业法官提炼类案核心法律要素，再交由机器去学习。我们并不否认这是人工智能与法院工作融合创新的必经阶段，但如果不在算法上去投入、去突破、去创新，智慧法院建设将会面临严重的发展“瓶颈”。毋庸置疑，这是一座难以逾越的大山，但我们必须去逾越，早逾越比晚逾越好，否则所谓的“法院智能机器人”只会被沦为“笑柄”。

（一）重点抓好系统和数据的融合创新

在人工智能技术短期内难以实现颠覆性突破的情况下，当下的智慧法院建设要更多围绕“系统和数据”这个基础工程来谋突破。其一，对内要整合系统，也就是实现标准化。标准化是信息化的关键，标准不统一是制约法院信息化的最大壁垒。为了扫清障碍，在最高人民法院的统一指导下，重庆市高级人民法院一直坚持对全市三级法院信息化进行整体规划和顶层设计，始终坚持“三个同一”，即“同一系统、同一平台、同一标准”，并将其作为信息化建设的“基石”。正是基于标准化的顶层设计，重庆法院所有系统都是依托同一核心架构研发，所有系统之间无须对接，无缝实现“你中有我，我中有你”。其二，对外要数据共享。近年来，按照最高人民法院要求，各地法院在与银行、国土、公安、工商、财政等部门数据共享上成果很多，对基本解决执行难、方便当事人缴费等方面立下“汗马功劳”。下一步，应当在解决“送达难”“纠纷多元化解”等方面深度发力。其三，要在数据挖掘、分析上下功夫。有了数据，如何让数据“活”起来，让数据“说话”，绝非通过运算自动得出一个结论、展现一个分析模型这么简单；数据挖掘、分析也绝非诸如类型、地域、特点等分析这么简单。要想让大数据真正“为我所用”，需要人民法院信息技术部门、审判部门和科技公司深度合作，否则一些“泛泛”的分析看起来“很美”，但根本无法满足管理、决策、司法建议等核心需求。坦率地讲，法院数据从体量上并非特别巨大，但其数据种类之丰、涉猎范围之广，是其他很多行业数据无法比拟的。我们只要充分利用好这个富矿区，既注重“大”数据挖掘汇聚，也注重“小”切口深度分析，智慧法院创新成果必将更加丰硕。

（二）聚力抓好制度与科技的融合创新

目前，各地智慧法院建设百舸争流、竞放异彩，但囿于关键技术等因素，已很难在纯技术层面实现“人无我有、人有我特”。要想继续实现智慧法院建设的突破性创新,必须在制度与技术的融合上做文章。正如周强院长所言,智慧法院已经上升为“人民法院组织、建设、运行和管理形态”,建设智慧法院已经不仅是信息技术部门的工作,而是审判执行、审判管理、司法改革、综合行政和纪检监察等各个方面,都要参与到智慧法院建设中来。这也要求我们应当避免落入“纯技术”的窠臼开展智慧法院建设,而应跳出技术看技术,以制度与科技的深度融合来实现智慧法院建设的点石成金。以重庆法院为例,自 2017 年以来连续推出了重庆法院“纠纷易解平台”、全域立案、“易诉平台”等一系列司法服务“拳头产品”,多途径探索智慧法院建设。“易解平台”的核心理念和功能就在于“数据共享、机制共建、诉调对接、纠纷易解”这 16 个字,通过诉调制度与信息技术的融合创新,实现了全市诉讼数据与人民调解、行政调解、行业调解数据的“实时共享”,打通了互联网调解与法院案件管理系统的“绿色通道”,在提高社会治理社会化、法治化、智能化、专业化水平上进行了积极尝试。“易诉”平台则旨在从技术上再造审判流程,全新打造重庆网上智能法院,全流程实现网上立案、网上交费、网上视频开庭、网上证据交换与质证和网上送达,为当事人提供更加便捷的一站式服务。

(三)务实抓好工作模式与科技的融合创新

伴随互联网、人工智能等现代科技新浪潮的到来,加之司法体制改革的深入推进,人民法院审判模式、管理模式、工作模式将会产生前所未有的变革。“变革”就会带来“阵痛”。面对“阵痛”,因循守旧、放任不管不是出路,只有因势利导、融合创新才能消除“病根”。根据全国法院第五次网络安全和信息化工作会议要求,电子卷宗同步生成和深度应用工作 2018 年已全面推进。这项工作必将带来办案方式和管理模式的巨大变革,也意味着对传统办案习惯的彻底颠覆。但这是一项硬任务,时间表、路线图已经明确,困难再多、难度再大,我们也要以壮士断腕的决心、滚石上山的劲头确保落到实处。面对困难和问题,我们完全可以通过工作模式与现代科技之间的融合创新来迎刃而解。比如,针对在电子卷宗随案同步工作推进后如何尽量减轻办案人员负担的问题,要依托深度学习等前沿技术,实现卷宗自动归目、文书智能生成、类案智能推送等功能,最大限度地方便一线法院办案。又如,在电子卷宗随案同步生成中,扫描工作必定大量增加,在案多人少情况下如何化解难题,也必须开展模式创新。各地法院可以结合工作实际,在分散模式、集中模式、复合模式以及外包模式中进行融合创新,找到一种最佳的工作模式,从而适应改革发展的新变化新要求。

四、打造重庆智慧法院新生态

2018年是深入贯彻党的十九大精神的开局之年，是全面推进智慧法院建设的关键之年。重庆市高级人民法院结合工作实际，在既有的“六E”基础上，坚持信息技术与司法体制改革深度融合，深度运用大数据、人工智能、互联网等前沿科技，提出了“以智能化、移动化为发展方向，以方便人民群众、一线法官为服务重点，以提升用户体验度为目标，聚力打造以‘4+1’为核心的重庆智慧法院新生态”的重庆法院信息化建设新方位、新目标。

（一）打造“易诉”平台——重庆网上智能法院

始终坚持司法为民，依托“重庆法院公众服务网”，全新打造重庆网上智能法院——“易诉”平台，全流程实现网上立案、网上交费、网上视频开庭、网上证据交换与质证和网上送达，为当事人及其他诉讼参与人提供更加便捷的一站式服务，为人民群众提供了解法院工作的互联网窗口。“易诉”平台实现了案件类型、业务流程、服务对象、辖区法院的全覆盖，通过案件信息智能识别、管辖范围智能判断、网上庭审智能辅助、关联案例智能推送等功能提升智能化水平和用户使用体验。在提供网站服务同时，研发“易诉”平台App，提供移动端诉讼服务，主动适应当前移动设备普及趋势，满足人民群众使用移动终端参与全过程诉讼活动的需要，为诉讼参与人提供使用移动终端提起、参与诉讼，接收裁判文书等功能，当事人凭一部手机就能参与诉讼全过程。

（二）打造“易审”平台——重庆法院智能办案平台

始终坚持服务审判工作主业，通过不断拓展类型化案件范围，提高案件要素精准提取能力，倾力打造“易审”平台，切实发挥科技效用，为办案法官减负。

实现电子卷宗同步生成。案件卷宗正、副卷按目录编排上传。通过光学字符识别（Optical Character Recognition，OCR）技术，使上传的电子卷宗可转变为可复制、结构化、数据化的电子文件，实现案件信息回填，并方便法官快速定位、检索相应内容及复制引用文字。支持全程网上阅卷，提高法官办案质效。改造办案系统，支持案件办理过程中的电子卷宗自动生成电子档案封面，转为电子档案归档。

融合智能文书生成系统。以智能化提升自动生成文书的质量，优化自动排版功能，可根据标准检查文书格式。全面升级文书校对模块，在实现逻辑、完整性、拼写检查的基础上，实现与办案、办公系统数据比对，并从法律依据条文、法律规定等方面检查文书中的错误，实现法律依据条文引用校验、人名分析检查，确保文书的重要内容符合法律规定。实现直接在办公软件中并行纠错，法官边制作边校验，提高工作效率。

实现类案裁判偏离预警。在自动向法官推送法律法规、相似度较高的案例的同时，实现裁判的智能评析，统一裁判尺度，促进类案同判。以极具代表性的信用卡纠纷案件为例，将拟裁判的滞纳金、利息，对标重庆全市同期已审结案件裁判标准，对标值与同期90%以上案件不一致的，自动向法官发送偏离度警示，裁判文书稿件与已有裁判规则存在较大偏离的，实时推送至院庭长管理平台，为院庭长开展管理提供智能辅助。

（三）深化“易解”平台——重庆法院纠纷多元化解平台

重庆法院从创新纠纷协调机制、有效化解社会矛盾的现实需求出发，打造了省级层面统一的纠纷多元化解平台，为老百姓解决矛盾纠纷提供了“全流程”“一站式”服务，促进纠纷化解工作更加专业化、规范化、高效化。平台以“数据共享、机制共建、诉调对接、纠纷易解”理念为引领，汇集整合调解资源，最大限度地有利于集约化处理矛盾纠纷，实现资源整合的最大化与实际运用的最优化。通过与“巴渝和事佬”等地方调解平台的数据对接，实现诉中委托调解、调解效力确认的网上流转。平台为人民调解、行业调解和行政调解提供了可预知结果的规则指引，让当事人更加理性地选择纠纷化解方式，促进矛盾化解。平台自2017年7月在合川区人民法院试点以来，已成功调解纠纷1835件，约占同期民商新收案件的10%，调解成功1812件，平均办理周期为7个工作日，已对提起申请的558份调解协议予以司法确认。2017年10月该平台荣获电子政务理事会“2017政府网站政民互动类精品栏目奖”。

（四）打造“易达”平台——重庆法院智能送达平台

始终坚持需求导向，采取多头探索、重点突破的方式探索解决“送达难”。“送达难”是长期困扰人民法院的一大痼疾。长期以来，送达事务耗费了大量人力、物力，为此重庆法院着力打造了“智能送达平台”，整合邮政专递送达、邮件送达、短信送达、网站送达和微信送达等方式，用互联网思维改造传统送达方式，提升送达效率。智能送达平台创新实现了送达方式智能推送、送达难度智慧判断、送达地址自动选择、送达情况实时反馈，让法院送达工作真正活起来，点点鼠标就完成送达。平台的邮政专递投递单扫码打印、送达流程信息实时互通、当事人送达地址和联系信息全市共享、电子送达回执自动反馈等功能不断研发上线,实现了重庆全市三级法院送达工作的全程管控,提高了送达效率。

(五)升级"法智云"——重庆法院大数据中心

始终坚持开拓创新,不断提升重庆法院"法智云"中心智能化水平,为法官办案、法院管理提供全方位智能服务。升级"智搜"平台,引入百度等人工智能领军企业,结合国内现行标准和法院实际情况,打造大数据智能搜索系统。通过智能一键搜索,实现结果的精准匹配和关联度排名。搜索的数据范围涵盖案件信息、文书、电子卷宗、案例、法律法规以及内网网站信息等,让法官和管理者可以快速检索、直观浏览。完善"慧析"平台,向全市法院干警提供智能化数据共享、数据分析和数据预测等服务的同时,启动差异化司法大数据分析服务。拓展定制分析的范围,纳入更多分析专题,实现定制化分析的扩容,常用分析图表实时生成。实现非结构化数据分析,利用智能化技术实现对文书和电子卷宗信息的综合分析。通过汇集整合各类数据,实现全市法院"案件—人事—财物—外部数据"的一体化分析。

智慧法院建设永远在路上。习近平总书记明确要求,"要把深化司法体制改革和现代科技应用结合起来,不断完善和发展中国特色社会主义司法制度"。我们将进一步贯彻落实习近平总书记的重要指示精神和中央决策部署,纵深推进重庆智慧法院建设,构建人力和科技深度融合的司法运行新模式,努力实现习近平总书记提出的努力让人民群众在每一个司法案件中都感受到公平正义的目标。

五、结语:待解决的问题

以语音识别、图像识别、OCR和自然语言处理(Natural Language Processing,NLP)为代表的人工智能技术、大数据技术目前已具备一定成熟度,在消费、安全等领域得到充分运用。重庆法院在信息化建设过程中虽然引入了人工智能、大数据等前沿技术,但实际使用效果仍达不到预期。两个方面的因素影响了前沿技术的产出效益。首先,前沿技术需进一步成熟。例如,重庆本地方言的识别较普通话识别难度更大,识别率更低,还需要进一步的技术突破和应用积累。其次,前沿技术与审判工作实际的结合需要建立实事求是的效果反馈机制。以某一个场景、少数案例的应用、展示来判定技术应用的实际效果难以反映真实效果。如何在积极推动智慧法院建设的同时,坚持需求导向,保持技术理性,确保法院主导,在真正需要、真正管用、真正适合的场景下应用前沿技术,需要进一步谋划、统筹。

智慧法院建设的原则、体系和路径

重庆市第四中级人民法院课题组*

2015年7月最高人民法院首次提出“智慧法院”的概念。智慧法院是依托现代人工智能,围绕司法为民、公正司法,坚持司法规律、体制改革与技术变革相融合,以高度信息化方式支持司法审判、诉讼服务和司法管理,实现全业务网上办理、全流程依法公开、全方位智能服务的人民法院组织、建设、运行和管理形态。智慧法院既是存在形态、运行方式,又是思维模式、管理理念;既有客观的技术整合、物质辅助,又有主观的分析动态、管理进程。总体来说,智慧法院是一种深度融合的综合形态,而非建设几个计算机系统。因此,智慧法院建设必须抓住大数据、人工智能、互联网这三个新一轮信息化的标志与核心技术,以智能化、移动化为发展方向,以方便群众、一线法官为服务重点,以提升用户体验度为目标,并基于此确立起一套科学的建设原则和建设体系,指导智慧法院建设实践,方能真正实现与司法运行机制的深度融合,构建起“大数据+”“人工智能+”“互联网+”三位一体、协同推进的新型智慧法院建设格局。①

---

* 课题主持人:孙海龙;课题组成员:唐文、张俊文、粟正均、姚力萍、李皓轩。

① 参见杨临萍:《智慧法院建设的实践与思考》,载《人民法院报》2017年10月25日,第5版。

一、智慧法院建设的原则

智慧法院建设必然面临历史的、现实的、未来的等时空要素的影响，同时也受到观念的、资金的、技术的等条件要素的制约，需要顺应我国近年来实施“互联网+”行动计划、网络强国战略和国家大数据战略，紧紧围绕“努力让人民群众在每一个司法案件中感受到公平正义”工作目标，厘清思路、把握原则，既要尊重客观规律、符合主观需求，又要着眼于解决实际问题，立足于司法实践，促进审判体系和审判能力现代化。

（一）建管用相结合、重在应用原则

1. 坚持建管用相结合

信息化是利用信息技术对生活逻辑、工作逻辑进行技术表达，其终极目的是通过实践应用，从而改进和推动工作。因此，需要理顺终极目标与技术目标之间的关系，需要注重智慧法院建设整体规划，切实做好具体项目的可行性方案论证、成本预算及条件要素分析，增强信息化项目建设及资金安排的计划性与预期性，尽量避免被动建设、应景建设，克服信息化建设的随意性、盲目性。以重庆法院为例，在基础设施建设方面，2006 年二级专网全面贯通，实现三级法院专线通信、视频应用和数据交换，2007 年人民法庭与法院机关光纤专网全线联通，2009 年全部建成远程电子签章系统，2013 年重庆全市法院高清视频会议系统运行使用，2015 年建设移动、电信双线路互备冗余网路，二级专网主备双路 100M 均衡负载，全市法院完成科技法庭 600 余个，审判法庭科技率达到 80%。[①] 可以说在建设方面取得了可喜的成绩，但是在运维管理机制、规范化管理建设方面还存在一些不足，存在建管用脱节，建而不用，重建轻管的问题。例如，部分法院尚未建立信息化核心设备及数据的运维服务保障机制，法院内部运维能力和水平有限。

2. 坚持重在应用

数据本身固然重要，但更重要的是数据挖掘与深度应用。司法数据对于人民法院来讲是一笔宝贵的财富，加强司法大数据研究应用，是推进人民法院审判体系和审判能力现代化的需要，是加速推进智慧法院建设的必然要求。人民法院从审判质效管理的角度出发，对案件信息进行汇聚、管理、分析和服务，是提升司法能力和优

---

① 参见《重庆法院信息化建设五年发展规划（2016－2020）》。

化司法体系的重要路径,是构建新的审判方式的重要组成部分。① 以重庆法院为例,重庆法院2008年5月1日正式开通连接三级法院的工作内网;2009年5月1日全面实现网上办公,2009年9月互联网门户网站改版升级;2010年1月1日全面实施网上办案;2011年审判流程管理系统完善升级;2012年"重庆法院数据中心"初显成效,2013年升级为"数据云中心";2014年4月全面实行信访远程视频接访,2014年9月重庆法院"12368"司法公益服务正式开通;2015年12月重庆法院大集中部署式管理系统运行使用。经过近几年的持续推动,系统功能在不断完善和丰富,但是根据法院工作需要以及结合自身实际,特别是结合司法公开、司法便民的现实需求,在深度研发与应用系统功能上做得不够,还有很大空间和潜力,应通过信息技术的深度研发和应用改进诉讼服务、司法便民、司法公开等工作,提高司法服务的水平。

(二)"四个服务"原则

1. 坚持服务人民群众

据统计,截至2018年5月,中国庭审公开网直播庭审超过86万件,观看量超过61亿人次。中国裁判文书网公开文书超过4500万份,累计访问量超过153亿人次,用户覆盖210多个国家和地区,已成为全球最大的裁判文书资源库。② 周强院长在2018年最高人民法院网络安全与信息化领导小组第一次全体会议上强调,要坚持以人民为中心的发展思想,加快智慧法院建设,努力满足人民群众多元司法需求。智慧法院建设,实现了裁判文书上网、庭审现场网络直播,借助互联网的开放性,让法院审判工作真正实现全球性公开,其公开的广度已经突破了时空限制,消除了群众监督司法的客观性障碍。③ 现阶段,需要以构建"开放、动态、透明、便民"的阳光司法机制为遵循,以"互联网+"行动计划益民服务要求为驱动,通过司法公开、诉讼服务、法治宣传、监督建议等信息化渠道,为广大人民群众主动提供司法公开日常化、诉讼服务一体化、法治宣传多样化的司法服务,不断满足人民群众日益增长的多元司法需求。如开展网上诉讼服务,完善案件查询、网上立案、材料收转、网上送达、网上阅卷、网上信访等功能,为当事人提供线上线下、方便快捷的"一站式"诉讼服务,真正做到让数据多跑路、群众少跑腿。

---

① 参见张志清:《找准智慧法院建设突破口》,载《人民法院报》2017年1月11日,第2版。
② 参见吕冰:《建设智慧法院 各国司法系统怎么做》,载《中国审判》2018年第10期。
③ 参见刘勋:《以智慧法院建设巩固司法改革成果》,载《人民法院报》2016年11月25日,第2版。

2. 坚持服务审判执行

智慧法院建设要有助于减轻司法人员的工作负担,同时有助于提高效率,进而为法官展现和运用自己的智慧提供良好的外部条件。智慧法院建设更能"满足法官在办案过程中对法律、案例、专业知识的精准化需求,有助于统一裁判尺度,促进类案同判和量刑规范化,提升审判质量和效率"。[①] 现有办案智能辅助系统提供了诸多辅助审判的有效工具,比如,司法资源智能检索、审判经验智能共享帮助法官更为便捷地搜寻、检索相关的法条、类似判例、法律文书等审判参考资料;庭审语音智能识别大大减轻甚至替代了书记员的记录工作;裁判文书辅助制作、智能分析等功能减少了裁判文书的差错率、提高了裁判文书的质量。审判辅助职能的效果越发凸显,并向逐步实现审判辅助职能的智能化过渡,为法官集中精力行使事实与法律的判断权创造了更好的条件。由此也看出,智慧法院建设不宜一味地追求"高大上""大而全",要切实从审判实际出发,从一线办案法官的实际需求和有效需求,而不是从项目设计者主观设定的需要出发,多研发一些精准适应审判工作需要、操作简便的"小程序",以提升审判质效,保障公正司法为目的,通过审判业务、执行业务、申诉信访、审判管理和审判支持等信息化建设,为广大干警提供、使用便捷化、业务协同化、服务智能化的审判执行应用,促进提升审判执行和审判支持服务能力。

3. 坚持服务司法管理

有人的地方就有管理的需要,去行政化不是去除行政事务的管理,而是去除行政化的方式处理案件。司法责任制是司法产品的质量控制体系,如何建立公平、公正、透明、有效的法官管理与考评机制,历来是司法改革中的难点。传统考评机制的指挥棒饱受诟病,但迄今,人们似乎并未探索出破解这一难题的有效路径。"忙闲不均""干好干坏一个样"的怪圈始终困扰着司法绩效管理以及当前的司法责任制改革进程。而全程留痕的法官办案过程的信息化,为业绩考核、作风监督、责任追究等提供了海量客观数据,将法官的审判行为量化之后,公平、公正、客观的考评机制才可能建立。因此,需要以"大数据、大格局、大服务"理念为指导,积极将信息化运用拓展到行政事务、档案管理、人事管理、纪检监察、财务管理和后勤装备等管理领域,为各级领导及内外部管理部门提供数据集中化、流程可视化、管理精细化的辅助管理手段,切实提高司法决策和管理科学化水平。

---

① 蒋惠岭:《以正确理念引领智慧法院建设》,载《人民法院报》2018 年 2 月 2 日,第 6 版。

4. 坚持服务廉洁司法

一方面，传统环境中的法官审判具有行为的封闭性和审判信息的不对称性。信息网络技术条件下，司法审判每一步都被数字化，审判信息可能在同一时间、不同空间由多人实时共享，审判过程更透明，信息交流更对称，保证从立案到执行整个过程的每一个流程节点都能有效监控，为落实法官办案责任制提供了便利的监督渠道。[①]另一方面，针对信息化建设投资规模大、廉政风险高的特点，要切实增强法纪意识，主动接受内外监督；在重大项目上坚持集体讨论制，针对立项、采购、招标、评审、验收、资金使用等环节建立科学规范的项目管理和监督审计制度，严把关口，涉及重大资金使用和信息化建设重大事项要依照有关规定研究决定；发挥纪检监察部门作用，强化管理和制度监督，确保风清气正的信息化建设环境。

（三）整体规划、统筹安排、分步实施原则

2017 年人民法院信息化建设注重规划引领，发挥顶层设计的统筹前瞻功能。《国家信息化发展战略纲要》《"十三五"国家信息化规划》等文件就法院信息化建设专门作出部署，标志着"智慧法院"建设已纳入国家信息化发展整体战略和规划。最高人民法院《关于加快建设智慧法院的意见》遵循统一规划、积极推进，融合共享、高效智能，创新驱动、安全发展的总体要求，对加快建设智慧法院工作进行了整体布局。很多地方法院纷纷出台智慧法院建设三年规划、五年规划等，量身定做"智慧法院"解决方案，呈现出百花齐放的良好势头。重庆法院发挥直辖市人民法院体制优势，三级法院整体推动，由重庆市高级人民法院统筹设定路线图，既高起点、高标准、高要求谋划，又立足实际、实事求是地分步实施、先行试点、扩大适用、逐步推广。但地区发展不平衡、不充分和案件量差异等因素，仍然是不容忽视的。必须对此有清醒的认识，做好短、中、长期规划，增强建设的系统性、整体性、协同性，稳步推进发展。同时，智慧法院建设也不是一蹴而就，资金投入是一方面，还需要观念的转变，广大干警的学习掌握运用等。

（四）理念先行、建设超前、安全可控原则

2018 年 4 月 19 日习近平总书记在网络安全和信息化工作座谈会上明确指出："网络安全和信息化是相辅相成的。安全是发展的前提，发展是安全的保障，安全和

---

① 参见孙海龙：《将信息化建设与审判权运行机制改革一体推进》，载《人民法院报》2014 年 6 月 15 日，第 8 版。

发展要同步推进。”在互联网时代、大数据时代和人工智能时代，网络安全、数据安全、技术安全是一个国家安全战略问题。信息社会是典型的风险社会，信息技术包括大数据、人工智能本身都是“双刃剑”。数据安全是智慧法院的生命线，数据安全既涉及国家安全、社会安全，更涉及公民个人信息保护。前者要坚持硬件、软件、数据存储技术等核心技术的国有化；对于个人信息保护，个人数据保护方面的国际通行规则以及《网络安全法》《民法总则》等国内法中的相关法律规定应当予以适用，知情同意、有限使用等个人数据保护的通行原则应当加以遵循。

智慧法院建设必须从长远考虑，敢于接受新事物，敢于同旧的理念决裂。同时，技术更新换代的周期非常快，智慧法院建设的升级周期也非常快，我们的思路必须跟上时代的节奏。① 我们对大数据的研究才刚刚开始，对人工智能的认识也还处于初步，面临的困难和挑战不小。② 应当承认，迄今为止我们的审判体系和审判能力离现代化的标准还有不小距离。智慧法院建设要根据工作需求，在坚持理念先进的前提下，系统建设以先进性、实用性、可靠性、安全性为前提，技术上达到国内甚至国际先进水平，同时确保系统、经济、实用，技术环节必须具备保密性、可靠性、安全性，采用开放式体系结构，具有较好的可扩充性、易维护性。严格落实信息安全分级保护制度，综合运用信息安全技术，强化网络安全措施和管理，规避信息泄露风险，切实提高运维服务水平，确保整网安全、高效、持续、稳定运行。

二、智慧法院建设的体系

体系是指一定范围内或同类的事物按照一定的秩序和内部联系组合而成的整体，是由不同系统组成的系统。智慧法院建设的体系就是与智慧法院建设相联系的各个方面组合而成一个系统。我们认为，智慧法院建设至少应当包括规划指导体系、基础支撑体系、应用软件体系、防护安全体系、工作保障体系五个方面（见图1）：

① 参见蒋惠岭：《加快智慧法院建设的五大理念》，载中国青年网：http://news.youth.cn/jsxw/201706/t20170614_10062246.htm，最后访问日期：2018年12月5日。

② 参见汤啸天：《“智慧法院”建设应当注意的若干问题》，载《人民法院报》2017年2月5日，第2版。

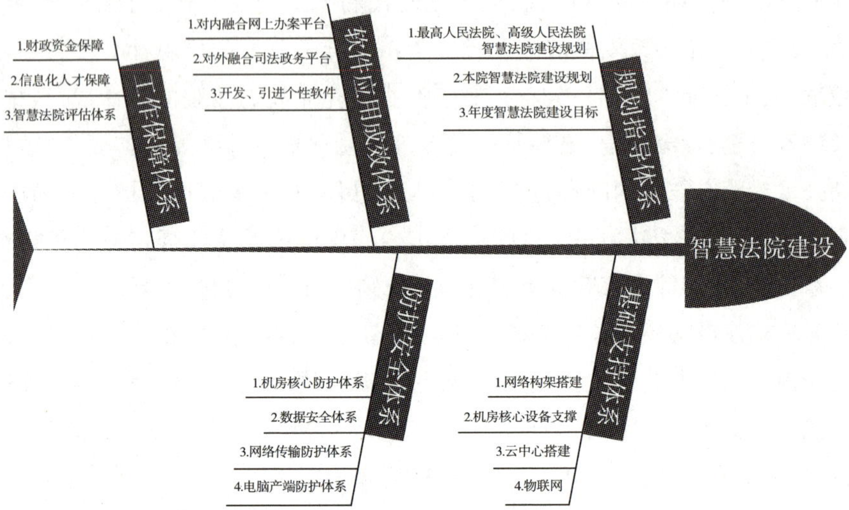

图1　智慧法院体系支撑

(一)规划指导体系

近年来,最高人民法院先后就信息化建设和智慧法院建设提出规划、制定意见,指导全国法院加强信息化工作和智慧法院建设。2016年为做好人民法院信息化建设顶层设计,更好统筹和指导全国各级法院信息化建设,推动转型升级,建成以大数据分析为核心的人民法院信息化3.0版,最高人民法院向全国法院下发了《人民法院信息化建设五年发展规划(2016－2020)》。2017年4月最高人民法院为全面落实《国家信息化发展纲要》和《"十三五"国家信息化规划》对智慧法院建设的总体要求,制定下发了《关于加快建设智慧法院的意见》,该意见从充分认识加快建设智慧法院的意义目标和要求,推进系统建设、提供坚强的信息化基础支撑,推进业务应用、大力提升审判工作质效,推进"互联网＋阳光司法"、促进法院工作透明便民,运用大数据和人工智能技术、按需提供精准智能服务,强化工作保障、促进持续健康发展六个方面就建设智慧法院提出了要求。2016年4月重庆市高级人民法院出台了《重庆法院信息化建设五年发展规划(2016－2020)》,分析了重庆法院系统信息化建设的发展基础,明确了下一步工作的指导思想、建设思路、建设理念及主要目标,提出了"一中心、两平台、三系统、三服务、四保障"的"12334"建设思路和到2020年重庆法院信息化建设要实现的主要目标,这是一个中长期规划。在此基础上,重庆市高级人民法院分年度提出了信息化工作要点。在2016年重庆法院信息化工作要点中,提出了加强顶层设计、优化信息化系统、强化司法服务、拓展数据智能分析、夯实信息化基础、强化信息安全、提高运维保障七个方面的内容；在2017年重庆法院信息化工作要点中，提出了坚持高起点谋划、持续优化信息化系统、不断提升智能审判智能管理智能服务水平、扎实推进信息资源开放共享、切实加强信息技术和安全保障五个方面的要求；在2018年重庆法院信息化工作要点中，提出了“坚持信息技术与司法体制改革深度融合，深度运用大数据、人工智能、互联网等前沿科技，以智能化、移动化为发展方向，以方便人民群众、一线法官为服务重点，以提升用户体验度为目标，聚力打造以‘4+1’为核心的重庆智慧法院新生态”的工作要求。应当说，重庆法院智慧法院建设的规划指导体系是健全完善的，具体体现在工作思路清晰，工作目标明确，工作措施具体，工作成效明显。

（二）基础支撑体系

1. 网络构架搭建

信息化建设作为人民法院一场深刻的自我变革，从1.0版、2.0版到3.0版，即由计算机、网络、数据到知识的发展过程，揭示了智慧法院不仅是加强科技司法应用的工作状态，更是科技规律与司法规律深度融合的法院存在形态。目前，人民法院信息化3.0版主体架构已经确立，以网络化、阳光化、智能化为特征的智慧法院初步形成。但随着人民法院快速发展、应用规模不断壮大，对网络各方面的需求也在急速增加。对此，为了加强顶层设计，引领信息化建设和智慧法院建设全面协调发展，要按照最高人民法院提出的关于智慧法院建设和信息化工作的相关要求，搭建好网络主体构架，作为引领智慧法院建设前进的风向标。

2. 机房核心设备支撑

中心机房是支撑智慧法院建设的核心，是存放各种计算设备、存储设备、网络设备、安全设备的物理场所，是建设智慧法院的中心枢纽，也是评判信息化工作是否具备科学性、先进性的重要标准。中心机房的设施设备的运行情况、计算能力、存储能力、安防能力是决定智慧法院智慧与否的关键。在中心机房核心设备支撑方面应遵循“先进性、可靠性、开放性、扩展性、易用性、安全性”原则，并结合国家对机房的信息化等级保护相关规定进行建设。

3. 云中心建设

基于法院专网、移动专网、外部专网、互联网和涉密网，构建专有云、开放云和涉密云，提升各类基础设施配置水平。利用先进的虚拟化技术，超融合技术，使信息化建设的基础设施综合服务能力提档升级，使用超强融合的计算能力，为数据的采集、运算、存储提供有力保障，为公正司法和司法决策提供有力的数据支撑。利用物联网技术，进一步提升诉讼服务大厅、执行指挥中心、科技法庭、数字化会议室等执法办案场所的信息化水平，采集各个设备运行状态，做到自我分析问题、排除故障、解决问题。

（三）应用软件体系

1. 对内融合网上办案平台

整合诉讼服务中心、电子公告屏、触摸查询系统、诉讼服务窗口管理等各类应用，为诉讼参与人提供全流程、一站式信息化服务；整合内部各个应用型软件，为办案人员提供方便快捷的操作平台。同步使用各个应用系统，让办案人员从烦琐的事务性工作中彻底解放出来，集中精力审理案件。

2. 对外融合司法政务公开平台

司法公开是司法腐败最好的"防腐剂"，法院通过网站、微信、微博等电子平台主动公开司法工作信息和案件审理信息，让公众参与司法过程，使手中的权力在阳光下运行，防止腐败滋生。通过各行业应用数据接口共享，法院系统连接至工商、公安、国土、税务、交通、银行等一系列公共部门。整合数据深度应用，解决数据横向不共享、纵向不贯通的壁垒，为基本解决执行难夯实基础。

3. 开发、引进个性软件

定制开发适合法院工作的个性化软件。一方面，加大学习沟通交流力度，借鉴先进法院的好的做法，注重引进成熟的个性化软件，推进智慧法院建设。另一方面，根据工作需求，开发适用、管用、好用的软件。开发软件要以需求为导向，因开发软件的时间一般都较长，所以在开发前应多调研，在设计方案时要具有一定的超前性和预见性，否则就会出现软件开以出来就落后或者功能不适应需求的情况。

（四）防护安全体系

1. 机房的核心防护体系

机房安全涉及方方面面，确保机房核心安全是计算机信息网络整个系统得以安全的重要前提，否则整个信息系统的安全将无从谈起。重庆市三级法院都应按照要求加强机房的等级保护建设，确保整个信息系统的安全。重庆市第四中级人民法院在2017年已完成了机房三级等级保护建设。

2. 数据安全体系

数据安全是法院信息化建设的"生命线"。在智慧法院建设过程中，要健全完善信息数据管理体制，保障数据安全。以目前重庆全市法院信息化数据的容灾备份存储为例，随着智慧法院建设的快速推进，信息数据越来越多，数据的容灾备份存储越来越重要，而从一些科技公司到法院推销数据存储备份系统来看，无论是技术水平还是存储备份容量都无法满足当前法院信息化发展的需求。对此，重庆市高级人民法院要进行统一设计，建设大型的数据资源管理、存储中心，采用云存储、云计算等技术手段，实现法院系统信息化数据的容灾备份存储，实现信息数据的集中统一管理，确保法院系统信息化数据的安全。

3. 网络传输防护体系

网络传输防护是指采取技术措施，对介入实施控制、保证数据在传输过程中的安全。它所涉及的技术不仅包括“物理安全分析”“网络结构安全分析”“系统安全分析”，还包括“管理安全分析”以及其他相关的安全机制与服务策略。设置访问控制权或者对网络实施隔离防护是网络传输防护体系中的主要手段。目前，重庆法院已实现全国四级法院网络互联互通，并与互联网实行了物理隔离。

4. 电脑终端防护体系

电脑终端防护是对网络实施安全保护的策略之一。要对电脑终端实施更好的安全防护，需建立终端安全风险评估机制，对终端面临的风险进行安全管理，以避免或降低终端发生安全风险事件。电脑终端防护体系要对如何“实时防护”“协调全面管理”“管理和技术并重”进行综合考虑。鉴于此，重庆市高级人民法院与360公司合作，对重庆全市法院的终端电脑部署安装360天擎终端安全管理系统，目前部署终端进万余台，要及时对重庆全市法院工作计算机进行漏洞扫描、修复，对系统补丁进行升级，确保每台终端安全的工作。

（五）工作保障体系

1. 加强信息化人才保障

人民法院信息化人才队伍是人民法院司法辅助队伍的重要组成部分，是信息化建设的根本保障。2015年6月最高人民法院下发了《关于人民法院信息化人才队伍建设的意见》，提出了加强人民法院信息化人才队伍建设的指导思想、总体目标和基本要求，重庆三级法院都应按此要求加强信息化人才队伍建设，为智慧法院建设提供人才保障。要优化信息化人才队伍的专业结构，建立科学专业分类体系，落实规划管理、系统研发、数据管理、信息安全、基础设施、运维保障六类专业配置的员额。重庆市高级人民法院可商编制管理部门争取设置总工程师岗位，实现信息化工作的专业化指导，同时按照六类专业配置不少于12人，加强人才保障。各中级人民法院除规划管理外，对应配置六类专业人员，每个专业应不少于1人。各基层人民法院信息化专职人才配置不少于3人。[①] 由于信息化人才在其专业技术方面有其特殊要求，可采取招录、招聘等多种形式引进，特别是在当前司法体制改革对人员实行分类管理的情况下，通过招录更多的具有正式编制的信息技术人员不太现实，可通过对外聘用、技术外包等形式解决信息化人才队伍短缺问题。对现有的信息专业技术人才，要加强培训，给其创造良好的工作环境，将具有行政编制的信息化人员纳入司法辅助人员序列进行管理。

2. 加强经费保障

没有必要的经费投入，智慧法院建设就不可能完成。目前重庆法院系统在信息化建设经费保障方面，全部是由市财政进行统一安排。三级法院每年上报次年的信息化建设项目及运维项目，由重庆市发改委组织第三方进行评估，并在评估的基础上，与市财政共同研究，安排落实信息化建设经费。没有通过第三方评估的，市财政不安排经费，市发改委不纳入年度建设项目清单，建设单位就不能进行建设。对此，作为重庆市法院智慧法院建设的顶层设计单位，重庆市高级人民法院要加大与市发改委、市财政局协调沟通力度，各中基层人民法院也要主动向市财政局和市发改委汇报本单位智慧法院建设情况，积极争取市财政对法院系统信息化建设项目的资金支持和保障。

3. 加强考核评价保障

考核评价的最终目的是加快推进智慧法院建设。通过考核评价，促进各级法院将智慧法院建设作为单位重要工作来抓，并抓出成效。最高人民法院提出了智慧法院建设的评价指标体系，重庆市高级人民法院就智慧法院建设每年都对中基层人民法院进行全面考核评估。在加强对软硬件建设、安全运维等方面的常规内容进行考核评价外，还应加强对领导重视，特别是在人财物投入方面的考核评价。同时，还要加强对信息化建设成果运用的考核评价。

三、智慧法院建设的路径

建设智慧法院，就是要构建网络化、阳光化、智能化的人民法院信息化架构，支

---

① 参见最高人民法院《关于人民法院信息化人才队伍建设的意见》。

持全业务网上办理、全流程依法公开、全方位智能服务,实现司法为民、公正司法的目的和要求。[①] 从宏观上讲,推进智慧法院工作,需要解决好观念、资金、技术、人才四个关键要素。领导重视、认识到位是基本前提,物质、装备及资金保障是重要基础,充分利用高新科学技术是重要支撑,培养具备专业知识和实践经验的专业技术人才是重要保证。从微观上讲,智慧法院建设包含硬件与软件两大内容,主要包括基础网络、硬件设备、运行系统、应用系统、存储系统、安防系统等重要组成部分,软硬件之间、各系统之间需要相互依托、相互兼容共同发挥作用,缺少其中一部分都将影响系统安全稳定或降低系统功能。在建设方式上,智慧法院建设可以采取采购、联合开发、服务外包等多种方式。下面主要从发展规划、基础建设和系统平台建设三个方面提出智慧法院建设的实践路径。

(一)发展规划

1. 注重计划协同

根据最高人民法院《人民法院信息化建设五年发展规划》和上级人民法院的五年规划内容,根据实地情况,因地制宜编制智慧法院发展规划,依据智慧法院建设发展思路,组织开展智慧法院建设总体技术架构设计和方案论证,结合建设实际逐年评估、修订年度工作要点,保障系统和系统之间、法院和法院之间、法院和外部单位之间的互联互通、信息共享和业务协同。

2. 建立创新联盟

智慧法院建设离不开先进技术的支持。高校师资团队和技术研究机构及前沿创新公司是高新技术产生的重要场所,推进司法信息科技创新工程,形成智慧法院建设创新联盟,共同开展核心技术预先研究、关键技术试验攻关,鼓励技术创新、项目示范试点,为技术推广积累经验。

3. 注重需求分析

做好需求分析。结合重庆市第四中级人民法院实际,认真做好信息化建设项目的需求分析与研究,充分争取上级人民法院支持指导,虚心向友邻法院学习,明确具体项目建设需求与目标要求。做实前期调研。信息技术人员应当结合重庆市第四中级人民法院近期、中期及远期工作需求,通过深入 IT 市场考察、查询相关资料、借

① 参见吴仕春:《法院信息化建设:从 2.0 到 3.0 如何升级》,载《人民法院报》2016 年 5 月 30 日,第 2 版。

鉴先进经验等方式，关注 IT 行业动态，了解市场行情，熟悉产品特性，准确把握信息化行业现状及发展趋势。加强项目策划。根据整体规划与工作需求，高度重视具体项目策划工作，切实做好项目可行性方案论证及成本分析，为领导决策提供具体翔实的参考依据。根据党组会议决议或领导审批意见，做好项目立项工作，认真编制招标文书，在标书及合同中应当明确项目要求、项目期限、验收标准、项目经费等具体内容。注重项目过程监控与引导，加强建设质量与进度跟踪，确保项目按质按时完工。

4. 健全管理机制

智慧法院应坚持“建管用”相结合，管理机制的健全程度直接决定智慧法院建设应用成果的好坏。建立健全智慧法院建设的经费预算、评估采购、项目建设、项目监理、项目验收、资产管理、知识产权、运行维护、绩效考评等方面的管理制度，提高智慧法院建设管理水平和建设效能。

5. 加强信息共享

标准化是信息化的关键，标准不统一是制约法院信息化的最大壁垒。① 全国各级法院在智慧法院建设上缺少部署和整齐划一的机构设置，存在不同程度的机构错位，上下级人民法院对接不畅，职责分不明确等问题，严重制约智慧法院工作的进一步开展。智慧法院建设是—项复杂的系统工程，要统一规划，有计划、有重点、分阶段地逐步推进。在大数据时代条件下，应加强各大系统的信息融合，做到资源互通，减少重复工作量。实现各系统接口的互通，扩大信息共享的范围。

6. 健全评估制度

最高人民法院及重庆市高级人民法院根据智慧法院建设实际，细化制定评价指标，提升各级法院信息化的整体应用成效。科学设计信息化建设评估、审判执行应用成效评估、司法管理应用成效评估、司法服务应用成效评估等各类指标数值，为智慧法院建设整体工作提供持续升级优化依据。

（二）基础建设

1. 注重审判大楼的智能化设计

运用大数据、人工智能和“互联网 + ”的思维，从物联网技术、智能语音识别技术等新技术入手，加强对审判大楼智慧化元素的设计，新建办公或审判大楼应当优先

① 参见陈浩：《智慧法院建设在于融合创新》，载《人民法院报》2018 年 5 月 10 日，第 2 版。

考虑信息化系统综合布线,旧楼改造布线时也应考虑网络发展需要,留有充分余地,以利于今后网络扩展;为适应多媒体技术发展,主干线路应采用光纤,一般线路应采用双胶屏蔽线。新建大楼可以在重要场所配备智能技术,比如,智能语音识别的法庭,智能感知的环境监控技术,利用指纹、人脸识别的安全保障系统等。

2. 加强智能办公办案场所建设

减少干警和当事人在开庭地点、执行场所、阅卷和证据提交的等待时间是智慧法院建设成效最直接的体现。建设远程会议室、执行指挥中心、远程提讯室和信息管理中心等必要的信息化场所可以大大地提高效率。

3. 加强机房核心设备的建设

基础网络、机房布置、核心设备是智慧法院建设的核心中枢,在规划与建设中应当认真分析系统功能,调研论证系统体系、拓扑结构、设备种类、技术参数等,满足功能需求,适度考虑拓展。特别是服务器硬件平台、操作系统及网络协议、关系数据库管理系统、法院综合业务多媒体数据库等主要构成部分,应当符合最高人民法院的建设标准,实现互联互通及开放式体系要求。

4. 加强数据云中心的搭建

根据业务的实际情况,搭建法院内部专有云、开放云及桌面云,实现信息的安全提取与存储。基于法院专网、移动专网部署统一的云管理平台,形成数据中心。提高各类信息基础设施资源的服务能力,基于策略实现资源按需服务。还可以以购买服务方式租用公有云,形成法院的开放云,确保数据安全的前提下将部署在互联网上的应用迁移到法院开放云端。可以提升法院业务在互联网端的应用服务水平。

5. 加强安全备份系统的建设

随着智慧法院建设的深入发展,信息数据的安全需要得到保障,包括网络安全系统的构建,本地数据备份、异地容灾系统的建设。智慧法院建设中部署硬件与软件的共同技术目标,就是生成、存储、处理、运用数据。审判管理系统生成的数据是重要的电子资源,一旦丢失则不可再生且极难恢复。因此,保证数据完整性与安全性,使法院的信息不会出现泄露的情况,是智慧法院建设的一项重要任务。① 多数法院在智慧法院建设初期,主要在推进硬件设备、运行系统、应用系统的建设,保障法院工作对信息化的基本要求,比较忽视了数据容灾备份和安全防护系统建设,数据

---

① 参见李德文:《法院信息化建设》,载《法制与社会》2016 年第 1 期。

丢失及被入侵的风险很大。因此，不可忽视数据容灾备份系统和网络安防系统建设，建设异地冗余备份设备，采取热备、冷备多种备份方式，部署网络防火墙和网关审计等设备，安装入侵检测系统、网络隐患扫描等硬件设备及软件系统，完善网络行为管理软件的应用，及时升级病毒库，定期进行系统维护及杀毒处理，定期进行网络安全检测，建立专门的信息网络安全系统，对各类信息系统进行测评、备案、管理，防止计算机病毒入侵或非法攻击。①

（三）系统平台建设

1. 打造“一站式、全景化、智能型”的智慧法院诉讼服务模式

一是打造集约化的诉讼服务中心。在加强传统柜台立案的情况下，结合物联网技术，结合智能材料流转系统，进行诉讼材料的流转工作。利用二维码扫描识别技术，跟踪诉讼材料的流转进程。利用图文识别技术，充分利用电子卷宗；开发诉讼服务一体机、立案自助机，引导当事人完成诉讼咨询和自助立案；集成远程信访功能和网上会见室，为当事人提供一站式服务。二是建设互联网法院。重庆法院易诉平台就是电子法院建设的一种积极尝试。在线立案方面，可考虑根据案由随机分配至审判庭法官。另外，网络建设与法律要件解构相结合，系统录入信息的要素与法律要件事实相匹配，注重审判的节点和要素在办案软件上的使用。三是完善司法公开三大平台。打通三大平台，做到各大平台的互联互通。推行便捷的移动终端操作，包括手机 App 的研发和微博微信功能的完善，集成司法公开、司法宣传、司法服务的工作。四是完善标准的电话语音服务平台。充分利用“12368”服务平台，通过 24 小时自助语音服务和人工平台相结合为当事人答疑解惑。五是探索电子送达功能。在大数据时代，可与高新科技公司合作的方式，如阿里巴巴公司、腾讯和百度等公司。充分利用其数据库，精准找到电子送达地址，解决送达难问题。

2. 围绕审判执行研发办公办案辅助系统

一是研发办案辅助系统。发挥智能办案辅助系统重要作用，化解“案多人少”矛盾。对于比较成熟的软件，比如，中国知网法律法规库、北大法宝法律法规辅助软件、智能裁判文书纠错系统，可以采取采购的模式，强化实际运用，辅助法官办案。推行文书电子签印一体化系统，省去签章时间并能保证文书格式和签章的统一化、

---

① 参见陈建：《智慧法院建设要重视网络安全保密工作》，载《人民法院报》2017 年 8 月 2 日，第 8 版。

标准化，提高工作效率。运用类案推送平台，利用大数据平台积累的数据，加入人工智能的自动分析，为法官推送相关案件的历史审判情况，以防“同案不同判”情况的发生。[①] 加强办案系统与外部应用软件的融合。办案辅助系统均依赖于数据平台，因此，办案系统的融合开放尤为重要，允许安全可靠的外部软件接入，适当放开数据查询权限，更有利于中基层人民法院探索实践。二是整合优化执行办案系统。随着智慧法院建设的推进，各大信息系统多而杂乱，且相互之间不能做到信息资源共享。在执行案件中尤为突出，这是在调研过程中反映的问题。由于执行查控系统较多，造成办案干警多次针对不同的执行系统重复录入，因此需要完善和优化执行办案系统。通过网络整合各类执行信息网，做到信息共享。实现一次录入，系统信息多方共享，减少执行法官工作量，更减少了多次重复录入出现数据错误的情况。三是推进纠纷多元化解系统的建设。用信息化手段低成本、高效率地化解多元化纠纷，通过在线咨询、在线评估、在线公证、在线调解和在线仲裁的方式化解纠纷，引入行业协会、律所、评估鉴定机构等专业机构，通过系统化设计，构建开放、共享的一体化的解决纠纷的平台。四是开发移动办公办案系统。依托于移动设备完成非涉密信息的处理，实现现场勘查录像、现场视频会议、诉讼保全、调查取证等一系列功能，让法官办公办案摆脱空间的限制。五是购买社会服务。针对卷宗扫描、“12368”人工语音平台、快递收发等“劳动密集型”工作事项，可以采取服务外包的方式，解放法官生产力，让法官专注于审判办案。

3. 充分利用系统基础数据研发审判管理系统软件

一是审判业绩评价管理系统。质效评估可以综合反映一个法院、一名法官的工作业绩，但不能完全科学地反映工作量。因此，可以构建质量、效率并重的工作量评估机制，案件质量和效率的评估体系自身应当合理，案件工作量的评估也应当科学。二是建设司法行政管理系统。加强法院财务、人事、车辆、后勤维护等管理系统的建设，实现管理的自动化、科学化，提升司法政务管理水平。

4. 畅通司法建议渠道，服务廉洁司法

一是打造司法监督平台。在诉讼服务中心或者当事人密集的地方，设立司法监督平台，收集当事人对案件及其他司法作风的反馈信息。二是畅通意见反馈通道。

---

① 参见高绍安：《上海二中院：“智慧法院”的探路者 里程碑意义的C2J法官智能辅助办案系统正式启用》，载《中国审判新闻月刊》2012年第6期。

主要通过优化院长信箱、微博、微信等平台应用，让人民群众可以多渠道充分发表意见和建议，助推司法为民公正司法水平不断提高。

四、结语

将智慧法院建设引入法院工作，使之跟上时代步伐，更好地服务于经济建设，既是对法院工作的要求，也是加强法院物质装备建设、业务建设的需要，是法院科技强警的必由之路。司法公开、阳光审判正离我们越来越近。我们要顺应大数据时代要求，积极运用互联网思维，不断加强和完善法律数据智能化开发与应用，加快智慧法院建设，为实现审判体系和审判能力现代化，司法为民、公正司法提供有力支持。当然，智慧法院建设不是一蹴而就的，也不是一成不变的，需要主动适应新形势、新任务的要求，积极进行调整与优化，满足法院工作、法官办案、群众需求。同时，智慧法院建设更需要层层推进，关键是把准新形势下信息化建设需求，结合发展的不足与劣势，确立整体发展思路；需要在整体发展思路下，掌控重点路径，落实重点措施，使智慧法院建设与新形势、新任务相适应、相协调，科学合理不断向前发展。

“网上法院”背景下电子诉讼问题研究

重庆市江北区人民法院课题组*

相较于传统诉讼运行模式，“网上法院”和电子诉讼是因应时代与社会发展而生成的“新事物、新现象”。其发生、发展并非仅出于偶然，而是有着深厚的技术背景、政策背景和法律背景。

首先，以计算机技术为代表的信息科技快速发展，为电子诉讼制度中的网上立案、电子送达、在线庭审等结构模块提供了必要的技术支撑和物质基础。“网上法院”和电子诉讼的勃兴正是得益于以互联网技术为核心的信息通信技术的深度应用与快速发展。① 其次，网络强国建设、国家信息化建设的战略规划以及司法体制改革和人民法院发展规划的顶层设计方案，是“网上法院”和电子诉讼发展的重要政策依据。《国家信息化发展战略纲要》和《新一代人工智能发展规划》均提出了建设智慧法院或智慧法庭的目标。《人民法院信息化建设五年发展规划（2016－2020）》《关于加快建设智慧法院的意见》以及杭州互联网法院的设立，也均为“网上法院”和电子诉讼发展提供了有力的政策支撑。最后，电子司法改革的国际潮流以及我国诉讼法对电子诉讼的

---

* 课题主持人：李勇，课题组成员：黄玉文、谷佳杰、李昌超、肖瑶、谭中平、肖明明、吴梦琪、邓忠明、吴克坤、彭霞。

① 参见刘敏：《电子诉讼潮流与我国民事诉讼法的应对》，载《当代法学》2016 年第 5 期。

回应,是电子诉讼快速发展的法律背景。德国等国家已在网上立案、在线提交、电子送达、视频庭审等电子诉讼重点程序环节进行了诸多有益探索和实践。我国《民事诉讼法》也已确立电子送达、电子公告、在线庭审、视频作证等电子诉讼程序规则。“网上法院”背景下的电子诉讼已呈蓬勃发展之势。

一、“网上法院”背景下电子诉讼的基础理论

(一)“网上法院”及电子诉讼的概念界定

1.“网上法院”的内涵

质言之,“网上法院”就是依托互联网技术作为诉讼和司法事务运行载体的虚拟法院,其机理是将传统线下诉讼程序运作模式整体转化为线上电子流程。“网上法院”并非是对传统诉讼程序模式的颠覆或解构,其原理架构、法律规则仍应遵循诉讼法的规律和规范,只是在程序运行规则和方式上突出了互联网科技的典型特征。

“网上法院”与智慧法院的内涵密切相关。从技术服务对象的角度,智慧法院可分为“内部智慧法院”和“外部智慧法院”;前者服务于法院司法行政和审判执行,后者则服务于法院和诉讼参与人之间的法律交往。总体上,“网上法院”属于外部智慧法院的范畴,其关注重点集中于电子诉讼程序制度的构建,在视角上重在诉讼参与人程序权利的保障。

2. 电子诉讼的内涵

电子诉讼的概念并未统一,但其核心内涵已相对固定,即运用现代信息通信技术将诉讼程序信息化、电子化和虚拟化。电子诉讼所涉及的内容一般包括网上立案或电子起诉、在线提交证据材料和争点报告、电子化审前程序、视频庭审、电子案卷生成与查阅、电子送达以及电子证据的审查认定等程序环节和问题。

在类型上,电子诉讼通常被划分为阶段式电子诉讼程序和全程式电子诉讼程序。所谓阶段式电子诉讼,即只在特定案件诉讼进程中的某些程序环节运用电子化方式运行;与之相对,全程式电子诉讼即案件诉讼全过程均采电子网络方式。①

3.“网上法院”与电子诉讼之关系

“网上法院”和电子诉讼的功能目标是一致的,二者都致力于降低司法成本,提高诉讼效率,以及促进法律正义以更高效的方式实现。因此,可以说,“网上法院”和

---

① 参见王福华:《电子诉讼制度构建的法律基础》,载《法学研究》2016 年第 6 期。

电子诉讼之间总体上是一种"一体两面"的关系,只是二者的视角和侧重点各异。"网上法院"的观察视角是从人民法院审判权运行层面出发,从司法权的纠纷解决功能角度描述和概括司法程序电子化现象。而电子诉讼则应以当事人的诉权保障为出发点,在审判权与诉权之间存在紧张或冲突关系的情形下,以诉讼便利和权利保护作为优先价值,进而构建电子化诉讼程序的内容和要素。

除上述内在联系外,"网上法院"和电子诉讼之间的关系还可从以下两个方面作进一步分析。一方面,"网上法院"是电子诉讼的运行载体。讨论和构建电子诉讼制度,必须在"网上法院"的框架和背景下进行。另一方面,"网上法院"的内涵较电子诉讼更广。仅就内容构成而言,在一定程度上电子诉讼是包含于"网上法院"的概念内涵之中的。

(二)电子诉讼程序诉讼法原则新解

1. 直接言词原则

多数观点认为,电子诉讼并不违反直接言词原则。电子诉讼的证据可以通过庭前的证据交换,将书面证据转化为电子证据,为在线庭审做足准备。法庭并未丧失对诉讼参与人员的直观印象,借助当前的电子视频技术,图像与语音同步呈现于审判法庭和原、被告所处的开庭地点,是庭审亲历性在电子时代的新内涵。电子诉讼只是从技术手段上改变了各方诉讼主体的交流方式,并未给言词原则的施行造成实质上障碍,甚至由于技术手段的推行,言词的记录因摆脱对书记员的依赖提高了记录效率,在一定程度上克服了传统庭审中言词记录事后不被承认和容易灭失的风险,实现了对诉讼行为准确清晰的记录。①

2. 公开审判

公开审判从刑事诉讼原则演变成三大诉讼法通用原则,是对案件的审理和宣判向社会公开的制度,是我国《宪法》及《民事诉讼法》确立的一项基本诉讼制度和一项重要的宪法原则,要求整个审判过程以人们看得见的方式展示出来,一方面,可以监督法官行权,防止徇私枉法;另一方面,正义实现过程的直观演绎可以对民众起到警示和教育作用。② 传统的公开审判,诉讼当事人需亲自到法庭参与庭审,除涉及个人隐私或商业秘密等,一般允许民众旁听庭审,宣判则一律公开,民众旁听庭审和宣

---

① 参见姜英超:《论我国电子诉讼的实效化》,载《河北科技大学学报》(社会科学版)2017年第2期。

② 参见江伟主编:《民事诉讼法学》,复旦大学出版社2005年版,第129页。

判，也必须亲自到法庭才能实现。在电子诉讼中，民众可以通过法院庭审公开平台，利用互联网即可实现在家、办公室等旁听庭审和宣判，甚至利用移动电子设备，可实现不受场地制约而随地旁听庭审宣判。极大地促进了司法公开，方便民众旁听庭审和监督司法。

3. 程序选择权及救济

对电子设备的熟悉程度不一，以及对电子诉讼的理解及信任存在差异，并非所有主体都愿意适用电子诉讼，特别是在电子诉讼推行初期。对席审理要求审理者、原告和被告呈等腰三角形模式，不仅座位呈等腰三角形，原、被告应采用相同的规则，以确保审理的公正性。所以，不能以追求工具的效率性而忽视诉讼公正性。除应当利用电子进行诉讼的主体外，运用电子诉讼弱势方有利用电子诉讼的选择权。利用电子诉讼弱势方选择同意利用电子诉讼后反悔的，应予准许，但已经作出的电子诉讼活动不能被推翻，除非异议者切实提出证据证明该电子诉讼活动确实违反法律规定，影响实质公正。

二、"网上法院"背景下的电子诉讼实证研究

面对势不可当的电子诉讼浪潮，大多数国家和地区已开始并继续着各种形式的电子诉讼实践，并且基于迥异的法律文化背景和不同的现实需要形成了各自不同的经验模式。本文一方面，将梳理我国电子诉讼发展现状，总结经验及不足；另一方面，将考察域外电子诉讼制度及实践状况，比较不同法律制度下电子诉讼构建理念、具体规则的异同，以克服本土电子诉讼制度研究的局限性。

（一）我国电子诉讼实践探索

1. 我国法院信息化建设和智慧法院建设探索

2007 年 8 月最高人民法院召开了第一次全国法院信息化工作会议，标志着我国法院信息化建设的开端。截至 2013 年年底，全国法院基本完成基础网络、庭审设备建设，建成信息化建设 1.0 版。截至 2015 年年底，全国法院基本建成以互联互通为特征的信息化 2.0 版，各类业务应用系统为司法服务、审判执行和司法管理提供支持。在此基础上，最高人民法院提出 2017 年总体建成、2020 年深化完善全面覆盖、移动互联、跨界融合、深度应用、透明便民、安全可控的信息化 3.0 版的建设目标，并提出智慧法院建设要求。截至 2017 年年底，全国法院基本建成服务所有法官、覆盖所有案件、打通所有流程的网上办案系统，朝着"网络化""阳光化""智能化"的智慧

法院目标大踏步前进。

我国法院信息化建设和服务于法院司法行政和审判支持的“内部智慧法院”的探索实践，为电子诉讼提供了网络及设备等物质载体。

2. 全程式电子诉讼的创新成果

在信息化建设和“内部智慧法院”建设基础上，法院探索为当事人提供司法服务的“外部”电子法院建设，并形成诉讼全程电子化运作的创新成果。

吉林省电子法院实现了诉讼全程的电子化，以“全业务覆盖、全天候诉讼、全流程公开、全方位融合”的电子诉讼模式，为当事人破除了时间和空间对诉讼行为的限制。①

杭州市互联网法院以“涉网纠纷在线审”的思路，对传统诉讼进行流程再造，制定了一套包括《诉讼平台审理规程》《网上庭审规范》在内的新型互联网审判规则，解决了电子诉讼中的身份认定、适用程序转换等疑难问题，为全国法院互联网审判提供了可复制的经验。②

重庆市高级人民法院深度运用大数据、人工智能、互联网等前沿科技，打造了以“4 易平台 +1 中心”为核心的重庆智慧法院，“4 易平台”即“易诉”平台、“易解”平台——纠纷多元化解平台、“易审”平台——智能办案平台、“易达”平台——院智能送达平台和“1 中心”法智云中心——大数据中心。

3. 我国电子诉讼实践的主要问题分析

我国电子诉讼的实践探索虽然取得了显著的成果，但仍然存在以下几个方面的问题：

一是电子诉讼政策驱动多，法律保障少。从电子诉讼的产生与发展过程来看，电子诉讼发展主要是由国家政策引导驱动，各级法院进行探索实践。电子诉讼实践的依据主要为国务院政策文件、最高人民法院规范性文件乃至各地法院自行制定的文件，前者如《关于积极推进“互联网 +”行动的指导意见》，后者如最高人民法院制定的《人民法院信息化建设五年发展规划（2016 – 2020）》等。前述规范文件效力层级较低，依据前述文件对电子诉讼方式和制度的改革，因缺乏《民事诉讼法》等基本法律的保障，可能产生电子诉讼合法性不足的难题，例如，当事人的身份认证效力、

---

① 参见孙兵、王洁瑜：《“互联网 + 吉林电子法院”实现诉讼“键对键”》，载《人民法院报》2015 年 11 月 1 日，第 1 版。

② 参见王玲芳：《网上法庭 · 电子诉讼 · 公平正义》，载《法制日报》2017 年 8 月 30 日，第 11 版。

当事人对电子诉讼程序的适用有无选择权等缺乏相应的法律支撑。

二是电子诉讼重物理平台建设,轻适用规则创制。从我国电子诉讼实践来看,各地法院重点探索物理平台建设,已基本建成各类网上立案、网上提交、网络庭审等电子诉讼平台,但对于各类平台应以何种方式及步骤适用于何种主体、何类案件,除浙江省互联网法院外,却鲜少看到各地法院制定标准化、结构化的程序性规则。程序性适用规则的缺乏,使各类电子诉讼平台难以得到实际运用,又或是在应用中产生现行程序性规则下难以解决的问题,致使各类电子诉讼平台的功能无法有效发挥。

三是电子诉讼重内部建设,轻外部推广。从我国电子诉讼实践来看,电子诉讼还存在重视法院内部建设和应用,忽视了向当事人、律师等诉讼参与人宣传推广的问题。就法院内部而言,各类电子诉讼平台上线运用前后,通常会对法院干警进行平台操作讲解及培训,并就干警掌握及运用情况设置一定的奖惩规则,电子诉讼平台的内部应用推进效果显著。然后,对于法律交互另一方的诉讼参与人而言,电子诉讼建设仍存在推广范围狭窄、宣传针对性欠缺等问题,当事人、律师等诉讼参与人无法全面掌握电子诉讼平台的功能、作用、操作流程等,致使电子诉讼在外部存在运用不足的问题。

(二)电子诉讼的域外经验

1. 适用主体的域外经验

对于电子诉讼应当适用于何种主体,韩国、德国确定特定诉讼义务主体、分布推进电子诉讼适用范围的经验对我国电子诉讼实践有一定的借鉴意义。

依照韩国《电子诉讼法》及大法院的相关规定,韩国将公共机关、地方自治团体为电子诉讼义务方,以这些主体为当事人的案件应当适用电子诉讼程序,并由各级法院专门设立的电子诉讼负责部裁决。德国分阶段推行电子交往的适用,其适用对象从律师、公证员等特定主体不断扩大,最终实现法院与所有当事人的全面双向电子交流。①

2. 适用案件的域外经验

英国在线法院采取先确定一般管辖范围,再排除不适宜由在线法院管辖案件类型的方法,确定了适用案件范围。小额(低于25,000英镑)债权请求权案件应纳入

① 参见周翠:《中国民事电子诉讼年度观察报告(2016)》,载《当代法学》2017年第4期。

在线法院审理范围,但排除对某些复杂性、专业性案件的管辖,如人身损害赔偿(含医疗过失)案件、知识产权案件等。

德国16个联邦州将电子诉讼应用于督促程序,取得良好的效果。

以2015年为例,德国普通法院全年受理142.35万件一审民商事案件,同时受理533.99万件督促程序,其中仅8%左右的债务人提起异议。①

3. 电子交往的域外经验

新加坡早在2000年即建立电子文件提交系统(Electronic Filing System,EFS),用于在诉讼程序中电子化准备和提交相应文件。之后,新加坡进一步研发综合电子诉讼系统(The Integrated Electronic Litigation System,eLitigation),提供针对新加坡最高法院及其他法院诉讼文件提交、案卷材料、文件检索等功能。②

美国联邦法院及各州法院的民事诉讼都涉及了对电子文件提交系统的运用(The Electronic Case Files System),如根据2012年的联邦纽约州北部地区法院的诉讼规则(ND NY USDC L. R. 5. 1. 1)规定,在该法院起诉的所有案件均可使用电子案件提交系统;印第安纳州法院设立了电子文件传输系统,并在行政规则(Ind. Admin. R. 16)中确立了电子文件提交及电子送达等。

4. 网络庭审的域外经验

美国、德国等以立法形式确立了网络庭审的相关规则。例如,美国密歇根州于2002年通过了《电子法院法》,确定网络法院的受案范围,并对当事人的自主选择权以及远程诉讼与传统诉讼的衔接进行了规定。德国2013年4月颁布的《加强法院程序和检察署程序中使用视频技术的法律》,规定法院可以依申请或依职权通过图像或声音形式进行辩论。

三、"网上法院"背景下电子诉讼的基本结构

无论是"阶段性模式"与"全程性模式"的分法,③还是"辅助性模式"与"并列性模式"的提法,④电子诉讼仅是指电子科技对司法审判及审判交互工作不断影响与

---

① 参见周翠:《再论督促程序电子化改革的重点》,载《当代法学》2016年第6期。

② 参见新加坡电子诉讼的网站:载 https://www. elitigation. sg/_layouts/IELS/HomePage/Pages/Home. aspx,最后访问日期:2018年2月27日。

③ 参见侯学宾:《我国电子诉讼的实践发展与立法应对》,载《当代法学》2016年第5期。

④ 同上。

渗透，司法主体运用电子科技进行诉讼活动的一种诉讼方式，特别是诉讼交互活动中，除法院外的主体部分或全部利用电子进行诉讼的行为。

（一）电子诉讼的适用主体

电子诉讼并非独立的诉讼程序，是法院及当事人利用电子科技实现与传统诉讼行为相当诉讼结果的新型诉讼行为。享受高科技可能给司法活动带来便利性的同时，必须特别注重保护运用电子技术较弱一方的权利，强制要求没有电子设备运用能力的当事人通过电子诉讼显然是非正义的。对律师、机关单位等，可规定强制适用电子诉讼，但对电子运用弱势一方，应赋予其选择权。

1. 应当适用电子诉讼的主体

当事人的程序选择是电子诉讼制度的正当性基础，①选择电子诉讼也只是将线下诉讼活动运用于线上，但在技术推广或模式转型之初，即便不影响其权利，基于人类的习惯性行为，除非立即获利显著，否则难以主动适用新模式。因此，在电子诉讼推广的初期，需在保障基本权利的同时，在部分有能力适用的主体上推行，并赋予其他普通主体程序选择权，以保障双方当事人诉讼权利义务平衡。

（1）法律职业人员

利用电子诉讼的一个重要原因就是便利性，这种便利性可能冲击传统的公正和效率平衡方式，作为法律职业共同体，均负有修正、平衡、维护新诉讼模式下公正和效率的责任和义务。法国规定，律师加入了律师协会就有责任使用电子诉讼，意味着同意利用电子进行诉讼。② 对此，我国在推动电子诉讼进程中，应将律师（含援助律师）、法律服务工作者纳入应利用电子进行诉讼活动的群体。

（2）国家机关单位

近年来，国家层面推动电子政务办公，各级国家机关单位工作人员基本都使用办公自动化（Office Automation，OA）进行办公，智能手机亦已普及。推广、利用电子诉讼时，将国家机关单位纳入进来，不仅具有良好的示范作用，还切实减轻了国家机关的工作压力。除此之外，国家机关还有易于认证识别的优势，能切实提高办案效率。

（3）公司等商事主体

越来越多的商事主体使用电子或网络办公和交易，业务信息和交易凭证电子

---

① 参见王福华：《电子诉讼制度构建的法律基础》，载《法学研究》2016 年第 6 期。

② 同上。

化,诉讼活动常委托律师进行,该类主体也应纳入应当使用电子诉讼的主体之中。2010年5月美国纽约州最高法院民事庭制定特定商事案件强制性电子起诉办法,强制商事主体通过电子方式起诉。① 结合吉林省电子诉讼和杭州市电子法院取得的经验,可确定部分甚至全部商事案件利用电子进行诉讼。

(4)其他预先备案登记者

国民整体素质越来越高,特别是当前中青年一代,或前述其他主体之外的组织,基本能较熟练使用电脑及智能手机,②该类人群可事先申请备案登记,承诺使用电子进行诉讼。对此,可借鉴韩国电子诉讼经验,个人事先依据法律规定取得电子署名并在法院电子诉讼系统申请注册为会员的,并勾选同意使用电子诉讼,在某一固定期限内,当然认定为利用电子进行诉讼的主体。

2. 同意选择适用电子诉讼的主体

在电子诉讼推广之初,可能很难普遍适用或提升诉讼效率。传统的诉讼架构平衡双方当事人诉权保障,但电子作为新型工具运用于诉讼,不是每位当事人或主体都能同等用之。故应赋予普通民众对利用电子进行诉讼的选择权,考虑逐步推进,或分诉讼阶段、分情况适用。

3. 其他与诉讼活动相关的应当适用的主体

我国《民事诉讼法》并未规定鉴定人可以通过视频参加庭审、接受法庭询问,但随着经济社会的发展及诉讼改革进行,对于可视频接受法庭询问及当事人提问的,可考虑修订法律解决适法障碍。与交警、保险公司、社区、行业协会等建立多元化纠纷解决机制时,可引入相应的调解员、公证员在线办理,以契合电子诉讼宗旨。

(二)电子诉讼适用案件范围

各国立法对于哪些财产案件适用电子诉讼程序不统一,但基本都明确人身权案件排除在外。韩国的电子诉讼适用范围较广,扩展到普通民事案件、专利案件、行政

---

① 参见王福华:《电子诉讼制度构建的法律基础》,载《法学研究》2016年第6期。

② 截至2017年6月,我国网民规模达到7.51亿人,半年共计新增网民1992万人。互联网普及率为54.3%,较2016年年底提升1.1%;我国网民仍以10~39岁群体为主,占整体的72.1%:其中20~29岁年龄段的网民占比最高,达29.7%,10~19岁、30~39岁群体占比分别为19.4%、23.0%;中国网民中学生群体占比仍然最高,为24.8%;其次为个体户或自由职业者,比例为20.9%;企业或公司的管理人员和一般职员占比合计达到15.1%。载中国产业信息网:http://www.chyxx.com/industry/201708/549142.html,最后访问日期:2018年4月23日。

案件、家事诉讼、破产案件和保全案件;[①]英国则将电子诉讼作为海事法院、商业法院、科技和建筑法院的审理程序。[②] 特别程序案件中的选民资格案件,宣告失踪、宣告死亡案件,认定公民无民事行为能力、限制民事行为能力案件,认定财产无主案件,因对当事人的人身、财产影响特别大,不宜适用电子诉讼,但实现担保物权案件和确认调解协议案件,可考虑适用电子诉讼。部分不宜适用电子诉讼的案件,若当事人有应当利用电子诉讼的主体或选择同意的主体当事人,该类案件的部分流程或部分诉讼阶段仍可适用电子化,如送达。

1. 民事诉讼案件

相较于德国、韩国等国家的电子诉讼,我国当前将民事案件限定于简易程序的做法过于简单粗糙、范围过窄。[③] 2015 年 4 月浙江省高级人民法院确定在杭州市西湖区、滨江区、余杭区三家基层人民法院和杭州市中级人民法院试点网上法庭,分别审理网络购物、互联网借款、网络著作权侵权这三类多发频发的涉互联网纠纷及其上诉案件,从起诉、立案、送达、举证、开庭、判决、执行等,全部诉讼流程和活动均可在线完成。[④] 吉林省的电子法院是当前我国电子法院建设覆盖面最广,建设较全面的法院,电子诉讼的横向包含了案件流程节点活动、纵向包含了各审级阶段。因此,所有民事案件都可以通过电子诉讼解决,除非当事人明确不同意电子诉讼,或案件涉及重大人身权利,或案件影响重大,或案件涉及公共利益等;为推行电子诉讼,宜明确电子诉讼重点适用领域,如电子商务纠纷类案件、金融纠纷类案件、双方均是应当利用电子诉讼主体的案件。

2. 行政诉讼案件

行政首长出庭视频庭审也能体现“亲历性”,是将科技融入诉讼活动中的直接言词原则的体现,行政首长的“拍板”则是处分原则的体现。故可退而求其次,改革出庭方式,探索行政诉讼案件视频庭审(前提当然是征求原告方的同意或基于原告方申请),不仅可解决当前行政首长出庭率太低的问题,还可提升行政机关“拍板”解决问题的能力,达到提升法院行政审判质量和效率、化解百姓诉讼、解决行政机关诉

---

① 参见王福华:《电子诉讼制度构建的法律基础》,载《法学研究》2016 年第 6 期。

② 同上。

③ 最高人民法院《关于进一步推进案件繁简分流优化司法资源配置的若干意见》第 10 条规定,适用简易程序审理的民事,经当事人同意,可以采用远程视频方式开庭。

④ 参见载 http://zjnews. zjol. com. cn/zjnews/201708/t20170819_4830921. shtml,最后访问日期:2018 年 3 月 3 日。

累的三赢局面。

3. 刑事诉讼案件

在能够保证被告人权利的情况下,可探索将电子技术融入刑事审判中。最高人民法院《关于进一步推进案件繁简分流优化司法资源配置的若干意见》第5条[①]规定的案件信息共享及案卷无纸化流转是部分流程电子化的表现。该意见第10条创新开庭方式,即对于适用简易程序审理的刑事案件,经当事人同意,可以采用远程视频方式开庭。证人、鉴定人、被害人可以使用视听传输技术或者同步视频作证室等作证。如重庆市某区人民法院结合刑事认罪认罚从宽制度试点,对刑事案件采用速裁程序审理,利用远程视频技术开庭审理的案件数达到同期刑事结案数70%以上。对此,建议对认罪认罚的刑事案件、涉财型简易程序审理的刑事案件等适用电子诉讼审理。

4. 督促程序案件

电子督促程序在德国和奥地利承担着重要的程序分流与法官减负的功能。[②] 督促程序案件电子化,允许债权人通过电子网络提出支付令申请,支持债务人通过法院公布的平台提出异议,方便了法官办案,更加便捷保障债权和债务人的权益。督促程序案件权利义务较为明确,具有为程序分流和为法官减轻办案压力的潜力,应大力推动电子督促程序制度建立并强制适用。

5. 公示催告程序案件

使用可背书的票据主体,一般为商事主体,或其他从事商业交往的个人或组织,该类群体基本熟悉商业运作规则,知晓网络电子操作流程,公示催告程序案件可由传统形式转变为网络电子形式,能更加提高法院处理的效率和便捷当事人。如同督促程序案件,建议对非讼公示催告程序案件强制适用电子公示催告程序。

6. 执行案件

如果申请执行人是应当利用电子诉讼的主体,则通过网上申请执行;其他申请执行人,可通过法院公布的网络平台申请注册账号,经实名认证后,即可通过电子网

---

① 最高人民法院《关于进一步推进案件繁简分流优化司法资源配置的若干意见》第5条规定:"创新刑事速裁工作机制。总结刑事速裁程序试点经验,加强侦查、起诉、审判程序的衔接配合。推广在看守所执法办案单位等场所内建立速裁办公区,推动案件信息共享及案卷无纸化流转,促进案件办理的简化提速。"

② 2015年德国普通法院全年共受理142.35万件一审民商事和家事案件,但同时却受理了533.99万件督促程序,其中仅8%左右的债务人提起异议,致使督促程序转入争讼程序。换言之,在初级法院审结的111.95万件民商事一审案件中,大约38.45%的案件(43.04万件)事先进行过督促程序。参见周翠:《中国民事电子诉讼年度观察控告(2016)》,载《当代法学》2017年第4期。

络申请执行。

7. 破产案件

破产案件的债权人数量众多,遍布全国各地,特别是在经济全球化的浪潮下,破产案件的债权人为境外主体也较常见。如何快速全面地通知债权人,召开债权人会议,是当前审理破产案件的难题之一。2017 年 8 月 18 日重庆市第一中级人民法院审理的重庆钢铁股份有限公司破产重整案,第一次债权人会议就是通过网络召开。①破产债权人会议电子化,除了提高审理效率,确保债权人参会率之外,还能避免安保维稳压力、负面舆情等,故破产案件适宜通过电子网络召开债权人会议。

四、"网上法院"背景下电子诉讼的流程规则

(一)在线立案

在线立案包括原告在法院的电子诉讼系统注册登记后,提交电子起诉状等材料,法院经审核符合条件即立案,原告按指示电子缴费等。电子起诉与书面起诉具有同等法律效力,当事人应遵循相应的管辖规定,并能提供符合规定的电子签名。

1. 电子签名②与身份认证

利用电子进行诉讼,应首先解决电子签名与实名认证问题。通俗而言,电子签名就是通过密码技术对电子文档的电子形式的签名,并非是书面签名的数字图像化,类似于手写签名或印章。前述应当利用电子诉讼的主体,应于成立之初或电子诉讼规则确定后,主动向有资质的第三方电子认证服务提供者申请认证服务,取得电子签名。

该类主体一旦涉诉,应立即使用电子签名登录涉诉法院的电子诉讼系统进行注册,③利用电脑或智能手机摄像头完成人脸识别、身份证、实名制电话、本人银行账号等匹配认证,取得电子诉讼账号;法人等组织注册时,应利用电脑或智能手机摄像头

---

① 重庆市第一中级人民法院通过全国企业破产重整案件信息网组织召开的重庆钢铁股份有限公司破产重整案第一次债权人会议,据统计,该次会议共有1305 名债权人参加会议,占应到会有表决权的债权人数的94.36%。

② 依据我国《电子签名法》的规定,电子签名是指数据电文中以电子形式所含、所附用于识别签名人身份并表明签名人认可其中内容的数据。

③ 注册内容,应包括身份信息,如姓名或名称、性别或组织类型、住址等,该类信息应在匹配时利用摄像头自动抓取。除此之外,还明确电子送达方式,如电子邮箱、微信、微博等;理解知情并同意电子诉讼的勾选,电子诉讼注意事项等,当然还应附加现实送达地址,用于电子送达障碍时的弥补。注册内容应分为必须填写部分和可选择填写部分。

完成供营业执照、法定代表人面部识别、法定代表人身份证、法定代表人实名制电话、组织的银行基本账户等进行匹配认证,取得电子诉讼账号。

2. 表格式诉状与结构化主张

学界及司法实务界一直呼吁采用请求权分析法进行教学和审判。但当前我国《民事诉讼法》只要求起诉状载明具体的诉讼请求、事实及理由即可,并未对原告提交的诉状内容、结构,以及被告的答辩内容予以强制规定,导致法官花费大量时间去梳理原、被告的主张和归纳争议焦点。因此,在推行表格式诉讼的同时,应逐步推动“结构化”电子主张,即在设计表格时,载明“结构化”事实主张和法律主张,与实体法上的请求权分析法对应,推动请求权基础规范在我国的适用。

3. 提交时刻与时效问题

我国《合同法》认定数据电文到达指定系统的时间即为收到时间过于严苛,①应作部分技术处理,以契合现实审判要求。确定上述收到当事人电子材料的规则,明确电子诉讼立案成功的时间节点,旨在固定诉讼活动的相关诉讼期限计算。

当事人向法院起诉递交电子诉状等材料时,如果是上班日工作时间,应认定为材料到达法院电子诉讼系统服务器的时间为收到时间;如果是上班日非工作时间,应推定材料到达法院电子诉讼系统服务器的第二天为收到时间,遇节假日则顺延至上班第一天;如果当事人节假日提交电子材料,则顺延至上班第一天为提交时间。如果因法院电子系统或设备原因导致当事人提交障碍,应视为诉讼障碍,不发生相应失权后果。

(二)电子送达

1. 电子送达适用规则的体系化

电子送达存在问题的解决并非技术层面,而是信息技术与诉讼程序在何种程度以及在多大范围内融合。② 电子送达适用规则的体系化包括电子送达的适用位阶、情形、范围等,系解决电子送达实践困境的理论前提。

(1)确立电子送达的优先地位。现代信息技术不断影响或改变诉讼方式,电子诉讼理念、规则及程序配套的快速进步,电子送达远景可能取代传统送达方式而居

---

① 采用数据电文形式订立合同,收件人指定特定系统接收数据电文的,该数据电文进入该特定系统的时间,视为到达时间;未指定特定系统的,该数据电文进入收件人的任何系统的首次时间,视为到达时间。

② 参见王福华:《电子诉讼制度构建的法律基础》,载《法学研究》2016 年第 6 期。

于优先地位。现阶段可根据电子送达发展进程,对应当适用电子诉讼的主体强制适用电子送达,其他主体由法院引导受送达人适用。

(2)拓展电子送达适用范围。我国现行《民事诉讼法》将电子送达适用范围限于非实体类文书,无疑是审慎合理的。但对全程电子化的电子商务诉讼等强制适用电子送达的民事诉讼案件,可探索对判决、裁定、调解书进行电子送达,通过提升电子送达"确认收悉"认定标准,保障当事人诉讼权利与实体权利。

2. 电子送达技术平台的智能化

为从技术上解决电子送达非安全性、不稳定性从而导致对受送达人权利保障不利的质疑,宜改变当前各省分别建立统一送达平台的做法,建立全国统一性的电子送达平台。① 根据大数据应用理论中的梅特卡夫理论,当构建一个网络平台时,平台价值同用户数的平方成正比,算法和模型使用越频繁就越精准。运用该理论,最高人民法院在全国统一电子送达平台试点中引入新浪微博、新浪邮箱、支付宝等第三方平台,②取得了良好的效果,应继续引入微信、京东、亚马逊、当当等主要社交平台,以范围更广、频率更高的大数据分析提升电子送达的置信度。

3. 电子送达效力认定的合理化

电子送达效力认定能否采用"发出主义"的推定系效力认定的核心论题,在满足一定条件下采"发出主义"的推定,无异有利于拓展电子送达的适用,但采"发出主义"的推定需充分考量受送达人权利保障问题。

(1)对于应当适用电子诉讼的主体,法院通过统一送达平台发送文书的时间即视为成功送达时间。

(2)对于受送达人难以找寻、需通过统一送达平台与社交平台的融合发挥找人功能的情形,此时能否采取"发出主义"的推定最为疑难。可考虑从以下两方面推断收到是否知晓:其一,运用与送达平台对接的社交平台的大数据分析及人工智能分析手段,通过判断受送达人对该社交平台的使用频率及时间,判断是否可适用"确

---

① 最高人民法院将吉林省吉林市丰满区人民法院、浙江省玉环县人民法院等列为新型电子送达平台试运行法院,对全部民事一审案件进行电子送达,利用该平台进行找人、文书电子送达、返回送达回执,但传统送达方式仍继续沿用。参见罗书臻:《全国法院统一新型电子送达平台上线试运行》,载中国法院网:https://www.chinacourt.org/article/detail/2017/03/id/2565084.shtml,最后访问日期:2018 年 12 月 1 日。

② 参见 Stuart J. Russell、Peter Norvig:《人工智能——一种现代的方法》(第 3 版),殷建平、祝恩、刘越、陈跃新译,清华大学出版社 2013 年版,第 111 页。

定收到等于确定知晓”规则。其二,设立电子回执功能。通过提供设置功能性回执技术手段,保证在受送达人打开并阅读诉讼文书的同时,系统自动向法院统一送达平台发放被阅回执消息,以此方式保证受送达人确认知悉并实现有效送达的准确认定。

(三)电子卷宗

电子卷宗包括案件受理时接收或办理过程中形成的电子文档、图像、音频、视频等电子文件,以及将纸质案卷材料电子化而制作成的电子文档或数据等电子文件。诉讼参与人提交的证据及时通过文字和语言识别,如扫描和OCR技术,将证据文档化、数据化和结构化,转化成电子材料,便于证据交换、庭审和查阅。如重庆市高级人民法院于2018年4月23日开通的“易审”平台,为电子卷宗随案同步生成和深度应用提供物理平台。但当前电子卷宗与电子档案不能同一化,导致大量劳动重复于电子卷宗与电子档案之间,增加审判辅助人员的工作量,浪费了大量纸张、油墨等材料,加大了档案管理难度。未来,可借鉴2018年1月1日德国《民事诉讼法典》的规定,①用电子卷宗替代纸质卷宗,不但降低因使用纸质文档产生的巨大开支,还方便档案管理与保存,亦方便调取与借阅。

(四)庭前程序电子化

规范合理的庭前程序,将当前烦琐的法庭调查阶段前置于审前,将证据电子化,被告在原告提交的结构化主张上一一对应进行答辩,督促当事人达成调解或和解;即便无法调解或和解,也可以固定证据、明确无争议事实、归纳双方争议焦点,为法官正式庭审减负。我国《民事诉讼法》司法解释第224条②对审前准备程序作了相应规定,包括证据交换和庭前会议;电子诉讼推行中,可融入该项规定内容,对原、被告提交的证据电子化后,再开展电子准备程序(审前准备程序)。原、被告可用各自账号登录法院诉讼服务平台,提交己方证据,亦均能查看对方提交的证据并提出质

---

① 该法第298a条第1款第1句规定,生效的诉讼案卷也可以以电子形式保存;第298a条第2款规定,“纸面形式递交的书状和其他资料,应当各依技术现状转化为电子文档,并应当确保:电子文档与所递交的书状和其他资料在图像与内容上均保持一致。如果不存在交还义务,可在转化六个月后销毁以纸面形式递交的书状和其他资料”。参见周翠:《德国司法的电子应用方式改革》,载《环球法律评论》2016年第1期。

② 最高人民法院《关于适用〈中华人民共和国民事诉讼法〉若干问题的解释》第224条规定:“依照民事诉讼法第一百三十三条第四项规定,人民法院可以在答辩期届满后,通过组织证据交换、召集庭前会议等方式,作好审理前的准备。”

证意见；严格举证时限制度，双方均不能证据突袭，否则适用证据规则予以裁判。

（五）在线庭审

1. 网络庭审的适用情形

我国《民事诉讼法》司法解释仅允许民事简易程序案件在当事人双方同意的情况下，可以采用视听传输等方式开庭，[①]此项规定极大限制了视听传输的在线庭审推广。德国法院可以依申请或依职权命令进行视频庭审，也可以依申请命令通过视频会议方式讯问鉴定人、证人或当事人。[②] 未来可考虑列举不宜在线庭审的案件类型，其他案件由当事人双方同意即可在线庭审；还可明确部分案件类型，在符合条件的情况下，赋予法官自由裁量权，无须当事人同意亦可在线庭审。

在线庭审是传统庭审的异化或升级，是可借助音、视频技术可听、视的庭审，并未对传统庭审的程序规范进行改变，只是由传统的物理出庭变更为现在的虚拟出庭，是直接言词原则的扩大化。值得注意的是，在线庭审之前的实名身份认证、电子签章、电子证据提交等尤须其从严审核，必须严格按规定行为。民事简易程序（含小额）案件，除明确不能适用在线庭审之外，原则上双方都是应当利用电子诉讼的主体，或一方为应当利用电子诉讼的主体而另一方同意选择利用电子诉讼的主体，或双方均同意选择利用电子诉讼主体，所有诉讼活动均应用电子做出。一方为应当利用电子诉讼的主体或一方同意选择利用电子诉讼的主体，另一方不同意选择利用电子诉讼的，则除庭审外，应当利用或同意选择利用一方的其他所有诉讼活动均利用电子做出。

考虑到当前基层法院一审普通程序案件绝大部分为公告案件，该类案件一般情况下并非复杂、疑难案件，未来可探索普通程序（公告）案件在线庭审，但必须明确两点，一是原告如实陈述及提交证据的真实性，二是缺席被告的程序及实体救济权。基层一审上诉及申请再审等案件，原则上一律提交电子材料。如果原审或一审系在线庭审，二审及再审原则适用在线庭审。如果，原审或一审并非在线庭审，经审查，除争议较大之外，再审或二审法院可建议在线庭审。

---

① 最高人民法院《关于适用〈中华人民共和国民事诉讼法〉若干问题的解释》第259条规定："当事人双方可就开庭方式向人民法院提出申请，由人民法院决定是否准许。经当事人双方同意，可以采用视听传输技术等方式开庭。"

② 参见德国《民事诉讼法典》第128a条第3款第1句。参见周翠：《德国司法的电子应用方式改革》，载《环球法律评论》2016年第1期。

2. 网络庭审的庭审规则

事先解决了身份认证、电子送达和审前电子化等问题，网络庭审就顺理成章了。原、被告拥有可视频设备的独立空间，能够连接互联网，登录法院的电子诉讼平台，即可参与法院的视频庭审。可探索当前书记员电脑输入记录转变成无书记员庭审记录方式，明确视频录音录像就是庭审记录。原、被告双方均应遵守法庭纪律，明确当事人所处的地点是法庭的延伸，当事人参与庭审的全部活动必须服从法官的指令。然而，我国《民事诉讼法》司法解释第259条①规定置于民事诉讼简易程序章节内，尚未规定普通程序案件可以采用视听传输技术开庭，是当前推广电子庭审的制约因素之一。未来在制度设计和系统研发时，可以考虑将视频庭审适用扩大至部分普通程序案件。

五、“网上法院”背景下电子诉讼的配套措施

电子诉讼是电子信息技术在诉讼制度中应用的必然产物。虽然我国的电子诉讼起步较晚，但近年来地方各级法院先行先试，已取得长足发展，并在实践中形成了不同的电子诉讼模式。电子诉讼的全面应用还需进一步健全和完善立法保障、物质保障、安全保障、人员保障等配套措施。

（一）电子诉讼的立法保障

电子诉讼要遵循传统诉讼原则和程序制度的规制，在法院与当事人之间通过电子诉讼平台进行的法律交往要符合程序法的规定。电子诉讼改变了诉讼行为的方式，其发展必然会对原有的司法体制和诉讼制度带来冲击，亟须从立法层面对电子诉讼予以确认并进行顶层制度设计，促进电子诉讼制度与传统诉讼制度相辅相成，保障其依法运行。电子诉讼立法存在两种模式：一种是独立的电子诉讼立法，在电子诉讼较为发达的国家采用该种立法模式；另一种是对现行诉讼法进行微调，我国《民事诉讼法》及其司法解释中均有所体现，如电子送达的规定、简易程序的电子化开庭方式等。② 结合我国电子诉讼实践，现阶段将信息技术嵌入诉讼法是较为合适的方法，既保持了我国《民事诉讼法》的完整性，又有效地兼顾了其开放性。

---

① “当事人双方可就开庭方式向人民法院提出申请，由人民法院决定是否准许。经当事人双方同意，可以采用视听传输技术等方式开庭。”

② 参见刘敏：《电子诉讼潮流与我国民事诉讼法的应对》，载《当代法学》2016年第5期。

1. 适用原则的设置

法律原则可以有效填补法律空白,增强法律的灵活性与机动性。特别是在电子诉讼发展过程中,法律规定往往滞后于司法实践,此时法律原则可以较好地解决电子诉讼实践的合法性问题。电子诉讼适用原则应当包含处分原则和诚信原则。处分原则主要是指当事人有权在传统诉讼方式与电子诉讼方式之间进行选择,避免两种诉讼方式相冲突。诚信原则主要是指当事人选择诉讼方式后不得反悔,应就其选择的结果承担相应的责任。

2. 程序规范的设置

梳理现行诉讼法中与电子诉讼相关的法律规定,将已滞后于电子诉讼实践的规定予以修订。如我国《民事诉讼法》及其司法解释中的电子送达适用范围不包含裁判文书的送达,电子诉讼全面应用中应当包含所有法律文书的送达。将电子诉讼全面纳入现有诉讼法之中,从立案、送达、庭前证据交换、庭审、宣判、执行等各个诉讼阶段均需做相应的修订,为电子诉讼的适用创造理立法间。

3. 惩戒条款的设置

电子诉讼在一定程度上打破了物理意义上的司法亲历性,司法公正与权威如何保障是电子诉讼全面实施后面临的重要问题。为保障电子诉讼运行秩序,维护司法公正与权威,可以参照我国《民事诉讼法》中关于妨碍民事诉讼的规定,对违反电子诉讼程序规则,扰乱司法秩序的当事人,予以训诫、罚款、拘留,构成犯罪的,依法追究刑事责任。

(二)电子诉讼的物质保障

基础设施是电子诉讼重要的物质因素,也是电子诉讼安全保障的基础条件。运用电子信息技术建设的服务器、局域网和系统软件等共同构成了网上法院的基础设施,并以法院网站的方式对外呈现。网站是网上法院建设的龙头,能够综合体现出电子诉讼后台应用系统、信息资源、网络基础设施、安全系统及制度保障等各个要素的发展水平,是社会公众、当事人以及法律职业群体进行诉讼活动的平台。电子诉讼平台作为法院网站的重要组成部分,电子诉讼的开展依赖于法院网站的正常运转,其须具备以下主要功能。[①]

---

① 参见王福华:《电子诉讼制度构建的法律基础》,载《法学研究》2016年第6期。

1. 门户功能

网上法院需要将审判信息集成到电子诉讼平台,满足法院内外部的信息交流。为法官、律师和当事人等使用者提供高效便捷的访问渠道。

2. 电子诉讼功能

这是电子诉讼平台的核心功能,需要达到内外交互的目的。一是为当事人提供一站式诉讼服务,包括在线立案、提交申请、提交证据、参加庭审等;二是提供在线内部审判管理服务,包括案件管理、案卷卷宗管理等;三是支持法院与当事人之间的法律交往行为,包括在线送达、举证质证、庭审等。为保证直接言词原则在电子诉讼中的贯彻,电子庭审系统在设计时应着重考虑当事人的司法亲历感与庭审威严感。

3. 在线辅助功能

并非人人都熟悉电子诉讼的操作流程,需要提供在线操作指南,可设置智能辅助操作系统在线解决当事人在电子诉讼过程中的各种问题。尤其是电子诉讼使用过程中出现故障时,需要紧急救助措施。同时,还需配备技术人员,作为智能辅助系统的补充。

(三)电子诉讼的安全保障

电子诉讼在提高诉讼效率,方便当事人诉讼的同时,也面临着当事人信息、诉讼资料、诉讼文书被非法收集、传输、获取和篡改利用的风险。电子诉讼安全保障措施是电子诉讼平台建设的核心之一,主要包含诉讼平台安全保障、身份识别安全保障、传输文件真实性保障三个方面。

1. 诉讼平台安全保障

电子诉讼平台的绝对安全是电子诉讼应用的根本保障。综观世界各国的电子诉讼平台的安全保障措施,重点体现为传送文件的完整性,通信的安全性与保密性,全部传输数据的保存、发送和接收日期的明确记载等事项。在建设电子诉讼平台时,应选择由国家信息安全机关授权的网络服务商提供安全的信息保护,辅以可靠的、防伪的和反篡改的安全技术手段,保障电子诉讼平台运行的安全性。

2. 身份识别安全保障

当事人及司法工作人员身份认证的唯一性是电子诉讼的必然要求,现有的电子签名虽然可以解决这一问题,但烦琐的技术和程序制约着其应用。随着现有信息技术的发展,人脸识别系统较为便捷,可以作为身份认证的方式。所有电子诉讼平台的使用者均需注册用户,并通过扫描上传身份证件信息进行实名认证,每个案件中需人脸识别信息与注册信息中的身份信息吻合后方可实施诉讼行为。

3. 传输文件真实性保障

电子诉讼中所有的诉讼行为均为无纸化操作，包括起诉状的提交、举证质证等均为在线操作，电子文书的真实性核实便是首要问题。我国《电子签名法》第2条第1款规定："本法所称电子签名是指数据电文中以电子形式所含、所附用于识别签名人身份并表明签名人认可其中内容的数据。"根据该条规定，经过电子签名的电子文书可推定电子文书的制作者与签名者身份一致，内容真实。如果对方当事人对经电子签名的电子文书提出异议，可申请法院对该有异议的电子文书进行勘验，由法院认定其真实性。同时，在电子诉讼平台为每位司法人员分配电子签名，律师等法律工作者也可申请电子签名，司法人员向当事人送达诉讼文书亦应通过电子签名完成。考虑到电子签名烦琐的技术和程序，根据送达文书的重要性，可实行安全分级电子签名。德国《民事诉讼法》规定了在送达传票时，普通的电子签名即可；在送达文件时应当要求加重的电子签名。①

（四）电子诉讼的人员保障

电子诉讼平台的使用有较多技术性要求，特别是对法官等司法工作人员而言，专业性较强，操作要求较高，需要对其进行专门的技能培训。电子诉讼发展初期，存在推广应用的阶段，需要对当事人进行宣传引导。同时，电子诉讼平台的正常运转离不开技术人员的技术支持。

1. 对法律职业共同体的培训

电子诉讼与传统诉讼在形式上有很大的差异，电子诉讼的全方位应用是一场大的革命，法官、律师等法律职业共同体的诉讼观念必然要有所革新。确立对法律职业共同体的电子诉讼技能培训制度。传统诉讼方式的改变，最先需要适应并运用的便是法律职业共同体，其对发展电子诉讼负有特殊的责任。我国可以借鉴德国的经验，建立健全法官培训机构，优化整合各种培训资源，强化法官的在职培训，组织和训练专门的师资队伍，进行电子诉讼平台使用技能培训。

2. 对当事人宣传引导

虽然电子法庭的出现为当事人进入诉讼程序提供了另外一种选择，但当事人受教育程度、经济水平、年龄层次不同，这些都会导致不同群体对电子法庭接受程度的

---

① 参见王福华：《电子法院：由内部到外部的构建》，载《当代法学》2016年第5期。

不同。而当事人之间的不对等,特别体现在面对网络这种新技术时不一定处于相等的技术地位。任何人都对自己未知的领域产生畏惧,在电子诉讼平台运行初期,对当事人的引导动员尤为重要。法院、律师与公证机关应在电子诉讼平台的适用方面起示范引领作用,安排专职人员为当事人讲解使用流程、答疑解惑并提供在线帮助。

3. 技术人员的技术支持

电子诉讼发展初期,电子诉讼平台的使用过程中可能会出现各种突发情况,需要网站建设的专业技术人员实时监测平台运行情况并提供技术支持,解决技术故障。电子诉讼是人民法院信息化建设的重大课题,在法院内部需要负责信息化工作的技术人员为司法工作人员、当事人等使用者提供使用帮助与指引。

第二章
法院人员分类改革

法院“事务—人员—程序”配置的逻辑与改革

李　静*

法院组织理论,乃规定审判机关之组织、任务分配、人事及活动基本规则之理论,系法院组织及活动具重要性及整体共通性问题的一般性规则。① 法院组织理论堪称一国法院制度之基石,本轮司法体制改革实则是对法院内部各主体间关系及活动规则的重塑,进而实现中国法院组织结构深层治理。然而,法院组织理论储备的先天不足及非体系化可能构成深化司法体制改革的理论隐忧,可能导致人员分类、员额确定等改革措施难以在共通性技术逻辑下运行,并有相互抵牾乃至落空之虞。找寻法院组织构造的基础性要素并按一定技术逻辑厘清法院各组成单元间的相互关系,直至形塑符合司法规律的中国法院组织架构,便成为深化司法体制改革的先决要题或首当补习之课。

一、为什么会是法院事务:法院组织构造基础的求证

找寻法院组织构造的基础性要素——法院事务,需在主体、职权、任务、岗位、机构等范畴相互交织影响构成的法院

* 重庆市渝北区人民法院政治部主任。

① 参见姜世明:《法院组织法》,台北,新学林出版股份有限公司2012年版,第1页。

组织关系网络中，确定本源、客观、简单的原点并以此作为法院组织构造的基础。事务，《汉语大词典》界定为两层含义：一是“所做的事情、世事、社会情况、总务”，二是“琐碎的具体工作”。[①] 本文中的事务指向第一层语义“所做的事情”，不仅指“琐碎的事务性工作”，法院事务即为法院实现裁判目标所承担之全部事务。

任一组织运行的基本逻辑是，组织应当完成根据组织目标设定的任务，任务对组织内部具体化为一定的事务，事务的完成依赖于组织内部不同主体的分工与协力，为规范分工协力关系必然产生相关职位，组织又会根据人员与职位差异赋予相关人员与职位不同权限，从而构成“事—人—职”的内在结构逻辑。事务居于起源、客观的原点位置，构成组织构造与运行的基础。

有学者主张，“法院事务仅是书类作成、整理等依照上层指示或决定进行实施的业务内容，审判权是对某些事项进行一定范围和程度的判断和决定”，[②]实则是选择了事务的第二层次语义。若沿用第一层次语义，并不能得出法院事务仅限“书类作成、整理”事务性工作的结论。审判体与审判职难以凭空设定，而应以法院事务的确立为前提，进而实现因事赋权、因事设人、因事定职。就司法改革演进而言，党的十七大将优化司法职权配置作为中心改革任务，体现了以权力治理为原点的改革策略，党的十八大之后法院人员分类成为司法体制改革的关键，重在厘清审判主体与审判职能，而更具本原性的法院事务并未给予应有重视与系统整理。

法院事务确定为法院组织构建起点后，根据“事务—人员—职岗”的组织运行逻辑，进一步明确法院事务的内容、类别及分配，便成为法院人员分类、职责岗位配置、内设机构分设的基本前提。法院事务分类明确后，只需明晰事务、人员、职岗的内在关联与对应关系，将不同事务分配给不同职岗的人员办理，何种事务由何种内设机构和法院人员分担、应赋予何人何等限度之权力即成不言自明之理。

二、法院事务的分类规则：法院组织的基础化构造

（一）法院事务的二分法：审判事务与司法行政事务

法院组织有两个基本目标：一个目标是直接目标，即处理提交其管辖的审判事务；另一个目标是为保证完成审判事务，需有效管理法院运行中的自身事务。[③] 审判

---

① 《汉语大词典》，汉语大词典出版社 1993 年版，第 152 页。

② 傅郁林：《以职能权责界定为基础的审判人员分类改革》，载《现代法学》2015 年第 4 期。

③ 参见于秀艳等编译：《美国法官制度与法院组织标准》，人民法院出版社 2008 年版，第 158 页。

事务与非审判事务分离,是各国法院组织普遍特征。审判事务主要围绕个案审理与裁判等核心活动设置,包括审前、庭审、诉讼指挥、合议、认事用法等。多数国家将非审判事务称为司法行政事务,仅是外延宽窄有别而已,支持审判事务运行是其唯一功能。美国法院的司法行政事务包括行政类及审判与行政交叉类。① 日本法院组织理论中的司法行政指为实现司法职能所需的行政管理,如法院财务、法官人事及对法官的行政监督制度等。② 审判事务与司法行政事务的内容与再分类系进一步探讨之论题。

(二)审判事务的再分类:审判核心事务与审判辅助事务

按照审判权的本质要素是判断与裁量的标准,可将审判事务区分为审判核心事务与辅助事务。审判核心事务体现审判权的判断权、裁量权性质,包括认定事实、适用法律、司法裁断。审判核心事务可理解为必须由法官亲自完成或在场完成的具有独立决断性质的事务。辅助事务虽有一定专业要求,但具流程化、重复性、纯粹程序性或不具司法判断特征,如撰写裁判文书、诉讼保全、送达等。③

1. 审判核心事务的再分类:居中判断与诉讼指挥

审判的核心任务是在辩论主义约束下居中裁判证据、判定要件事实、分配诉争利益,独立判断是核心要义。就程序保障要求高低区分而言,判断事务又可分为高判断性事务与低判断性事务。前者包括诉讼案件中的判断,后者包括非讼事件、小额程序、调解程序中的判断。审判核心判断事务的完成需法官与当事人在诉讼程序中协力促进,法官的诉讼促进义务体现为诉讼指挥,法官的诉讼指挥与实体裁判往往难以分离,同时诉讼指挥中亦有法官之程序性判断,故而保障裁判作出的诉讼指挥事务是审判核心事务组成部分。根据德国联邦最高法院实务见解,言辞辩论准备、证据调查、诉讼指挥形式、法官对期日的确定、法官释明等诉讼指挥事务尽管不具判断性,但仍属审判核心事务。④ 大陆法系国家合议庭内部存在合议庭与审判长之事务划分,审理及裁决等核心事务由参审法官各自本于自由心证独立判断,审判长对诉讼指挥事务享有决定权,具体结构见图1。

---

① 参见邹碧华:《审判事务的分工与法官辅助人员的配置探讨》,载《法律适用(国家法官学院学报)》2002年第12期。

② 参见李旺:《日本司法行政的特点与司法改革新动向》,载《清华法治论衡》2000年第1期。

③ 参见王静、李学尧、夏志阳:《如何编制法官员额——基于民事案件工作量的分类与测量》,载《法制与社会发展》2015年第2期。

④ 参见《联邦最高法院民事裁判汇编》(第42册),第163页。

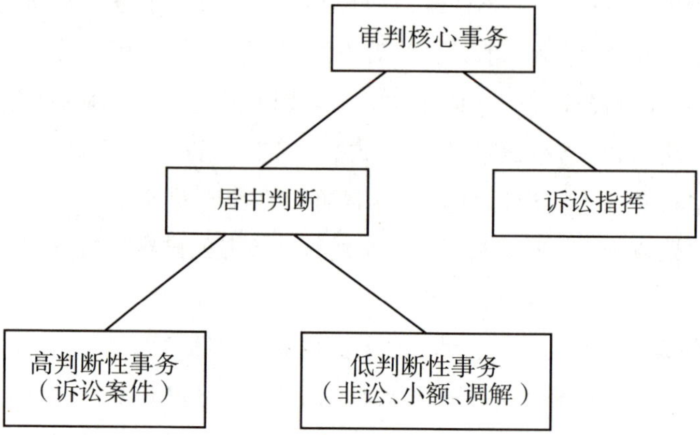

图 1　审判核心事务结构

2. 审判辅助事务的复合形态

相较审判核心事务主要围绕判断进行且确定性较强，审判辅助事务则具多样性且形态复杂。综合审判辅助事务与个案审判辅助事务为第一个层面的界分。综合审判辅助事务主要指总结审判经验的司法研究、案例检索、法律分析事务，个案审判辅助事务围绕个案审理与裁判进行，分为专业性与纯事务性辅助事务等。专业性审判辅助事务主要体现为对法官诉讼指挥权的辅助及对诉讼程序的促进事项，包括诉讼保全、诉前调解等具备一定专业要求的程序性事务，以及提供判例与学说参考的研究型事务，这些事务均需一定司法技术知识。纯事务性审判辅助事务包括送达、庭审记录、结案归档等专业性较低的事务，与普通文员从事的劳务类似，具体结构见图 2。

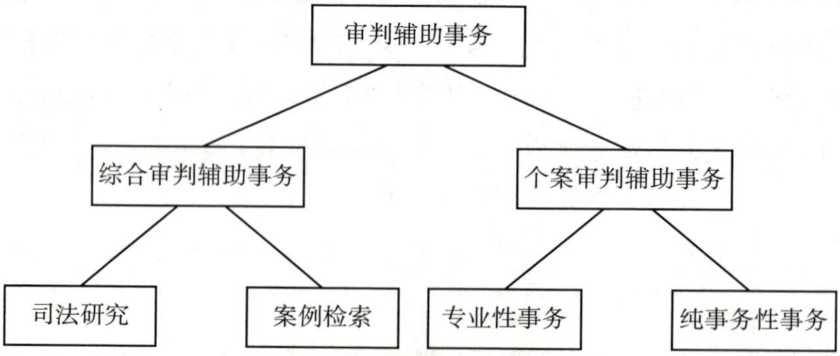

图 2　审判辅助事务结构

(三)司法行政事务的再分类:案件管理与司法行政监督及保障

法院组织固以审判事务分配为活动核心,但若无司法行政支持,则其存在及运作均无法实现。司法行政事务涵盖审判事务之外的其余事务。

其一,案件管理事务。审判事务进行除依程序法,还须借于法院内部事务分配规则及合议庭事物分配计划等案件管理事务的协调。[①] 英美法系国家近年兴起的案件管理主要是法官为提高诉讼效率对案件流程的管理,而被称为“管理型法官”;大陆法系国家及地区由于普遍确立法定法官原则,并在法院组织法中建立裁判事务分配制度,案件管理主要体现为裁判事务分配的组织规则。所谓事务分配,乃指法院内部对于将审判事务如何分配与个别法官或审判体以抽象形式而对于未来加以规定者。[②] 根据德国、日本等国实践,一般经由本院法官会议年初讨论确定本年度裁判事务分配书,仅在出现特别事项时可由院长予以调整,具有较强的司法行政事务属性。我国近年推进以审判质效指标考核为核心的审判管理取得一定成效,但被质疑有行政化规训之虞,《人民法院第四个五年改革纲要(2014 - 2018)》提出“取消指标排名排序”意在抑制审判管理非理性,案件管理优化相当长时间仍是中国法院事务治理的重心。

其二,司法行政监督事务。大陆法系国家及地区法院组织法及法官法普遍明文规定法院内部的司法行政监督事务,主要包括法官业绩评价及法官惩戒,法官业绩评价是激励导向的司法行政监督事务,而法官惩戒则是责难性的。德国、日本等国法院组织法均明确司法行政监督事务不得影响或限制法官裁判权尤其是审判核心事务行使。

其三,司法行政保障事务。主要包括法院发展战略设定、工作计划的组织实施、法院内设机构的协调联络、财务预算、信息化法院建设、档案管理、安全管理、公共关系事务处理、应急准备等。尽管各国司法行政事务行使主体有所区别,但上述事务难以从法院分离,系只能由法院承担的行政保障事务。

三、法院“事务—人员—程序”配置的内在逻辑

法院事务分类对法院组织建构的基础性价值在于因事设人、定职、赋权。法院

---

① 参见葛文:《法院审判核心领域的保障与案件管理》,载《法学》2009 年第 10 期。

② 参见姜世明:《法院组织法》,台北,新学林出版股份有限公司 2012 年版,第 171 页。

事务分类必然带来审判岗与司法行政岗、审判长与法官、法官与限权法官、法官与审判辅助人员的界分。根据法院事务分类确定法院人员分类与分工,从而使法官专注审判核心事务,审判辅助人员更有效地辅助审判核心事务,司法行政事务更专业地支持审判事务,正与本轮改革导向契合。审判者完成审判事务需依托一定的诉讼程序,以下以民事诉讼为背景,通过对域外法院"事务分类—人员分类—程序配置"关联度的分析,探求我国法院"因事设人"的规律。

(一)从法院事务分类到法院人员多样化分类

首先,法官分类。依据审判核心事务设置法官职是世界通例。大陆法系国家及地区法院的合议庭内部,可由审判长指定或委托合议庭成员处理协调和解、实施法庭外证据调查及审前程序事项,被指定的法官称为受命法官,诉讼指挥事务由审判长负责,核心判断事务由合议庭共同负责。[①] 鉴于审判是需要历练和经验的职业,大陆法系国家及地区对已符合任职资格的法官从事审判核心事务仍进行严格限制。韩国规定预备法官任期 2 年届满可任命为法官,但必须再担任 5 年陪席法官才可独任审理案件或担任审判长。[②] 日本助理法官 10 年后才能任命为法官,一般不能独任裁判或任审判长,不能两人同时加入同一合议庭。5 年以上资质的助理法官可任特例助理法官,可参与审理期日并就案件陈述意见。[③] 此外,日本在总理司法行政的事务总局、事务局中设置若干法官岗,韩国大法院 14 位大法官中有 1 位专司司法行政事务。韩国法院还就审判研究事务设置裁判研究官,系对案件审判进行调查研究的裁判辅助机关,经大法院院长从有一定审判经验的法官中任命。[④] 法官最高法院研究部由一位高级法官负责,由助理法官(下级法院选派的法官)和部分公务员组成。

其次,法官之外的法院人员分类。域外法官之外的法院人员分类与审判辅助事务高度匹配。美国法院辅助人员包括审前事务官、假释官、法官助理及院内法律助理等,处理事务包括审前事务、宣誓口供、保释调查、假释调查、法律援助以及其他大量司法辅助事务。[⑤] 德国最具代表性的辅助人员是司法辅助官(又译为司法公务员

① 参见[日]中村英郎:《新民事诉讼法讲义》,陈刚等译,法律出版社 2001 年版,第 35 页。

② 参见[韩]孙汉琦:《韩国民事诉讼制度的概况及发展》,载陈刚、廖永安主编:《移植与创新:混合法制下的民事诉讼》,中国法制出版社 2005 年版,第 234 页。

③ 参见[日]新田幸司:《新民事诉讼法》,林剑锋译,法律出版社 2008 年版,第 53 页。

④ 参见韩国《法院组织法》第 21 条。

⑤ 参见邹碧华:《审判事务的分工与法官辅助人员的配置探讨》,载《法律适用(国家法官学院学报)》2002 年第 12 期。

或法务官)，专门制定《司法辅助官法》，司法辅助官办理非讼事务、强制拍卖地产、扣押债权、发放督促支付令和执行决定，以及办理破产案件、执行金钱罚金等。① 德国还设置有书记官、司法助理、秘书等辅助人员。韩国法官的辅助团队包括法院事务官、司法辅助官、技术审理官。法院事务官参与审判并制作法律文书，制作、送达各种诉讼文书。司法辅助官负责诉讼费用确定、督促程序、公示催告程序等带有低判断性的审判事务。技术审理官是专利法院中补助法官技术领域专门知识不足的法院公务员，可就技术性事项询问当事人，合议时可陈述意见但无表决权。② 日本书记官被认为是公证官，从事事件记录、文件制作与保管等附随性事务，受法官之命辅助从事调查法令、判例及其他事项。近年来，书记官实现扩权，诉讼费确定、支付令发付等法官事务划归书记官，使之接近德国司法辅助官。设有法庭调查官受法官之命对事件中需审理及裁判的事项进行必要调查(地方法院仅限工业所有权及租税案件)。③

(二)“因事设人”基本规律的讨论

1. 事务与人员分类的精细化

两大法系的法院组织、诉讼结构、司法传统存有差异，但均在法院事务精细化分类前提下实行人员精细化分类。域外实践将涉及高度判断性的审判核心事务交由法官行使，为了保障高度判断性审判核心事务正确处理，还设置先行担任陪审法官、试署法官的过渡阶段，使法官职的资质要求与审判事务性质高度契合。受制于审判辅助事务的复杂性以及更易受到诉讼模式影响，审判辅助职设置呈现更明显的多样性，专业化及扩张趋势渐成世界潮流。德国司法辅助官实则是将法官对非讼事件的裁断权(低判断性审判核心事务)让渡与辅助人员，日本书记官程序性权力的扩张则是缓解法官处理审判事务压力的另一路径，均是在案件数量上升、法官压力过大背景下审判事务在法官职与辅助职间的分配调整。我国法官员额制改革客观上会减少法官人数，可能加剧人案矛盾，这与域外审判辅助职扩权背景极为类似，如何优化分配必须由法官行使的审判核心事务与可由辅助职代行的审判事务，事关员额制改革成败。

---

① 参见周翠:《中国与德国民事司法的比较分析》，载《法律科学》2008 年第 5 期。

② 参见[韩]孙汉琦:《韩国民事诉讼法导论》，陈刚译，中国法制出版社 2010 年版。

③ 参见[日]新田幸司:《新民事诉讼法》，林剑锋译，法律出版社 2008 年版。

2. 事务分类与人员分类的一致性及例外

审判核心事务设立法官职、审判辅助事务设置辅助职、司法行政事务设置行政职，系法院事务分配与法院人员分类关联性的基本规律，即法官应在审判岗办案是一项原则。但一些国家及地区实践证明，此原则并非绝对而存在例外。如韩国法院组织法在审判研究辅助事务岗设置裁判研究官并由具审判经验的法官担任。日本法院事务局少数人员、韩国最高法院任司法行政部部长的大法官，均为不以审理案件为主的法官职，且在该国法院运行中具有举足轻重地位。这些例外设置主要基于审判研究等非审判事务须具备司法知识与经验的法官方能胜任，故以法院事务整体优化配置为由突破了法官应在一线办案的原则。

3. 与诉讼程序的高相关性

首先，受到非讼程序影响。德国将非讼事件移交非法官的司法辅助官处理，重要原因在于非讼事件不具争议性，对程序保障要求较低，可采非对审结构审理，故将此类审判核心事务参照审判辅助事务处理。引申出来的是，小额诉讼、诉讼调解事件是否可参照非讼事件，采审判辅助事务的配置方法而由非法官处理。其次，受到审前程序影响。两大法系普遍实现审前程序与庭审程序的分离，英美法系审前程序主要由审判辅助人员实施，大陆法系辩论准备程序多由受命法官负责。审前程序与庭审程序的分离，构成主审法官专司庭审核心事务，减少审前非核心事务的程序前提。尽管我国《民事诉讼法》初步构建审前程序，但我国审前程序并未实现与庭审程序有效分离，形成审判辅助事务从法官剥离的程序障碍。

四、"事务—人员—程序"配置规律对于深化司法改革的价值

我国法院事务及人员分类改革面临审判核心事务与审判辅助事务未作精细区分、司法行政事务庞杂且专业化水平低、审判辅助人员制度构建滞后于员额制、未厘清审判事务、审判职责与诉讼程序的内在联系等问题。唯有以事务分类整理为起点，遵循结构功能主义立场，整合法官制度、诉讼程序与管理机制同步推进，方能完成深化司法改革任务。

（一）事务分类精细化下的人员分类精细化

遵循法院组织结构逻辑，根据法院事务的内部结构与相互关联，参酌事务分类与人员分类对应关系，实现法院组织结构"事—人—职"的自洽。

首先，建立与法官资质要求匹配的审判职。关涉高度判断性的审判核心事务必

须由员额法官处理,但员额法官并不代表法官的全部。一方面,员额法官需经长时间历练,这是法官养成规律要求;另一方面,随着审判压力加剧,员额法官作为全权法官难以处理全部审判核心事务,但有的审判核心事务又不能让渡于辅助人员。候补法官、陪席法官等限权法官,既可作为员额法官养成必经阶段,又可承担员额法官让渡的部分审判核心事务。大陆法系国家诉讼法对合议庭内部受命法官的规定,为限权法官参与审判提供了程序法依据,可在我国诉讼法中设置受命法官并明确其职责,由候补法官、陪席法官等限权法官担任,受审判长之命承担庭外证据调查、组织调解与审前程序等事务。

其次,审判辅助职多样化。域外审判辅助职形态各异,但大致可归结为四类:负责非讼事务的司法辅助官、专业性辅助事务人员、纯事务性辅助人员、技术调查官。我国非讼案件审理主体并未与诉讼案件区分,从程序分流与审判主体优化分类视角,以及减轻员额法官压力的现实考虑,非讼案件审理主体应与诉讼案件分离,至于是参照德国另设司法事务官,还是与员额制改革中未入额法官分流结合起来,需进行系统设计。专业性辅助事务人员通常被认为是本轮司法改革中的法官助理,问题在于其与法官、书记员如何分工,尤其是在合议制中与限权法官的关系问题。纯事务性辅助人员指向书记员无须多论。技术调查官系我国尚未提及的辅助人员,可在知识产权等技术型案件审理中探索建立。

最后,审判辅助职法定化。长久以来,审判辅助职及其职责均是被忽略的领域,但审判辅助职扩张的全球化趋势表明审判辅助职是解决审判职紧张的最佳路径。两大法系有不少国家从法院组织法、诉讼法、单行法三个维度实现了审判辅助职法定化,如美国、德国、日本均有专门规定司法辅助职的单行法,日本书记官扩权在日本《民事诉讼法》修订中完成。我国《人民法院组织法》仅对书记员作粗略规定,诉讼法惯于将法院诉讼行为作为法院整体予以表述,未如大陆法系诉讼法明细表述各审判辅助职的具体职责。在审判权运行机制及法院人员分类改革试点成熟后,应将审判辅助职具体职责纳入我国《人民法院组织法》与诉讼法,尤其应体现在诉讼法各程序运行阶段中。

(二)新型审判职与辅助职对未入额法官的分流

未入额法官分流关涉员额制改革成败,径直将之降格为法官助理存在现实矛盾,新型审判职与辅助职的多样化为未入额法官分流提供了岗职与程序空间,未入额法官分流的改革任务又为审判职与辅助职优化设置提供了难得历史机遇。

就基层法院而言,可将非讼事件从审判核心事务分离出来不再由员额法官处理,亦无须另设司法辅助官等辅助职,可由未入额法官专司非讼事件审理。鉴于小额诉讼案件亦实行一审终审,程序保障要求相对较低,可参照非讼事件由未入额法官审理。如此一来,未入额法官仍从事判断性较低的审判核心事务而非降格为法官助理从事辅助事务,有利于员额制过渡实施。即使员额制过渡期结束,仍有必要在基层人民法院分设简易法官与员额法官,只不过此时的简易法官不再是解决未入额法官的遗留问题,而成为员额法官养成必经之历练阶段。

在中级以上人民法院,未入额法官无参与非讼事件及小额案件的程序可能,但上述陪席法官的法官职设置以及受命法官的程序法角色为其参加合议庭提供了可能。未入额法官可以陪席法官之职参与合议庭但不得担任审判长,在诉讼程序从事的事务包括两方面:一是受审判长之命负责审前程序,主持庭前调解程序或依职权或依当事人申请调查证据等;二是参与庭审及合议,在合议中发表意见并对其负责。基层人民法院适用普通程序审理案件的,未入额法官可照此参加合议庭。员额制过渡期结束后,陪席法官、受命法官则作为员额法官的历练阶段。

(三)诉讼程序的分流与分类

即使审判事务与审判人员实现精细化分类,若欠缺与之适应的诉讼程序设计,诉讼案件与非讼事件混为一体、审前程序与庭审程序未真正分离,这种精细化分类仅徒具其形而已,繁简分流与程序分类就成为重要保障。

其一,实现诉讼案件与非讼事件分离。制定非讼事件法,逐步扩大法院处理非讼事件范围系长久之计。短期内应改变诉讼案件与非讼事件混同对待的案件管理方式,员额法官不再办理非讼事件,可将未入额法官集中起来组建非讼事件庭,也可保持未入额法官仍分布于原审判庭的现状,但与庭内员额法官各司其职,形成“非讼事件—简易法官(未入额法官)”“诉讼案件—员额法官”的审理格局。

其二,实现审前程序与庭审程序分离。增强审前程序独立性,既是诉讼结构优化的必然,也是因为未入额法官及法官助理的出现为充实审前程序提供了人力资源保障,某种意义是法院人员分类改革倒逼审前程序优化的结果。法官助理的职责之一是从事审前程序的证据交换等事务,可能与未入额法官负责审前程序产生职责重叠。问题关键在于,审前程序中存在一些低判断性核心事务,如决定庭外证据调查、证据是否有证据能力、做出证据保全裁定等,此类事务仍具判断性,可由未入额法官负责;法官助理只能从事配合调解、证据交换等非判断性事务,从而形成未入额法官与法官助理在审前程序中的协作关系。

其三，实现调解程序与审判程序分离。调解是基层人民法院重要的结案方式，主张调审程序分离、调审人员分离是长期以来学界的主流观点，但囿于中国法官配置惯例与阻力而难以入法。[①] 法官员额制的建立及大量未入额法官的分流，实际打破了调审分离的人力配置阻碍，在尊重当事人程序选择权的前提下实行调审程序分离、调审人员分离，由未入额法官专司调解事务，既可解决未入额法官工作量不饱和难题，又推进调审分离程序改革。

（四）不同层级法院辅助事务及人员的差异性体现

不同层级法院同等行使审判权，在审判核心事务及人员分配规律上是一致的，但审判辅助事务分配则有较大差异。中国法院应当构建自身司法知识体系，四级法院功能定位赋予中级以上人民法院审判研究职责，此类职责只有精通审判且善于研究的人方能完成，尽管理论上"优秀法官应是好的研究者"，但我国一线法官显然难以达到此要求，中级以上人民法院可就专职审判研究等审判辅助事务设置少数法官职，从事审判事务并直接办理一定数量案件，同时与直接审理案件法官定期交流。

另外，高级以上人民法院案件数量较少，审判指导职责较重，辅助事务主要集中于综合审判辅助事务而非个案，包括辅助调研、案例推介、法律解答等方面，中基层人民法院审判辅助事务主要围绕个案审理与裁判进行。鉴于高级以上人民法院审判辅助事务抽象性、宏观性、指导性较强，可定期选择下级人民法院法官到高级以上人民法院从事综合性审判辅助事务，提升司法视野与适法能力。通过此制度设计，既体现不同层级法院审判职及辅助职的差异性，又契合优秀法官养成规律。

（五）司法行政事务的优化

案件管理、司法行政监督与保障等司法行政事务是法院事务的重要支撑，但亦可能侵蚀审判核心事务独立性，为一项世界难题。在科层化传统的中国法院管理模式下，司法行政事务优化更具现实意义。

案件管理事务之转型，应摒弃任何形式的审判质效指标竞争，转而关注裁判事务在法院、审判庭内部的合理分配，构建抽象、客观、公正的裁判事务分配规则，探索设立年度裁判事务分配书并一般不得调整，明确规范分配书调整的例外情形，规范

---

① 参见李浩：《调解归调解，审判归审判：民事审判中的调审分离》，载《中国法学》2013 年第 3 期；周翠：《调解与审判的关系：反思与重述》，载《比较法研究》2014 年第 1 期。

院庭长在裁判事务分配中的权限，合理协调事务、人员、程序的复合关系，使案件管理事务有效服务审判事务。

法官业绩评价与法官惩戒为司法行政监督事务之两翼，不得侵害审判核心事务是共通原则，始终面临法官独立审判与督促法官尽职履责两条主线的界分与影响。法官业绩评价重在激励而非约束，法官惩戒则重在约束甚至责难，谦抑性、专业性、主观与客观相结合、尊重法官自治以及程序保障性，系司法行政监督事务必须具备之内涵。

司法行政保障事务具有纯粹行政性，应参酌行政管理实行司法行政保障事务一体化、专业化管理的制度安排。克服当前中国法院司法行政保障事务各自为政、分散管理之弊，可对分担司法行政保障事务的办公文秘机构、宣传机构、物资装备管理机构、信息化建设机构予以整合，成立综合性司法行政保障机构，在法院内设不人员额的行政副院长，提升司法行政事务保障审判事务整体效益。

法官员额退出类型分析与程序构建

薛海明*

员额退出是伴随司法体制改革产生的一个中国特有概念。2017年3月中央政法委印发《关于严格执行法官、检察官遴选标准和程序的通知》(中政委〔2017〕9号),其中第8条规定:"各地各部门应当在明确岗位责任的基础上,抓紧制定办案绩效考核办法,并于2017年5月底前,对入额满一年的法官、检察官进行办案绩效考核。办案质量、效率达不到考核标准的,应当于6月底前退出员额。"员额退出机制的构建,无国外现成的经验可供借鉴,改革推进初期各试点法院也未形成可资借鉴、可供参考的成熟做法。在当下法院人案矛盾越发凸显、与改革相关的立法未及时跟进的情况下,需在对员额退出与法官职务免除进行合理区分的基础上,对员额退出机制进行相对科学、相对合理的模式设计。

一、法官员额退出与法官职务免除的区别

讨论员额退出与法官职务免除的区别,应区分改革过渡期与我国《法官法》修订并实施后的不同阶段。新的《法官法》出台前的改革过渡期内,法官员额退出并不必然导致其法官身份的消失。其一,中央《关于司法体制改革试点中有关问题的意见》提出,为确保改革平稳过渡,未进入员额的

---

* 重庆市高级人民法院研究室法官助理。

审判员和助理审判员保留法官职务和待遇。在我国《法官法》修订前，员额法官和未入额法官均在法官序列中。法官退出员额后，既可能转为未入额法官，也可提请人大常委会免去法官职务转为法官助理等其他序列。其二，最高人民法院《关于完善人民法院司法责任制的若干意见》第37条对违法审判责任的追究根据其应负责任程度作出了不同的规定，其中明确应当给予停职、延期晋升、退出法官员额或者免职、责令辞职、辞退等处理的，由组织人事部门按照干部管理权限和程序依法办理。第2款规定，免除法官职务，必须按法定程序由人民代表大会罢免或者提请人大常委会作出决定。从条文表述来看，退出法官员额与法官职务免除作为并列选项并非同一内容。

按照最高人民法院起草的《法官法》修改建议二稿精神，我国《法官法》修订后法官仅指员额法官，未入额的审判员和助理审判员职务和待遇必然不会继续保留，员额退出与职务免除也不再有任何差异，此时员额退出已转化为法官职务免除。因此员额退出应为特定时间段的过渡性概念，从时间范围上来看仅存在于我国新《法官法》将员额制改革成果固化之前。

二、构建员额退出机制的必要性和可行性分析

（一）优化员额法官队伍整体素质的必然要求

法官员额退出是员额制改革推进中重要的一环。再精密的员额法官选任制度设计也无法一蹴而就，必然会出现少数优秀的法官未入额而极少数入额的法官不能完全适应司法责任制改革要求的情况，需要通过制度运行过程中的自我完善和自我修复达成。选出员额法官仅是人员分类改革走出的第一步，入口问题解决后必然考虑畅通出口的问题。通过科学合理的员额退出机制设计，可实现员额的有进有退、进退有序，这种动态调整的模式可弥补员额法官选任因程序不完善、标准不科学带来的与预设目标不一致这一弊端，员额法官队伍将逐步符合正规化、专业化和职业化的要求。

（二）化解人案矛盾行之有效的手段

实行员额制改革以后法官数量明显减少的同时，中央政法委、最高人民法院均明确未入额法官不得独立办案，在法院受案数量逐年大幅增长的情况下，人案矛盾日趋尖锐。从全国各法院入额情况来看，大都未对入额法官的办案数量提出硬性要求，仅靠法官的自觉性、能动性而不辅之以合理的员额退出机制，将难以保证案件的

质量与效率。

（三）兼顾法院不同群体利益的必要调节措施

未实施法官员额制改革之前，法官的数量和比例没有明确的限制，在这种情形下，一个法官的职务免除，与他人的利益并无直接关系。在员额数量一定的情况下，员额法官的退出与否直接关系未入额法官的利益，只有让不适合岗位要求的入额法官及时退出，才能为未入额法官留出充足的发展空间，真正实现"优胜劣汰"，实现员额制改革的初衷和目的。

（四）员额退出机制设计不违背《保护司法人员依法履行法定职责规定》精神

中共中央办公厅、国务院办公厅印发的《保护司法人员依法履行法定职责规定》第4条规定，"法官、依法履行法定职责受法律保护。非因法定事由，非经法定程序，不得将法官调离、免职、辞退或者作出降级、撤职等处分"，第10条规定，"考核法官、检察官办案质量，评价工作业绩，应当客观公正、符合司法规律"，《人民法院落实〈保护司法人员依法履行法定职责规定〉的实施办法》第8条也作了相应规定。但在未进入员额的审判员和助理审判员保留法官职务和待遇的背景下，考虑到员额法官考评、惩戒体系的完整性和协调性，退出员额而保留其审判员身份符合改革精神，现实中也有操作空间，因此，员额退出机制设计不必然违背《保护司法人员依法履行法定职责规定》精神。

三、员额退出机制构建面临的困境和障碍

当前，关于员额退出有一定数量的报道，如上海法院系统对法官每年进行一次考核，考核内容包括办案、廉政、遵纪守法等方面，如果考核合格，则其可继续做法官，如果其犯严重错误，则交由党纪国法予以处理。对那些没什么错误，但工作不卖力、任务不完成、考核不合格的，令其退出法官员额，以此来破除法官"一次入额终身合格"的弊端。[①] 珠海市横琴新区人民法院出台《关于建立法官评鉴机制完善法官考核制度的意见》提出第三方法官评鉴机制，通过组成评鉴小组，引入律师、法律学者等第三方，围绕相关标准对员额法官作出客观评价，并以该评价结果作为判定员

① 参见彭美：《上海首创员额退出机制　每年考核破除法官终身制》，载搜狐网：http://news.sohu.com/20150312/n409663121.shtml，最后访问日期：2018年7月17日。

额法官是否合格的重要参考依据，对于判定不合格者则责令其退出员额。① 从报道情况来看，各法院的规定均过于原则，缺乏可操作性，且实践效果如何也未见明确的报道。综观当前全国各地法院员额退出机制建设情况，尚存在以下一些困境和障碍：

一是缺乏科学合理的法官业绩评价机制。法官业绩评价或许不是法官制度最重要的一环，但因其是法官选任晋升、法官员额确定、法官逐级遴选乃至法官退出的重要技术支撑，成为法官制度中具备广泛联系性的基础性环节。一套设计科学、运行合理的法官业绩评价体系是员额退出的前提。《保护司法人员依法履行法定职责规定》第 10 条规定，“考核的办法和标准由中央政法单位统一制定，地方可以结合实际进行适当调整”。当前，中央政法委、最高人民法院均未出台在全国适用的法官业绩考核办法，中央政法委“各地各部门应当在明确岗位责任的基础上，抓紧制定办案绩效考核办法，并于 2017 年 5 月底前，对入额满一年的法官、检察官进行办案绩效考核。办案质量、效率达不到考核标准的，应当于 6 月底前退出员额”的要求，第一，与《保护司法人员依法履行法定职责规定》第 10 条中“考核的办法和标准由中央政法单位统一制定，地方可以结合实际进行适当调整”的精神并不一致；第二，对入额满一年的法官、检察官进行办案绩效考核，时间较为急促、考核期间也偏短易产生偏差。导致各试点法院办案绩效考核办法制定、员额法官办案绩效考核都非常仓促。

二是与员额退出相关的其他配套机制与程序缺乏。除科学合理的法官业绩评价这一最重要的配套机制缺乏之外，对于员额退出后其身份如何明确、法官职务是否免除、法官等级是否保留、工资收入如何确定等一系列问题均无现成的答案，相关的配套机制建设严重缺乏，导致“有进有出”易而“进出有序”难。

三是一定程度增加了法官队伍的不稳定性。员额退出后必然带来人员的转岗分流，以司法责任制为核心的四项改革任务中，员额制改革是其中改革难度最大，触动利益最多的一项内容，而从入额法官中选择部分不适应法官职业要求的并通过程序设计予以退出，其难度相较将原有法官队伍区分为员额法官和未入额法官的难度更大，矛盾更为尖锐，尤其是在条件设置不合理、程序设置不到位的情况下，可能对

---

① 参见朱鹏景：《法官干得好不好　要看第三方评鉴》，载南方都市报官网：http://epaper. oeeee. com/epaper/A/html/2015－11/12/content_10341. htm，最后访问日期：2017 年 7 月 17 日。

法官队伍的稳定性带来一定程度的冲击。

四、法官员额退出具体情形分析

根据我国《法官法》和《关于完善人民法院司法责任制的若干意见》的规定，员额退出大致可分为自然退出、自愿退出、考核退出、惩戒退出和违纪违法退出五类情形。

因调离法院、转任(提任)其他岗位、退休、辞去公职退出员额的，属自然退出。自然退出的依照法定程序办理免职手续即可，与法官职务免除并无实质区别。

因家庭、健康或其他原因，提出申请退出法官员额申请的，属自愿退出。中央政法委《关于严格执行法官、检察官遴选标准和程序的通知》第1条规定，员额配置应当向一线办案部门倾斜，办公室、政工党务、纪检监察、培训教育、司法技术等部门不得设置员额岗位。改革过程中，一些法院的政治部主任、纪检组长，以及综合行政部门负责人通过遴选程序入额但又未免去原有党政职务，按照中央要求应当退出员额。这种情况下赋予了其“保留原有党政职务退出员额”和“调整到一线办案岗位办案”的选择权，如果选择保留原有党政职务的应属自愿退出范畴。

对法官的考核可分为公务员考核和办案质效考核两类，因在年度公务员考核中评定为“不称职”、连续两年被评定为“基本称职”退出员额的属因公务员考核导致的员额退出，此种情形标准较明确，可操作性较强。因办案质效不达标退出员额的，依据在于我国《法官法》第23条“对法官的考核内容包括：审判工作实绩，思想品德，审判业务和法学理论水平，工作态度和审判作风。重点考核审判工作实绩”的规定，然而，我国《法官法》没有对审判工作实绩的考核标准作出具体的规定，中央政法委、最高人民法院也没有制定全国法院可以统一适用的考核标准，当前首要任务应是抓紧制定办案绩效考核办法。因考核退出的，原有法官等级是否保留，如果保留是否仍按期晋升情形较为复杂，当下无论是理论上还是实践中均无现成的路径可循，也是本文的研究重点。

最高人民法院《关于完善人民法院司法责任制的若干意见》第26条规定：有下列情形之一的，应当依纪依法追究相关人员的违法审判责任：(1)审理案件时有贪污受贿、徇私舞弊、枉法裁判行为的；(2)违反规定私自办案或者制造虚假案件的；(3)涂改、隐匿、伪造、偷换和故意损毁证据材料的，或者因重大过失丢失、损毁证据材料并造成严重后果的；(4)向合议庭、审判委员会汇报案情时隐瞒主要证据、重要情节和故意提供虚假材料的，或者因重大过失遗漏主要证据、重要情节导致裁判错误并造成严重后果的;(5)制作诉讼文书时,故意违背合议庭评议结果、审判委员会决定的,或者因重大过失导致裁判文书主文错误并造成严重后果的;(6)违反法律规定,对不符合减刑、假释条件的罪犯裁定减刑、假释的,或者因重大过失对不符合减刑、假释条件的罪犯裁定减刑、假释并造成严重后果的;(7)其他故意违背法定程序、证据规则和法律明确规定违法审判的,或者因重大过失导致裁判结果错误并造成严重后果的。对应当追究违法审判责任的相关责任人,该意见给出了停职、延期晋升、退出法官员额或者免职、责令辞职、辞退等一系列处理措施,究竟法官违反了上述何种情形才必须退出法官员额,该意见并未明确。笔者认为,除延期晋升外,只要受到取消法官资格、免职、责令辞职、辞退等惩戒处理的,均应退出员额,此种情形属惩戒退出。

需退出员额的违法审判责任,应不包括涉嫌犯罪的情形,如果涉嫌犯罪的,由纪检监察部门将违法线索移送有关司法机关依法处理,在其犯罪事实被司法机关确认后,其法官身份自然被免除,除此之外,因违纪违法行为受到党内严重警告以上处分、行政记大过以上处分的,或因违反政治纪律受到党纪或政纪处分需退出员额的,属违纪违法退出。惩戒退出与违纪违法退出有一定程度的交叉。

五、员额法官退出机制的程序构建

因调离法院、转任(提任)其他岗位、退休、辞去公职自然退出员额的,由本法院党组研究提出意见后15日内报市高级人民法院党组研究决定,并依照法定程序办理免职手续即可。

自愿退出员额的,由本人向本院党组提出申请,院党组经研究认为理由充分的,15日内报经省级人民法院党组研究决定。为体现员额遴选和员额退出制度的严肃性,可规定申请人自退出员额之日起两年内,不得再参加员额遴选考试。退出员额后,其工作岗位安排应服从本院党组的决定。

因被追究违法审判责任退出的,应充分发挥法官惩戒委员会的作用。法官惩戒委员会根据法院调查的情况,依照程序审查认定法官是否违反审判职责,提出构成故意违反职责、存在重大过失、存在一般过失或者没有违反职责的意见,并作出是否给予惩戒处分以及给予何种惩戒处分的建议。作出退出法官员额的建议后,应当送达当事法官和有关人民法院。当事法官或者有关人民法院对审查意见有异议的,可以向惩戒委员会提出。惩戒委员会应当对异议及其理由进行审查,作出决定,并回复当事法官或者有关人民法院。省级人民法院党组作出退出员额的决定后,为体现程序的公正性,还应设置当事法官申请复议的环节,充分保障当事法官提出异议的权利。因被追究违纪违法行为的退出员额的,同样应设置复议环节。

因考核原因退出员额的,应作如下程序设计:

一是建立完善的法官办案绩效考核标准。各法院根据标准对法官办案质量和效率进行考核,根据考核结果提出是否有退出员额的人选。在全国统一的质效考核办法尚未出台的情况下,各法院在制定自己的考核标准时,可将办案数量、质量、效率、效果作为一类指标,将综合审判事务和综合管理事务作为二类指标,重点考核法官审判执行工作实绩的同时,兼顾综合审判事务和综合管理事务的完成情况。

二是完善报批程序。由所在院党组在年度考核结束后 15 日内对拟退出员额的人选提出意见,按流程报省级人民法院党组研究决定。上报省级人民法院党组的请示材料,应包括请示、法官职务审批表等。省级人民法院党组作出退出员额决定的,应及时通知法官所在法院和法官本人。

决定员额退出是否需提交法官遴选委员会审议有不同观点。笔者认为,法官遴选委员会主要职责在于提出入额建议人选,退出员额的人选不宜提交其审议。以《××市法官遴选委员会章程》为例,第 11 条法官遴选委员会工作职责包括以下四个方面:(1)审判机关需要从现有法官中遴选首批员额内法官、从法官助理中遴选法官,以及从优秀的律师和具有法律职业资格的法学学者等法律职业人士中公开选任法官时,采取书面审查、面试等方式,从专业角度审查提出建议人选;(2)对申请延迟退休的法官的司法素养、履职能力进行评定,向××市高级人民法院提出延迟退休的意见;(3)审议通过和修订《××市法官遴选委员会章程》;(4)审议决定其他应当由遴选委员会决定的事项。员额退出的,经市高级人民法院党组讨论即可作出决定。

三是设置异议程序。在本院党组研究提出退出员额的人选意见后,退出人选可向本院党组提出异议,异议不成立的,继续报省级人民法院党组研究决定。省级人民法院党组作出退出员额的决定后,如果该法官仍然有异议的,可在决定作出之日起 15 日内通过本院组织人事部门向省级人民法院组织人事部门提出。省级人民法院组织人事部门认为有正当理由的,可提请院党组复议一次。复议决定为最终决定。

四是员额退出后法官身份的处理。基于法官员额退出与法官职务免除的区别,因法官不能完成本法院规定的基本办案任务、院庭长入额后未完成规定的办案任务、法官和院庭长改判率、发回重申率超过本院规定的比例退出员额的,考虑到法官责任的体系性与均衡性，可暂不提请人大常委会免除其审判员身份。

五是明确退出后果。因办案质效不达标退出员额后，可将其转入辅助岗位协助办案。如果退出员额的法官拒绝从事法院安排的其他工作的，可依据我国《法官法》第40条、第41条的规定，①以不胜任现职工作，又不接受另行安排为理由辞退或免除其法官职务。退出员额的，按照原有身份确定其退出后的工资收入。

六、与员额退出相关的几个问题

1. 员额法官遴选时可否将办理一定数量的案件作为入额条件

实践中，一些试点法院对员额法官从办案数量方面规定了任务，办理一定数量的案件被作为员额法官的义务，相应地，如果员额法官拒绝办案，或办案数量达不到要求，即应退出员额。这一做法是否合理？我国《法官法》第7条法官应当履行的7项义务中，并无办案数量的规定。且最高人民法院出台的《人民法院落实〈保护司法人员依法履行法定职责规定〉的实施办法》第4条明确规定，不得以办案数量排名、末位淘汰等方式和接待信访不力等理由调整法官工作岗位。规定办案任务的做法似乎违反了以上规定。但是如前所述，员额退出不等于免职，办案数量达不到规定要求属办案质效不合格，退出以后仍未剥夺其办案资格，仅是剥夺了其员额法官这一身份。此外，规定法官办案数量也不同于办案数量排名和末位淘汰。将办理一定数量或一定比例的案件作为入额条件并无不当。

2. 应充分用好改革过渡期为今后法官的考核与惩戒积累经验

改革过渡期内存在员额法官和未入额法官两种类型，这是员额退出机制存在的前提。如果不存在未入额法官这一群体作为缓冲，在现有的法律框架内员额退出就与法官免职无异，法官因办案质效的免职依据不足（免职是一种非常严重的责任追究形式，即使法官有违法审判的行为，在责任追究上也存在停职、延期晋升、退出法官员额或者免职、责令辞职、辞退等处理形式）。在制度设计上，也应考虑过渡期政策的特殊性。退出员额的，其原有的审判员、助理审判员身份仍然保留，在审判业务

---

① 我国《法官法》第40条规定："法官有下列情形之一的予以辞退：（一）在年度考核中，连续两年确定为不称职的；（二）不胜任现职工作，又不接受另行安排的；（三）因审判机构调整或者缩减编制员额需要调整工作，本人拒绝合理安排的；（四）旷工或者无正当理由逾假不归连续超过十五天，或者一年内累计超过三十天的；（五）不履行法官义务，经教育仍不改正的。"我国《法官法》第41条规定："辞退法官应当依照法律规定的程序免除其职务。"

部门继续工作的,可以未入额法官身份继续协助员额法官办案。

3. 我国《法官法》修改应为员额法官退出留出可操作的空间

当前,我国《法官法》已启动修改工作,《法官法》修改并实施后可能不再存在未入额法官这一类型。应设计好相应的过渡和衔接机制,建议在我国《法官法》修改时增设候补法官这一类型,在任命程序上,候补法官由各法院提出建议,省级高院统一任命,无须经过省人大及其常委会任命,为员额法官退出留出可操作的空间。因办案质效不达标或违法审判退出员额的,可按法定程序由省人民代表大会罢免或者提请省人大常委会作出决定。退出后法院认为其还可以继续协助办案的,可由法院任命为候补法官,虽然其审判员的资格被免去,但办案资格仍予保留。

4. 员额退出仅具事后的威慑作用

从某种意义上讲,员额退出属员额制改革中的事后补救措施,对入额法官的作用主要在于威慑,尤其是基于办案质效考核不达标而需启动退出程序的法官。员额制改革的目的是把最优秀的人才吸引到办案一线,以提高办案质量、效率和公信力。通过优化人员结构、科学分类管理和精确划分职能,推动建立分类科学、结构合理、分工明确的法院人员管理制度,推进法院队伍正规化、专业化、职业化建设。科学合理的法官遴选标准和程序比设计一套员额退出机制和程序更为关键和重要。如果法官遴选标准和程序出现问题,对办案业绩、职业操守把关不严,出现简单地以票取人、以分取人、论资排辈和迁就照顾,选出的法官在办案能力和职业操守欠缺,单纯依靠员额退出机制既难以解决问题,也很难发挥作用,毕竟员额退出面临的情况与入额相比更为复杂,处理起来更为棘手。

××市高级人民法院法官员额退出实施办法

(建议稿)

第一条 为进一步深化司法责任制改革,建立科学规范、有进有出的法官员额动态管理制度,选好配强法官队伍,不断提升法官队伍整体素质和依法履职能力,根据《中华人民共和国法官法》、《保护司法人员依法履行法定职责规定》、最高人民法院《关于完善人民法院司法责任制的若干意见》、《人民法院落实〈保护司法人员依法履行法定职责规定〉的实施办法》,结合全市法院工作实际,制定本实施办法。

第二条 法官员额退出机制的设计,应当体现司法职业特点,尊重司法规律,坚持实事求是、客观公正,坚持责任与过错相适应,坚持惩戒与教育相结合。

第三条 本办法所称的法官员额退出,包括自然退出、自愿退出、考核退出、惩戒退出和违纪违法退出。

第四条 有下列情形之一的,自然退出本法院法官员额:

(一)调离本法院的;

(二)转任(提任)其他岗位的;

(三)办理退休的;

(四)辞去公职的;

(五)非组织选派、离职学习期限超过一年的;

(六)其他离岗性自然退出的情形。

出现以上情形的,由本法院党组研究提出意见后15日内报市高级人民法院党组研究决定。

第五条 因家庭、健康或其他原因,本人向本院党组提出申请退出法官员额的,院党组经研究认为理由充分的,15日内报市高级人民法院党组研究决定。

政治部主任、纪检组长,以及综合行政部门负责人入额的,未在入额名单公示结束之日起3个月内按照规定的组织程序免去原有党政职务的,适用前款规定。

自愿退出法官员额的,自退出员额之日起两年内不得再次参加员额遴选考试。

第六条 在年度公务员考核和年度办案绩效考核中存在下列情形之一的,应当退出本法院法官员额:

(一)入额后不办案的;

(二)不能完成本法院规定的基本办案任务的;

(三)院庭长入额后未完成规定办案任务的;

(四)年度考核被评定为"不称职"的;

(五)连续两年度考核被评定为"基本称职"的;

(六)其他在考核中发现应该退出的情形。

法官对年度办案绩效考核结果有异议的,可在结果公布之日起15日内向考核部门提出异议。

第七条 法官在审判工作中,故意违反法律法规,或因重大过失导致裁判错误并造成严重后果,依法依规被追究违法审判责任,受到以下惩戒处理的,应当按照规定程序退出本法院法官员额:

（一）取消法官资格的；

（二）免职的；

（三）责令辞职的；

（四）辞退的。

第八条 法官因违纪违法行为，受到以下纪律处分的，应当按照规定程序退出本法院法官员额：

（一）因违反政治纪律受到党纪或政纪处分的；

（二）受到党内撤职或行政撤职以上处分的；

（三）经市法官惩戒委员会审查建议退出法官员额的；

（四）其他违纪违法行为存在追责性惩戒退出的情形。

第九条 自然退出、惩戒退出和违纪违法退出法官员额的，由本法院党组在年度考核结束后15日内提出意见并报市高级人民法院党组研究决定。

市高级人民法院党组作出退出员额决定的，应及时通知法官本人。

法官对市高级人民法院党组决定有异议的，可在决定作出之日起15日内通过本院组织人事部门向市高级人民法院组织人事部门提出。市高级人民法院组织人事部门认为有正当理由的，可提请院党组复议一次。复议决定为最终决定。

第十条 经市高级人民法院党组研究决定退出法官员额的，由组织人事部门按照干部管理权限和程序依法办理。

第十一条 退出法官员额的，从市高级人民法院党组决定之日起，不再享受员额法官工资待遇。退出法官员额后的在职人员，应当安排担任法官助理或交流到司法行政部门工作，按规定确定其身份职级，享受相应的工资待遇。

第十二条 因以下原因退出法官员额的，应提交本级人大常委会免去审判员职务：

（一）调离本法院的；

（二）办理退休的；

（三）辞去公职的；

（四）入额后不办案的；

（五）年度考核被评定为“不称职”的；

（六）连续两年度考核被评定为“基本称职”的；

（七）本办法第七条、第八条规定的情形。

第十三条 各法院党组应当按照法官员额退出机制的政策原则和相关规定、法律程序办理员额退出手续,认真做好政策交底,做好退出人员的思想政治工作。

第十四条 市高级人民法院定期对法官员额退出机制实施情况进行抽查督查,对违反组织原则和干部工作纪律,在员额退出工作中违规操作、以权谋私的,严肃追究相关责任人责任。

第十五条 本意见由市高级人民法院政治部、监察室负责解释,自下发之日起施行。

“星星之火”能否燎原:从律师中选任法官的实践检视与完善

游中川 *

在现代法治国家,法官是律师职业的继续和自然实现,优秀的律师被选任为法官往往意味着其法律生涯攀上顶峰。从优秀的律师中遴选法官符合法治国家的司法发展规律,亦能够有效促进司法职业的良性转化与循环。最高人民法院从1999年起,首开先河从律师、法学教授等优秀法律人才中选任法官,并将面向律师等优秀法律人才选任法官工作纳入《人民法院五年改革纲要》至《人民法院第四个五年改革纲要》。从律师等优秀法律人才选任法官制度已实践运行10余年,对该制度运行情况的进行实证考察可管窥优秀法律人才选任法官的共性问题,可以厘清从律师中选任法官的制约因素及完善进路,进而更好地推进优秀法律人才向法官的职业流动。

一、制度走向:从律师中选任法官的制度生成及调整

在英美法系国家,法官均是从律师中产生。① 但在我

* 重庆市高级人民法院研究室法官助理。

① 英美法系国家法官遴选一般采用“经验 + 精英 + 年长”的原则。在英美法系国家,一个公民欲成为法官,首先要进入大学法学学习获得法学JD学位,然后从事律师职业积累司法经验,最后从律师中选任法官。参见林振通:《域外法官遴选制度考察比较》,载《人民法院报》2010年9月17日,第8版。

国,法官参照公务员实行管理属于国家公务人员;而律师则属于为社会提供法律服务的执业人员,其属于社会工作者。虽然二者均实行法律职业资格准入制度,但二者之间存在公务员身份的鸿沟,律师要想当法官必须通过法院的公务员招录考试。而以公务员招录考试方式选任法官,律师的职业优势无法体现,律师亦不愿意以此种方式担任法官。

为了改革法官来源渠道、吸收律师等高素质法律人才进入法官队伍,最高人民法院在《人民法院五年改革纲要》中首次提出要"逐步建立从律师和高层次的法律人才中选任法官的制度"。最高人民法院并于当年和次年连续发布选任公告,正式开展从律师等优秀法律人才选任法官。但由于律师群体并未积极响应参与最高人民法院这一改革,最高人民法院并未形成从律师选任法官的相关改革制度。其后,最高人民法院公布的两个五年改革纲要对这一政策作出了修正,不再特别列出律师,仅统一称为"其他优秀法律人才"。如《人民法院第二个五年改革纲要》第 37 条规定,"逐步推行上级人民法院法官主要从下级人民法院优秀法官中选任以及从其他优秀法律人才中选任的制度"。《人民法院第三个五年改革纲要》第 14 条规定,"最高人民法院、高级人民法院和中级人民法院遴选或招考法官,原则上从具有相关基层工作经验的法官或其他优秀的法律人才中择优录用"。

由于最高人民法院改革纲要对律师选任法官的政策调整,从律师中选任法官这一做法一度搁浅。但在社会上,2009 ~ 2014 年,连续有人大代表或政协委员呼吁从律师中选任法官。如在 2009 年,有代表建议优秀律师不再参加公务员录用考试,而是通过一定的选任程序,直接被选任为法官、检察官,打通法官、检察官快速补充通道。[①] 2011 年全国政协委员、中华全国律师协会会长于宁建议从律师中选拔法官、检察官,加快法律职业共同体建设。[②] 2013 年全国政协委员、律师黄廉熙呼吁"进一步加大从律师中选拔法官、检察官力度,打破壁垒,对现有人事制度和社会福利制度进行优化,形成法律界人士相互流通的好机制"等。[③]

在社会各界对律师中选任法官的呼吁下,在最高人民法院《关于全面深化人民法院改革的意见》即《人民法院第四个五年改革纲要(2014 - 2018)》中,从律师中选

---

① 参见李光明:《从优秀律师中选任法官检察官》,载《法制日报》2009 年 3 月 14 日,第 8 版。

② 参见曾献文:《从律师中选拔法官检察官可节省司法成本》,载《检察日报》2011 年 3 月 7 日,第 8 版。

③ 《黄廉熙委员:加大从律师中选拔法官检察官的力度》,载正义网:http://news.jcrb.com/jxsw/201303/t20130309_1062073.html,最后访问日期:2018 年 8 月 25 日。

任法官得到再次回归。该意见明确要“完善将优秀律师、法律学者,以及在立法、检察、执法等部门任职的专业法律人才选任为法官的制度”。党的十八届四中全会决定更是进一步明确要“建立从符合条件的律师、法学专家中招录立法工作者、法官、检察官制度”。

以上司法政策演变反映出几个特点:一是面向优秀法律人才公开选任法官均列入各年法院改革纲要,反映出最高人民法院面向社会公开选任法官、吸收高素质法律人才的政策是一脉相承的。二是从律师中选任法官从列为法院改革纲要到写入党的最高文件,反映了其重要性的日益提升。三是律师作为公开选任法官的重要来源有所反复。从《人民法院五年改革纲要》强调“从律师和高层次的法律人才中选任法官”,到《人民法院第二个五年改革纲要》《人民法院第三个五年改革纲要》调整为“其他优秀法律人才”,再到《人民法院第四个五年改革纲要》的“优秀律师、法律学者”的政策细微调整,反映了律师在法治建设中的地位走向。

二、叫好不叫座:从律师中选任法官的实然运行

最高人民法院于1999年第一次面向社会公开从“律师等优秀法律人才中选拔法官”,此后于2000年、2013年又进行了多次公开选拔,先后有贺小荣、张卫兵、贾清林等律师被选任为最高人民法院法官。而就地方法院而言,从1999年开始,先后有多名律师被选拔为普通法官乃至法院的副院长等岗位。如2007年的安徽枞城律师事务所律师王时银出任安徽亳州市中级人民法院副院长,2015年的商建刚律师成为一名三级高级法官。但总体而言,选任为法官的律师人数极少,与这一制度的预期存有较大差距(见表1)。

表1 全国部分法院面向律师遴选法官情况①

时间	选拔法院	选拔地域范围	岗位及数量	资格条件
1999年	最高人民法院	北京	10名高级法官	法律专业的研究生学历或硕士以上学位,年龄45周岁以内;一级律师,年龄35~50周岁;北京户口

① 专门面向民族党派选任的法院领导干部,因其与普通律师选任法官区别较大,因此未纳入本表统计范围。如2002年的汪利民律师被任命为安徽省高级人民法院副院长,全国政协委员、民建贵州省委副主委的李汉宇律师于2006年被选拔为贵州省高级人民法院副院长。此外,由律师选拔至政府部门,再转任到法院的律师也未归入此次分析范围。如陕西省王松敏律师于1996年选拔担任了西安市司法局副局长,后于1999年调任西安市中级人民法院任副院长。

续表

时间	选拔法院	选拔地域范围	岗位及数量	资格条件
2000 年	最高人民法院	全国多数地区(西部 11 省市外)	15 名高级法官	法律专业的研究生学历或硕士以上学位,年龄 45 周岁以内;一级律师,以及从事本职工作满 8 年,任现职满 3 年,有专著出版或受过省部级(含副省级)以上表彰奖励的二级律师
2007 年	安徽省高级人民法院	安徽省	4 个中级人民法院党外副院长	有副高级以上专业技术职务任职资格且任律师事务所负责人,或具有中级专业技术职务的任职资格且任律师事务所负责人 1 年以上;年龄 45 周岁以下
2013 年	最高人民法院	全国	2 名局级、3 名处级领导干部	法学硕士以上学历,参加局级干部选拔的律师应具有相关执业经历满 15 年,一般不超过 50 周岁。参加处级干部选拔的应具有相关执业经历满 10 年,不超过 45 周岁。获得"长江学者""全国十大杰出青年法学家""全国优秀律师"等奖项和荣誉的人员可优先考虑
2015 年	上海市高级人民法院	上海市	高级法官 2 名	全日制大学本科以上学历,律师执业满 10 年,年龄不超过 45 周岁;省市级以上奖项或表彰的人员可优先考虑

(一)从律师中选任法官未全面铺开

为改变长期以来任用法官的传统做法,并以此为突破,带动和促进法院改革向深层次不断发展,最高人民法院从 1999 年开始,公开选任律师担任法官。在全国人大和中央组织部的大力支持下,律师无须通过公务员考试,通过选拔即可转任法官,而且无须强制要求必须通过司法考试,且在年龄限制上较为宽松。通过选拔,已有律师通过选拔成为最高人民法院和地方高级人民法院的法官,并且根据职业经历等确定法官等级和职务。如 2007 年,35 岁的安徽枞城律师事务所主任王时银律师被任命为安徽省亳州市中级人民法院副院长,42 岁的安徽金宇律师事务所朱云飞律师被任命为安徽省阜阳市中级人民法院副院长等①。这种选拔为超过35周岁以上的优秀律师提供了担任法官职业的途径,但最高人民法院的这一法官选任人事改革并未向地方全面铺开,以此种方式公开从律师中选拔法官的法院非常有限。从公开资料上显示,在地方仅有安徽省、上海市等开展过从律师中选任法官的尝试,而全国其他30余家省级人民法院对最高人民法院的这一改革并未有实质回应,亦未推动此项选任工作。从律师中选任法官虽然开了先例,但因其选拔的时间不确定,而且选拔的次数和人数较少,更多的是点缀意义。

(二)律师对于选任法官的响应较小

最高人民法院将从律师等社会高层次法律人才中选任法官定位为人民法院机关人事制度改革的一项重要探索,但律师对于该制度的响应却很有限,律师并不热衷于当法官。比如,在最高人民法院第一次面向律师选任法官时,当时最高人民法院为此举行了隆重的新闻发布会并进行了广泛宣传,②而且招聘的职位级别也较高,并于2000年再次拿出15个高级法官名额面向社会选拔法官。但对于此一重大人事制度改革的结果是第一次是招考10名高级法官……报名者寥寥无几,考上的则只有2名。第二次招考15名法官,结果与第一次大同小异:报名者仍然寥寥无几,最后只招了1名。③ 而在2013年最高人民法院共选任5名法官,共有来自28个省、自治区和直辖市的195人通过单位推荐或个人报名方式参加公开选拔,其中专家学者76人(占39%),党政机关人员44人(占23%),律师75人(占38%)。2014年2月14日,除3人放弃外,22人参加面试,大多为博士研究生,是各专业领域的领军人物和业务骨干。其中,专家学者12人,党政机关从事法律工作人员3名,律师7人。④ 虽然在2013年年底最高人民法院开展的从律师等高层次法律人才中选任法

---

① 参见谭世贵、王建林:《法律职业互动:现状、困境与出路——以法官、检察官、律师为样本的分析》,载《杭州师范大学学报》(社会科学版)2013年第2期。

② 最高人民法院前副院长李国光在发布会上说,这是最高人民法院改革机关选拔任用法官制度、拓宽选人用人渠道、进而推动法官队伍建设的一项重要举措,标志着人民法院选任法官向社会敞开了大门。参见刘希全:《高法将公开执教10名法官》,载光明网:http://www.gmw.cn/01gmrb/1999-03/02/GB/17983%5EGM3-0212.HTM,最后访问日期:2018年8月25日。

③ 石洪涛:《大学生不愿当法官 律师不愿考最高院》,载《中国青年报》2005年3月11日,第1版。

④ 参见《最高法首次公开选拔高层次审判人才,22人面谈7人为律师》,载法制网:http://www.legaldaily.com.cn/Lawyer/content/2014-02/17/content_5281450.htm?node=32988,最后访问日期:2018年3月10日。

官中,律师报名人数比以往有所改善,但是与当年全国 25.09 万名的律师数量相比,[①]参与选任的律师比例依然较低。

(三)从律师中转任法官的数量较少

从 1999 年开始,最高人民法院及部分地方法院近年来共拿出近 40 名的法官职位面向社会公开遴选,但律师通过公开选拔转任法官的人数较少。据《人民日报》2007 年 2 月 28 日报道,"从业十余年的资深律师张卫兵,刚刚完成了'从律师到法官'的角色转变……还有另外 3 名律师同行和 14 名法学教授、副教授。这个数字,从 2000 年最高人民法院首次面向社会公开招考法官算起,已有 22 名"。[②] 从《人民日报》上述报道中可知,从 2000 年至 2006 年长达 7 年,最高人民法院数次公开招考法官的尝试只招了 5 名律师。在 2013 年年底最高人民法院公开选拔中,最后仅有 1 名律师入选。加上安徽省、上海市等部分地方法院的选拔,全国仅有 10 余名律师通过公开选任走上法官岗位。而这与法院的法官向律师的职业流动数量远远不成正比。如安徽省从 2009 年至 2014 年流失法官 1266 人,其中近半数调离或者从事律师职业。[③] 而同期,北京法院系统有 500 多名法官辞职调动离开法院,5 年流失法官数量超过了一成;上海流失法官 300 多名。[④] 2008 ~ 2012 年,江苏全省法院流失出 1850 名,其中有多少人转行做律师并没有确认的数字,但是不在少数。[⑤]

三、制约因素:从律师中选任法官不理想之原因分析

(一)从律师中选任法官未形成惯例限制选任规模及频次

虽然最高人民法院从《人民法院第一个五年改革纲要》开始,明确要建立面向律师等优秀法律人才选拔法官的制度,并连续多年列入法院改革纲要。在司法实践

---

① 截至 2013 年年底,我国执业律师已达 25.09 万人,其中专职律师 22.5 万人。参见周斌:《我国执业律师人数增至 25.09 万人》,载法制网:http://www.legaldaily.com.cn/xwzx/content/2014-03/10/content_5343043.htm,最后访问日期:2018 年 8 月 25 日。

② 吴兢:《22 名律师学者当上最高法院法官》,载《人民日报》2007 年 2 月 28 日,第 10 版,转引自王琪林:《我国法官与律师职业流动研究》,吉林大学 2011 年硕士学位论文。

③ 参见《安徽 5 年走了 1266 名法官 其中近半数调离或改当律师》,载网易新闻:http://news.163.com/14/0925/02/A6V2U12T00014AED.html,最后访问日期:2018 年 8 月 15 日。

④ 参见徐绪柏:《建立法官与律师双向流动的关系新探》,载湖北省司法厅官网:http://www.hbsf.gov.cn/wzlm/xwdt/jlyd/20116.htm,最后访问日期:2018 年 8 月 10 日。

⑤ 参见王锡怀:《"法官流失"不只是收入问题》,载东方网:http://pinglun.eastday.com/p/20140314/u1a7979448.html,最后访问日期:2018 年 3 月 15 日。

中,亦进行了多次公开选任法官,但最高人民法院并没有建立起从律师和社会高层次法律人才中公开选任法官行之有效的制度,在选任程序、选任资格、选任频率、选任数量等方面均未有制度化成果。而且,最高人民法院对是否突出律师作为法官选任对象本身政策存在修正及调整。与法院每年都开展招录法院工作人员相比,从律师等法律人才选任法官并未形成固定的制度或者惯例。最高人民法院从 1999 年开始至 2015 年,仅选拔了 4 次。而地方法院亦是零星开展从律师中选任法官。由于公开从律师中选任法官未成惯例,使此项制度在司法实践大打折扣,最终导致该制度的设计初衷与实践效果存有较大差距。

(二)选任法官的律师资格标准模糊制约选任数量

最高人民法院《人民法院五年改革纲要》对律师没有限制条件,而《人民法院第二个五年改革纲要》《人民法院第三个五年改革纲要》明确的是优秀法律人才,在最高人民法院《关于全面深化人民法院改革的意见》用了“优秀律师”一词,党的十八届四中全会《中共中央关于全面推进依法治国若干重大问题的决定》则用“符合条件的律师”来表达。由于对参与选任法官的律师标准未予以明确,司法实践中参与选任法官的律师门槛资格各异,学历、职业技术资格、科研能力、执业年限等各异。在选任法官实践中,有些法院要求必须是法学研究生以上学历,有些则未作要求;在律师职称上,有些要求必须是一级或二级律师,有些要求是律师事务所的负责人,有些要求具备中高级以上职业技术资格,还有些要求要出版过专著或受过省部级(含副省级)以上表彰奖励;在优先考虑的条件上,有些明确获得“长江学者”“全国十大杰出青年法学家”“全国优秀律师”等奖项和荣誉的人员可优先考虑的,有些明确获省市级以上奖项或表彰的人员即可优先考虑,有些则未作规定。正是由于标准的不明确,导致司法实践中对律师选任资格要求普遍较高,减少了很多律师参与法官选任的机会。

(三)法官履职保障不健全影响律师参与选任热情

法官作为社会正义的分配与输送者,近年来,国家对法官职业化、精英化的要求越来越高。然而,与法官的重要地位和职能以及国家对法官的严格要求不相称的是,我国对法官权利保障的不完善,这大大降低了法官职业对律师的吸引力。一是法官职权保障不健全。由于法院内部实行行政化管理模式,法官裁判不得不面对行政权力、上级领导、人情世故的干扰,审判权无法真正自主独立。有时候“判决书上签的虽是法官的名字,但实际作出判决的却不是法官”。在涉及法官晋级晋职、评选选优等切身利益时，行政等级上的制约更是极大地削弱了法官职业的期盼与憧憬。[①]二是法官身份保障不健全。我国既未规定法官的任职终身制，也未规定法官免职的法定程序。在法院内部，除了审判部门还有非审判部门，在法院内部部门之间调动方面，既没有法律规定的固定理由，也没有法定的程序要求，更无须征得法官本人的同意。三是法官经济保障不力。尽管律师界也存在"二八"现象，收入差距大，但就平均水平而言，远高于法官。我国有些律师与法官的收入比大约达到 50∶1 甚至是 100∶1，而美国仅仅是 5∶1。[②] 四是法官政治待遇不高。法官行政职级晋升较缓慢，职务提升机会较稀少，政治待遇获取较艰难。[③] 能提拔副处的法官占少数，大多数法官都以科级审判员的身份尴尬地结束本应荣耀的法官生涯。

（四）法官职业压力与职业风险让律师望而却步

法官的压力源于工作强度、内外多头监督、各种考核和指标以及涉诉信访等——与同为法律职业的律师相较，法官的工作压力之大、强度之高都已到了无法想象的地步。据媒体报道，珠三角地区法官每周至少要加 3 天以上班，最高结案数达 1924 件。[④] 除高强度的工作外，当事人缠诉闹访亦是法官压力之一。现实中，当事人到党委政府或在法院闹访，最后均是由案件承办法官出面接访解决。无论案件判决正确与否，法官均要做当事人工作，要让当事人服判息诉，要让各方当事人都满意。这已远远超出法官居中裁判案件的基本定位。在一项法官的心理现状调查中，80% 以上的法官遇到当事人缠诉以及以自杀、暴力等相威胁的事件，90% 以上的法官被当事人谩骂，95% 以上的法官存在担忧和焦虑心理，或者具有恐惧心理。[⑤] 除职业压力外，法官的职业风险亦是律师不愿当法官的重要原因。

（五）法官职业尊荣感不强致使律师转任法官愿望不强烈

法官属于国家公务人员，虽然有法官等级，但法官的各项待遇均套上行政级别，使行政级别的高低成为评价法官是否成功的因素。相对于法官而言，律师有选择客

---

① 参见刘静、李婕：《打开司法公信力的内在驱动阀——透析贫困地区法官职业尊荣感对司法公信力的影响》，载万鄂湘主编：《建设公平正义社会与刑事法律适用问题研究——全国法院第 24 届学术讨论会获奖论文集》，人民法院出版社 2012 年版，第 185 页。

② 参见程如心：《法律职业共同体的困惑与构建》，黑龙江大学 2003 年硕士学位论文，第 29 页。

③ 参见刘静、李婕：《打开司法公信力的内在驱动阀——透析贫困地区法官职业尊荣感对司法公信力的影响》，载万鄂湘主编：《建设公平正义社会与刑事法律适用问题研究——全国法院第 24 届学术讨论会获奖论文集》，人民法院出版社 2012 年版，第 185 页。

④ 参见《像陀螺转不停　法官是机器人?》，载《南方日报》2011 年 5 月 20 日，第 9 版。

⑤ 参见高伟、李小鹏：《关于法官心理状况的调研及思考》，载《中国审判》2011 年第 70 期。

户、工作时间、工作场所的自由,有在市场中自由竞争以实现自身利益最大化的自由。律师可以选择承办案件的类型,可以拒绝某些案件,可以与当事人协商办案的时间、进度和工作场所。法官代表国家行使的审判权,既不能放弃,也不能按自己的意志行使,在职业竞争、业务选择、工作环境等方面都缺乏职业自由。著名刑辩律师许兰亭在接受采访,问及转行做法官时的回答代表了当前相当部分律师的观点:"前些年最高法院选拔法官时,学校推荐过我,律协也推荐过我,但我没有报。有多方面的原因,一是律师比较自由,比较灵活一些,收入也高一些。二是法官、检察官受限制比较多。做得好的律师,一般来说去当法官、检察官的愿望不是很强烈。"①

四、完善进路:从律师中选任法官的机制构建

(一)建立从律师中选任法官的常态机制

律师与法官虽然一个是居中裁判案件、一个是为当事人提供法律服务,但二者有相同的职业背景,相同的法律认知,拥有共同的法治理想,存在诸多职业共性。从律师中选任法官对提高法官队伍的整体素质,促进法官的专业化、精英化和法律职业共同体的形成均有不可替代的积极作用。应当说从律师中选拔法官,不应是人民法院的应景与作秀,而应通过选任,切实提升队伍的专业化与战斗力。因而,应当根据我国国情为律师单独设计法官职业的准入资格和选拔形式。一是合理界定律师选拔的标准。因为选拔律师是为了做法官,因此,应当兼顾法官与律师的双重高标准、严要求,以发挥其对法官与律师均可以产生的引领性。笔者认为,参与选任的律师要具有法官的基本条件、应具有法治信仰以及良好的职业操守和较高的专业素养。二是优化选拔工作的程序。在从律师中选拔法官的具体程序上,应关注公开性与民主性,这样才能真正实现好中选优,把真正符合条件的律师选拔到法官岗位上来。在操作程序中应突出发挥律师协会的自律性功能,将律协组织的考察作为选拔的必须程序。同时,必须听取律师的执业机构特别是律师事务所党组织的评定意见。在评审律师的专业能力方面,应针对律师的执业特点和法官的专业能力需求制定针对性、可操作性、实用性的评审标准和内容。三是定期选任并扩大范围、提高数量。把从律师中选任法官做法覆盖至地方法院,明确当法院法官员额出现空缺时,

① 朱雨晨:《律师转行法官检察官有点难》,载法制网:http://www.legaldaily.com.cn/zmbm/content/2010-12/30/content_2419663.htm?node=20350,最后访问日期:2018年8月25日。

每年或定期拿出一定比例的法官员额面向律师等优秀法律人才选拔。四是丰富律师选任法官的形式。五是充分发挥律师协会的作用。律师协会是律师的自律性组织,在目前律师管理体制下,除了“入口”与“出口”的行政许可,律师日常的维权、奖惩、培训、考核、纠纷调处等事项均由律协负责。因此,在从律师中选拔法官的过程中,应当大力重视发挥律协的特殊功能。

(二)完善法官执业保障消除律师转任法官顾虑

只有法官的执业权利有保障,法官能够挺直腰杆独立、公正地审判案件,才能免除律师转行当法官的后顾之忧。一是要建立法官职位的终身制。明确法官一经任命,即获得终身职权保障,严格规定法官的免职事由和程序并严格执行,并明确法官非经本人同意不得调离其任职法院、转任非审判职位或者进行审级的调动。① 二是保障法官职务行为的司法豁免权。明确法官在履行司法审判职能过程中,依法实施的行为和发表的言论,享有不受指控或法律追究的权利,非因徇私枉法、贪赃受贿等违法行为造成的裁判错误给当事人造成的损失不应承担任何形式的法律责任。② 三是改革涉诉信访制度和法官责任追究机制。将涉诉信访纳入法治化轨道,实行信访终结机制,减少法官接访压力。厘清法官责任追究范围和启动程序,明确法官未经法定的惩戒程序,法官不受追究。准确界定错案标准,从法官主观内心过错转向外在行为失当,从实体结果公正转向程序正当合法。在依据上,从法院内部文件转向法律明确规定。③ 四是合理厘定法官薪酬待遇。货币和非货币收益,是吸引优秀人才担任法官的重要因素。④ 当前法院流失的很多法官转行当律师的一个重要原因就是法官薪酬与法官职位严重不匹配。法官在为司法公正操心的同时还要为生计而费心。因此,应让法官的各项待遇与行政级别脱钩,并以法官等级为基础建立独立的法官薪酬体系,让律师转行当法官后的生活水平维持在社会中上等水平。

(三)还法官之本来面目以提升律师选任法官参与度

一是厘清法官职责。推进法院人员分类管理,将法院人员分为法官、司法辅助人员和司法行政人员三类,对各类人员的职责作出明确规定,让法官从繁杂的司法

---

① 参见孙谦、郑成良主编:《司法改革报告:中国的检察院、法院改革》,法律出版社 2004 年版,第 356~361 页。

② 同上书,第 369 页。

③ 参见魏胜强:《错案追究何去何从?——关于我国法官责任追究制度的思考》,载《法学》2012 年第 9 期。

④ 参见苏力:《法官遴选制度考察》,载《法学》2004 年第 3 期。

辅助事务中解放出来,进而专注于审判事项。二是改善法官绩效考核机制,合理调整法官绩能考评指标,彻底取消统计指标数据,让法官体味到工作的愉悦和成就,激发其工作热情和效能。三是推进法院内部去行政化管理,强化法官自治,确保法官应享有的自主裁判权。通过完善以审判权为核心、以审判监督权和审判管理权为保障的审判权力运行机制,落实审判责任制,做到让审理者裁判,由裁判者负责。深化审判管理机制改革,全面落实合议庭、独任法官职权,确保审判法官独立、居中裁判,权责统一。四是逐步取消院长、庭长案件审批制度,院长、庭长仅行使行政管理职责,不得介入案件实体的裁断,不得干扰法官审判权的正常行使。五是深化审委会制度改革,将审委会职能回归到总结审判经验、发布指导性意见或案例等宏观指导上,从“个案指示”转为“案例指导”。① 通过系列改革,还审判于法官。

(四)培育职业尊荣感以增强法官职业对律师的吸引力

法官也是市场劳动力参与者,酬薪、工作热情、劳动强度、职位威望等一系列复杂因素会影响法官职位的受欢迎程度。② 要培育法官的职业尊荣感,让法律人以从事法官职业荣,对法官职业有发自内心的尊敬与自豪。除了为法官提供充足的物质保障外,还应提高法官职业在社会上的地位和身份,让社会对法官这个职业产生仰慕感。要对法官实行单独职务序列管理,为法官的职业生涯中设置一条通道,法官不再走行政级别,只要条件和年限满足即可自然晋升。要合理提高法官的政治待遇,确保其享有与身份、地位相符的尊荣。另外,对外也应采取积极措施主动营造客观公正的媒体环境,加大宣传强调法官为社会公平正义的实现辛勤付出和在法治化进程中所作出的巨大贡献,从社会评价的角度增强法官的职业认同感和成就感。通过上述措施,让法官成为最受法律人欢迎和尊重的职业,让律师精英竞相选择法官职业。

五、结语

法律人学法律的理想就是定分止争、维护社会公平正义,而只有在法官这个职业上,这个理想才体现得最充分。从律师中选任法官,即要让法院引得进优秀律师,更要留得住法官。这并非出台一两个制度就可以实现的,更多的是要靠全体法律职

---

① 参见陈文兴:《法官职业与司法改革》,中国人民大学出版社2004年版,第73页。

② 参见[美]理查德·波斯纳:《法官如何思考》,苏力译,北京大学出版社2009年版,第157页。

业人对司法公正的维护、对法治奉献,让社会景仰法治、仰慕法官职业。在建设法治国家的背景下,新一轮的司法体制改革对法官薪酬待遇、法官职业保障等方面均有重大举措。相信在司法体制改革的推动下,法官职业地位将与其在法治建设中的重要性进一步相匹配,法官职业对律师及其他法律人的吸引力将进一步增强,从律师中选任法官这一把“星星之火”必将燎原。

司法改革背景下法官逐级遴选的实践考察与制度完善

——以部分法院法官遴选公告为分析样本

罗　伟[*]　李桂红[**]

《中共中央关于全面推进依法治国若干重大问题的决定》提出“建立法官、检察官逐级遴选制度。初任法官、检察官由高级人民法院、省级人民检察院统一招录，一律安排在基层人民法院、检察院任职。上级人民法院、人民检察院的法官、检察官一般从下一级人民法院、人民检察院的优秀法官、检察官中遴选”。实际上，建立法官逐级遴选制度的提法并不是新近才有的，最高人民法院发布的《人民法院五年改革纲要》《人民法院第二个五年改革纲要》《人民法院第三个五年改革纲要》《人民法院第四个五年改革纲要》均就建立完善法官逐级遴选提出了指导性意见。但实际上，经过多年的改革，包括最高人民法院、各高级人民法院及全国众多中级人民法院的大部分上级人民法院仍然直接面向应届大学毕业生或社会公开招录法官或法官后备人选，法官逐级遴选制度在实践中并没有落地生根。实践中也有极少数地方法院面向本辖区或面向全国遴选优秀法官的情形，但并没有形成完善的法官逐级遴选制度。因此，本文将从法官逐级遴

* 重庆市云阳县人民法院院长。

** 重庆市云阳县人民法院书记员。

选的现实意义、法官逐级遴选的实践考察及法官逐级遴选的制度设计三个方面进行论述，试图建构一套符合中国司法特色的法官逐级遴选制度。

一、法官逐级遴选的现实意义

“法律的生命不在于逻辑，而在于经验”，著名法学家霍姆斯一语道出了司法经验对法律从业者的重要性。人民法院的审判工作是一项带有鲜明实践理性色彩的工作，实践经验在司法工作中具有相当的重要性。由还没有结过婚甚至没有谈过恋爱的“娃娃法官”审理离婚案件，一直是社会公众戏谑司法经验不足年轻法官的噱头。或许由“娃娃法官”审理离婚案件并不值得作为戏谑的由头，而由“娃娃法官”审理上诉案件，对一审作出是否合法的判断则更让人值得怀疑。为了提高上诉法官的专业性，提高审级制度的公信力，最高人民法院的四个五年纲要均提出要建立法官逐级遴选制度（见表1）。

表1　四个五年改革纲要逐级遴选的具体内容

纲要名称	逐级遴选具体内容
《人民法院五年改革纲要》	改革法官来源渠道。逐步建立上级人民法院的法官从下级人民法院的优秀法官中选任以及从律师和高层次的法律人才中选任法官的制度。对经公开招考合格的法律院校的毕业生和其他人员，应首先充实到中级人民法院和基层人民法院。高级人民法院和最高人民法院的审判庭5年之后从下级人民法院和社会的高层次法律人才中选任法官。使法官来源和选任真正形成良性循环，保证实现法官队伍高素质的要求
《人民法院第二个五年改革纲要》	改革法官遴选程序，建立符合法官职业特点的选任机制。探索在一定地范围内实行法官统一招录并统一分配到基层人民法院任职的制度。逐步推行上级人民法院法官主要从下级人民法院优秀法官中选任以及从其他优秀法律人才中选任的制度
《人民法院第三个五年改革纲要》	完善法官招录培养体制。配合有关部门完善法官招录办法。最高人民法院、高级人民法院和中级人民法院遴选或招录法官，原则上从具有相关基层工作经验的法官或其他优秀的法律人才中择优录取。建立选任法官的综合素质全面考察标准

续表

纲要名称	逐级遴选具体内容
《人民法院第四个五年改革纲要》	改革法官选任制度。针对不同层级的法院,设置不同的法官任职条件。在国家和省一级分别设立由法官代表和社会有关人员参与的法官遴选委员会,制定公开、公平、公正的选任程序,确保品行端正、经验丰富、专业水平较高的优秀法律人才成为法官人选,实现法官遴选机制与法定任免机制的有效衔接。健全初任法官由高级人民法院统一招录,一律在基层人民法院任职机制。配合法律职业人员统一职前培训制度改革,健全预备法官训练制度。适当提高初任法官的任职年龄。建立上级人民法院法官原则上从下一级人民法院遴选产生的工作机制。完善将优秀律师、法律学者,以及在立法、检察、执法等部门任职的专业法律人才选任为法官的制度

从实践角度讲,法官首先到基层任职再逐级遴选至少有以下几个方面的现实意义。

(一)有利于优秀法律人才充实到基层

在我国,80%的法院是基层人民法院,80%的法官在基层人民法院工作,80%的案件是由基层人民法院的法官办理,这就决定了提高司法队伍的专业化水平,提高司法公信力,确保司法公正必须从基层人民法院的法官培养着手。然而,现有的法院人才招录体制及法官遴选制度并不利于引导优秀的法律人才到基层一线工作。现在的招录模式,优秀的大学毕业生在找工作的时候,会根据自身实力优先选择报考最高人民法院、高级人民法院或者中级人民法院。因为,更高层级的人民法院的行政职级、法官等级、社会声誉等多方面因素,都比进入基层法院要更具吸引力。

因此,建立初任法官首先到基层人民法院任职,有利于引导优秀法律人才到基层接受锻炼,再畅通逐级遴选渠道,遴选到上级人民法院,符合"宰相起于郡县"的人才成长规律,能够有利于各级人民法院的法官接地气、懂基层。

(二)有利于提高基层一线案件办理质量

建立初任法官由高级人民法院统一招录,一律在基层人民法院任职,上级人民法院的法官一般从下级人民法院的法官中遴选的制度,可以促使优秀的法律人才到基层一线办案,可以提高基层一线办案人员的整体素质和办案质量。毕竟我们建立的法官遴选模式,应该是让优秀的法律人才在基层人民法院,在一审的过程中就把案子办好。而不是让次优的人才在一线办案,再通过二审或者再审让更优的人才监督次优的人才办案。这虽然能起到监督的作用,但通过试错再纠错的监督模式。对整个司法制度来说,既浪费司法资源也消弭司法公信力。

(三)有利于形成良性的法官选任制度循环

一直以来,中高级人民法院没有建立法官逐级遴选制度,阻碍了基层人民法院的晋升渠道,不少优秀的基层法官从参加工作到退休只能以科员或者副科级退休。因此,建立法官逐级遴选制度有利于形成法官选任的良性循环,有利于畅通基层法官的晋升渠道,有利于建立职业化、专业化、正规化的法官队伍。同时,逐级遴选制度对其他高层次法律人才开放,可以促进法律职业共同体的建设,可以促进不同法律人才之间的交流互动。

当然,也有学者对法官逐级遴选提出了质疑,认为不利于不同审级法官专业性的培养等问题。①

二、法官逐级遴选的实践考察

从2012年开始,中央和省级以上机关录用公务员,均需从具有两年以上基层工作经历的人员中考录。在此之后,最高人民法院及各高级人民法院均没有直接招录应届大学生,但仍有不少高级人民法院面向社会公开招录具有两年工作经验的法官后备人选,法官逐级遴选的制度并没有落地生根。但是也有不少地方的高级人民法院、中级人民法院面向自己所在的辖区、本省、市或者全国遴选法官,这些法官逐级遴选的星星之火不失为我们研究法官逐级遴选的最好样本。笔者通过互联网收集了部分法院遴选法官的公告,通过对这些公告的研究分析,或许能够为法官逐级遴选的发展积蓄力量。

(一)样本的选择

因有的法院仅面向自己辖区法院逐级遴选法官,遴选的公告仅在法院系统内网予以发布,因此,笔者在互联网上收集的法官遴选公告数量并不多,笔者集中选取具有一定典型意义的遴选公告作为分析的样本(见表2)。

---

① 参见苏力:《法官遴选制度考察》,载《法学》2004年第3期。

表2　样本法院的遴选人数、遴选范围、遴选时间

法院	遴选职位及人数	遴选范围	是否逐级遴选	遴选时间
最高人民法院	执行局局长及审判员8名	高级人民法院,直辖市、省会城市及副省级城市中级人民法院	是	2015年
四川省高级人民法院	主任科员以下法官30人	面向全国	不是严格意义上的逐级遴选①	2011年
重庆市第一中级人民法院	法官9名	面向辖区	是	2011年
廊坊市中级人民法院	法官5名	面向辖区	是	2014年
丽水市中级人民法院	法官5名	面向辖区	是	2015年
南充市中级人民法院	法官2名	面向本省	不是严格意义上的逐级遴选	2014年
成都市中级人民法院	法官18名	面向全国	不是严格意义上的逐级遴选	2011年
眉山市中级人民法院	法官4名	面向全国	不是严格意义上的逐级遴选	2012年
阿拉善盟中级人民法院	法官4名	面向辖区	是	2014年
广州知识产权法院	法官10名	面向广东省	不是严格意义上的逐级遴选	2014年

① 严格意义上的逐级遴选是指上级人民法院的法官仅从下一级人民法院中的法官中遴选,样本法院中有不少是面向本省或者全国各级人民法院的法官遴选,故称为不是严格意义上的逐级遴选。

值得一提的是，自《人民法院五年改革纲要》首次提出“逐步建立上级人民法院的法官从下级人民法院的优秀法官中选任以及从律师和高层次的法律人才中选任法官的制度”开始，就有不少中高级人民法院在遴选法官时，就不仅局限于面向法院系统遴选法官。例如，成都市中级人民法院的遴选对象则为全国各级法院、检察院在职公务员（法院系统聘用制书记员除外）及通过国家统一司法考试并曾经在法院从事审判工作的其他政法机关在职公务员，阿拉善盟中级人民法院则面向本盟辖区的基层政法部门在职公务员中遴选。虽然，这并不是由上级人民法院面向下一级人民法院严格意义上的逐级遴选，遴选范围更为广泛，拓展到面向检察官甚至基层政法部门。但基于篇幅，本文侧重研究从下级人民法院遴选法官的制度。

需要特别指出的是，成都市中级人民法院的遴选对象包括曾在法院从事审判工作的其他政法机关工作人员，这有利于引导曾经从基层人民法院流失的法官再次回流到法院系统，给曾经流失的法官却仍有志于从事审判工作的法律人提供了一个有利的平台。

（二）遴选法官的条件

什么样的法官可以被遴选到上级人民法院，这无疑是法官逐级遴选最为关键的问题，因此遴选法官的条件、标准无疑会成为一根指挥棒，对有志于向上级人民法院发展的法官具有不可低估的引导作用。分析样本法院的遴选公告，遴选法官一般要具有以下几个方面的条件：

1. 政治条件

政治立场坚定，拥护贯彻党的路线方针政策，品德优良，作风正派，热爱司法工作。上至最高人民法院下至高级人民法院、各中级人民法院，大部分均将政治条件作为遴选法官的首要条件。法官逐级遴选，坚持正确的政治方向无疑是我们需要坚持法官遴选最基本的政治原则。但这并不是法官逐级遴选需要重点予以研究的问题，我们更需要研究的是如何从政治立场坚定的法官当中遴选更具有专业素质的专业法官。

2. 年龄条件

多少岁可以成为法官是初任法官遴选的问题、多少岁可以参加上级人民法院的遴选以及超过多少岁不宜再参加上级人民法院的遴选是法官逐级遴选，涉及法官遴选的资格有无问题和基层人民法院的队伍稳定问题，因此遴选法官的年龄问题至关重要。通过表3可知，除最高人民法院遴选法官规定执行局长年龄一般不超过52

岁、审判员年龄一般不超过48周岁以外，其他中高级人民法院大多规定年龄在35周岁以下；另外，大多还规定了一个例外条款，特别优秀的可以放宽2～5周岁，但广州知识产权法院则比较特别地规定了遴选的法官应该年满32周岁，对年龄的上线没有规定。

3. 下层级机关任职条件

法官逐级遴选，法官的基层工作经历至关重要，大部分法院也明确规定了遴选对象应当具有一定的基层审判工作经历或者基层政法工作经历。以最高人民法院遴选的条件为例，其要求遴选对象应当具有8年以上下级人民法院相关审判工作经历，重庆市第一中级人民法院则要求遴选对象应当在基层人民法院担任助理审判员职务3年以上或者担任审判员职务1年以上。广州知识产权法院结合法院的专业性特点则规定了遴选对象应具有6年以上相关审判工作经历并从事知识产权审判工作2年以上，另还规定了作为办案法官审结案件500件以上，或审结知识产权案件200件以上，办案质量好、效率高，是唯一一个对法官办案数量、质量提出要求的遴选法院。

4. 特别优秀的条件

上级人民法院的法官原则上从下级人民法院的优秀法官中遴选，什么样的法官是"优秀法官"更是法官逐级遴选问题的核心，界定优秀法官有赖于法官业绩评价制度的完善。在法官业绩评价制度尚不健全的时候，界定优秀法官主要有以下几个方面的标准予以确定。

(1)担任领导职务被定义为优秀的法官。优秀的人才更容易被选拔任用到领导岗位，因此，在法官业绩评价不健全的情况下，担任领导职务的相对于未担任领导职务的法官更容易被上级人民法院认定为优秀法官。

(2)年度考核为优秀的被定义为优秀法官。根据我国《公务员法》的规定，相关部门会在年终对法官进行考评，但这种考评与一般公务员考评几乎没有差别。但囿于法官业绩评价的缺失，此种评价不失为一种权宜之计。如成都市中级人民法院、眉山市中级人民法院均规定近三年年度考核两次以上优秀等次或立功的可以被确定为特别优秀的条件。

(3)获得"办案能手""优秀法官"或"审判业务专家"的被定义为优秀法官。不少法院每隔几年会举行"办案能手""优秀法官"的评选活动，最高人民法院每隔3年也会举行全国审判业务专家的评选活动，不少高级人民法院也组织开展辖区的审判业务专家评选活动，这些评选活动为上级人民法院择优选拔优秀法官提供了参考标准。

（4）将学术论文获奖作为优秀法官标准之一。学术讨论会是法院系统规格最高的学术盛宴，获奖难度非常大。四川省高级人民法院、成都市中级人民法院、眉山市中级人民法院均将有论文获得学术讨论会奖项作为特别优秀的条件之一，反映了上级人民法院对法官的需求不仅要能办案还要能调研。法官如果能将办案中的问题提炼成为能够供上级决策参考的调研成果，更容易成为上级人民法院青睐的对象。

（5）其他被认为特别优秀的条件。例如，阿拉善盟中级人民法院将蒙汉兼通作为特别优秀的条件，广州知识产权法院将办理过重大、疑难案件作为优先考虑的条件，眉山市中级人民法院将具有法学硕士、法学博士学位作为特别优秀的条件（见表3）。

表3 样本法院遴选法官的年龄条件、基层任职条件、特别优秀的条件

法院	年龄条件	基层任职条件	特别优秀的条件
最高人民法院	执行局局长年龄一般不超过52周岁，审判员职位年龄一般不超过48周岁	具有8年以上下级人民法院相关审判工作经历	执行局长应具有较强的组织领导能力和较丰富的民事或执行工作经验；审判员应具有较强的审判业务能力，有办理大要案的经历优先
四川省高级人民法院	男性不超过37周岁，特别优秀的可放宽至40周岁，女性不超过35周岁，特别优秀的不超过38周岁	任法官满3年，具有3年市（州）及以上政法机关工作经历，现任主任科员以上职级	（1）近3年获得过全国性政法工作的学术论文二等奖以上；（2）近3年获得过省级以上“办案能手”“优秀法官”“优秀检察官”等涉及审判、检察实务的荣誉称号
重庆市第一中级人民法院	年龄40周岁以下	在基层人民法院担任助理审判员以上职务3年以上或担任审判员以上职务1年以上	无
廊坊市中级人民法院	年龄35周岁以下，在法官职位上的可放宽至40周岁	具有两年以上公务员工作经历	无
丽水市中级人民法院	年龄35周岁以下，硕士研究生（非在职）可要求在40周岁以下	基层人民法院须任审判员或者助理审判员满2年	无

续表

法院	年龄条件	基层任职条件	特别优秀的条件
南充市中级人民法院	本科文化程度年龄35周岁以下,硕士研究生放宽至40周岁	从事法律工作满3年	无
成都市中级人民法院	男性40周岁以下,特别优秀的可放宽至45周岁以下;女性38岁以下,特别优秀的可放宽至43周岁以下	具有两年以上工作经历的法院、检察院工作人员	(1)担任中基层人民法院副庭长(中层副职)以上职务的; (2)近3年年度考核两次以上优秀等次或立功的; (3)近3年获得过全国学术论文三等奖以上的; (4)近3年获得过省级以上"办案能手"或"优秀法官"称号的
眉山市中级人民法院	年龄35周岁以下,特别优秀的可放宽至40周岁	具有基层组织两年以上法律工作经历	(1)具有法律专业硕士学位或博士学位; (2)近3年年度考核两次以上优秀或立功; (3)近3年获得过省级以上学术论文二等奖以上; (4)近3年获得过省级以上"办案能手"或"优秀法官"称号
阿拉善盟中级人民法院	年龄35周岁以下,担任基层人民法院庭长以上职务的可40周岁以下	两年以上基层工作经历和两年以上公务员工作经历	蒙汉兼通的可优先考虑
广州知识产权法院	年满32周岁	具有6年以上相关审判工作经历,从事知识产权审判工作两年以上	知识产权审判工作经验丰富,业务能力强,成功审理过有较大影响的重大疑难知识产权案件的优先考虑

5. 不能参加遴选的情形

哪些法官不能参加上级人民法院的遴选,也是法官逐级遴选应重点研究的问题,在分析样本法院当中,诸如最高人民法院、四川省高级人民法院、成都市中级人民法院等法院并没有明确规定不能参加遴选的情形,但是也有不少法院诸如廊坊市中级人民法院、阿拉善盟中级人民法院规定了不能参加遴选的情形。主要有以下几种情形:

(1)受过纪律处分、刑事处罚或涉嫌违纪违法正在调查的

我国《法官法》明确规定曾受过刑事处罚的不能担任法官,但受过纪律处分是否应当被排除在遴选的范围则值得仔细的研究。南充市中级人民法院、眉山市中级人民法院直接规定受过党纪政纪处分的均作为排除参加遴选的范围,而阿拉善盟中级人民法院则规定为受处分期间未满不能参加遴选,对受过纪律处分进行了限缩。凡是对法官遴选作出了排除性规定的法院,均将涉嫌违纪违法,正在接受审查尚未作出结论,作为法官遴选的排除性规定。

(2)其他不能参加遴选的情形

廊坊市中级人民法院将到定向单位工作未满服务期限或对转任有其他限制性规定的作为不能参加遴选的情形,阿拉善盟中级人民法院将按照国家有关规定,对工作地区、工作单位或单位机构层次等有限制性规定的人员及不满最低服务期限(5年)且所在单位不同意人员流动的作为不能参加遴选的情形。

另外,凡是对不能参加遴选作出了排除性规定的法院均将“法律、法规规定不得参加遴选的其他情形”,作为兜底条款(见表4)。

表4 不能参加遴选的情形

法院	不能参加遴选的情形
最高人民法院	无
四川省高级人民法院	无
重庆市第一中级人民法院	受过党纪政纪处分
廊坊市中级人民法院	1. 曾受党政纪处分或市级以上通报批评的; 2. 涉嫌违法违纪正在接受有关部门审查尚未作出结论的; 3. 到定向单位工作未满服务年限或对转任有其他限制性规定的; 4. 法律、政策规定不得参加遴选的其他情形
丽水市中级人民法院	无
南充市中级人民法院	1. 受到过党纪政纪处分的; 2. 正在接受审计、纪律审查或者涉嫌犯罪,司法程序尚未终结的; 3. 法律、法规规定的其他情形的
成都市中级人民法院	无

续表

法院	不能参加遴选的情形
眉山市中级人民法院	1. 曾经因犯罪受过刑事处罚的; 2. 曾因违纪受过纪律处分的; 3. 涉嫌违法违纪正在接受审查尚未结案的; 4. 有法律法规规定的其他情形的
阿拉善盟中级人民法院	1. 涉嫌违纪违法,正在接受审查尚未作出结论的; 2. 受处分期间未满影响期限的; 3. 按照国家有关规定,对工作地区、工作单位或单位机构层次等有限制性规定的人员; 4. 不满最低服务期限(5 年)且所在单位不同意人员流动的; 5. 法律、法规及有关政策规定的其他情形
广州知识产权法院	无

三、法官逐级遴选的制度完善

最高人民法院虽然从《人民法院五年改革纲要》就提出“要逐步建立上级人民法院的法官从下级人民法院的优秀法官中选任以及从律师和高层次的法律人才中选任法官的制度”。并明确了时间表,规定“高级人民法院和最高人民法院的审判庭5 年之后从下级人民法院和社会的高层次法律人才中选任法官”。但经过 10 多年的改革,法官逐级遴选制度虽有萌芽,但尚未茁壮成长,零星的法官逐级遴选星星之火尚未形成燎原之势。各个地方的中高级人民法院虽有零星的逐级遴选案例,但在实践操作中比较混乱,遴选的标准不统一,遴选的程序比较随意,尚未发展为完善的遴选制度。笔者认为,在司法改革的背景下,完善法官逐级遴选制度,需要从以下几个方面着手:

(一)法官逐级遴选由法官遴选委员会组织实施

《人民法院第四个五年改革纲要》提出,“针对不同层级的法院,设置不同的法官任职条件。在国家和省一级分别设立由法官代表和社会有关人员参与的法官遴选委员会,制定公开、公平、公正的选任程序,确保品行端正、经验丰富、专业水平较高的优秀法律人才成为法官人选,实现法官遴选机制与法定任免机制的有效衔接”。通过在国家和省一级分别设立法官遴选委员会,除了遴选初任法官以外,法官遴选委员会还应当承担起法官逐级遴选的组织实施工作。

可以考虑由国家法官遴选委员会负责最高人民法院法官的遴选,省级法官遴选委员会负责省级高级人民法院和辖区中级人民法院的法官逐级遴选。需要遴选法官的法院政治部门可以根据法官编制空缺情况,向法官遴选委员会提出申请,法官遴选委员会可以根据具体情况,每年或者每两年组织一次法官逐级遴选活动。①

(二)规范法官逐级遴选的遴选条件

上级人民法院从下级人民法院遴选法官,除了要求下级法院的法官应具有坚定的政治立场,品德优秀,作风正派,身体健康,符合我国《法官法》规定的任职、回避条件,在原单位已满最低服务期限等基本条件以外,以下几个条件需要进行合理设置:

1. 年龄条件及基层任职条件

我国《法官法》第9条对不同层级人民法院法官担任的条件进行了规定,仅有因不同层级、不同学历从事法律工作满一年、两年、三年的差别。实际上对不同层级人民法院的法官任职条件几乎没有实质性的差别。《人民法院第四个五年改革纲要》规定,"针对不同层级的法院,设置不同的法官任职条件"。笔者认为,我国《法官法》对不同法院的法官任职条件应该进行修改。具体为,担任法官助理满5年,且年满28周岁方可被遴选为基层人民法院法官,在基层人民法院担任法官2~5年,可遴选至中级人民法院,在中级人民法院担任法官3~5年,年满35岁,可遴选至高级人民法院,在高级人民法院担任法官3~5年,且年满40岁,可遴选至最高人民法院(见表5)。

表5 不同层级法院法官的任职条件

法院层级	年龄下限	遴选法官的年龄上限	特别优秀的年龄上限	担任法官的经历要求
最高人民法院	40岁	45岁	50岁	担任高级人民法院法官3~5年
高级人民法院	35岁	40岁	45岁	担任中级人民法院法官3~5年
中级人民法院	30岁	35岁	40岁	担任基层人民法院法官2~5年
基层人民法院	28岁	—	—	担任法官助理满5年

① 参见刘义军、徐春成:《法官逐级遴选制度的建构》,载《理论探索》2014年第6期。

最高人民法院对遴选法官的年龄上限为最高,高级、中级人民法院的年龄下限、上限依次递减,符合法官逐级遴选逐级成长的司法规律,其中对特别优秀的法官年龄可以浮动 2 ~ 5 年,对下层级人民法院法官任职的要求为 2 ~ 5 年,既有利于保证基层人民法院法官队伍的稳定性,又有利于为优秀法官打开上升渠道。

2. 设置法官业绩考评委员会统一特别优秀的条件

对特别优秀的法官给予年龄上的浮动,让他们有更多的机会参加上级人民法院的遴选,既有利于引导下级人民法院的法官积极追求卓越,也有利于选拔优秀人才,因此如何界定优秀法官至关重要。前文已经分析,不少中高级人民法院将担任领导职务,年度考核优秀,获得"优秀法官"称号,学术论文获奖作为优秀法官衡量标准。但这些标准在实践中尚不统一,也存在一定争议。

因此,有必要在国家和省级层面建立法官业绩考评委员会,由法官业绩考评委员会制定评价法官特别优秀、优秀、良好、一般的评价标准。可建立法官业绩评价百分制制度,法官一年办理多少案件并完成一定的调研成果可获得基本分 60 分。在基础分之上,如法官的裁判文书被最高人民法院评选为优秀裁判文书的可加 5 分,法官撰写的学术文章获得一等奖、二等奖、三等奖、优秀奖的可加 10 分、6 分、3 分、1 分,年度考核优秀的可加 3 分,具有研究生学历可加 3 分,法官办理的案件被认定为错案的扣减 5 分,被认定为瑕疵案件的扣减 1 分等加、减分条件。如果下级人民法院的法官参加上级人民法院的遴选,其近 3 年的业绩评价平均分 90 分以上的可界定为特别优秀,然后再根据特别优秀、优秀等级在遴选总成绩中给予一定的加分,以此规范优秀法官评价标准。

3. 不能参加上级人民法院遴选的情形

受到处分的官员低调复出甚至是在更高层级、更高职位上复出一直是社会反响比较激烈的话题,虽然按照我国《公务员法》的规定,公务员受到处分期限届满后,不影响职级、职位的晋升。但作为社会公平正义最后一道防线的人民法院从下级人民法院遴选法官对该法官是否合适遴选到上级人民法院应当进行严格的甄别。笔者认为,以下几种情形应当作为不能参加上级法院遴选的情形:

(1)受到党纪、政绩处分,尚在处分期间的。如果该法官正在处分期间,按照我国《公务员法》的规定也不适宜参加上级人民法院的遴选。但如果处分期限届满,从法律上来讲不宜限制其不能参加遴选,只是在法官业绩评价方面,受到处分应当作为一个扣分较大的选项。

(2)涉嫌违纪、违法、犯罪正在调查,尚未作出结论的。法官如果涉嫌违纪、违法、犯罪正在调查,可能面临纪律处分或者刑事处罚,不适宜参加遴选。

(3)不满最低服务期限或对转任有限制规定的。我国《公务员法》相关规定对新录用公务员有最低服务期限5年的规定,定向培养的必须在原单位服务5年,都是需要严格遵守的。

(4)法律、法规规定的其他情形的,作为兜底条款。

(三)是否可以越级遴选的问题

《人民法院第四个五年改革纲要》明确提出,“建立上级法院法官原则上从下一级法院遴选产生的工作机制”,初任法官首先在基层任职,再逐级遴选至中级、高级、最高人民法院,但并不排除越级遴选的情形。笔者认为,对特殊地区的特殊人才,可以控制适当越级遴选数量的比例。例如,对少数民族聚居区,会双语的法官,可以越级从下级人民法院遴选至中级人民法院或高级人民法院,但越级遴选应该控制在所有遴选20%的比例范围之内,且一般只越一级遴选。且无论是逐级遴选还是越级遴选,对法官遴选过程,特别是对法官的业绩评价均应向社会公开,让社会公众知晓,以确保遴选的公正性。

四、结语

司法改革是一场系统而宏大的改革工程,涉及法官员额,司法人员分类管理,初任法官选拔,错案认定与责任追究,法官职业惩戒与保障,合议庭办案规则,审委会议事规则,还涉及省级人财物统管,跨行政区域法院的设立等诸多问题。法官逐级遴选仅仅是司法改革系统工程中一个很小的部分,但法官逐级遴选也涉及法官遴选委员会的职能发挥,错案、瑕疵案件的认定,法官业绩评价制度的完善等多个方面的内容。可以说,司法改革的每一个小事项均与其他事项息息相关。我们不应该脱离司法改革的大背景去构建法官逐级遴选制度,同时,法官逐级遴选制度的改革与完善也需要其他改革措施的配套跟进。我们希望法官逐级遴选制度在司法改革大的背景之下能够早日落地、生根并茁壮成长。以此,引导优秀的法律人到基层人民法院接受锻炼,为基层的法官打开畅通的晋升渠道,为上级人民法院源源不断地输送专业人才,为法官的正规化、专业化、职业化建设积蓄力量。

司法改革背景下法官助理制度的困境与突破

——基于比较法视角的分析

詹　亮[*]　张庆庆[**]

法官助理制度自1999年最高人民法院《人民法院五年改革纲要》提出以来后，四个五年改革纲要历经多次“试错改革”，且基本呈现“最高人民法院主导下的‘制度变革’（1999～2008年）→基层法院自主性的‘多元探索’（2009～2013年）→中央顶层设计下的‘全面深化’（2014至今）”的变革轨迹。如此，新一轮司法改革情势下，我们应当立足法官助理制度的探索运行实践，清晰厘定其中的问题困境，并通过对域外法官助理制度的对比分析，补强制度短板，优化资源配置，助推法治专门队伍职业化建设。

一、对于现状的考究——法官助理制度的试错改革及其既定成效

在全面推进司法改革的司法新生态下，“鉴于法官助理的配置模式和职能定位在法官员额制改革和审判权力运行机制改革中承上启下的关键作用”，①试点法院以法官员额

---

* 重庆市梁平区人民法院研究室助理审判员。

** 重庆市梁平区人民法院研究室主任。

① 戴晓晓、曾姝：《法官助理细分五级　待遇可超在编人员》，载《南方日报》2014年10月31日，第SC01版。

制改革既定成果，侧重实施对法官助理制度的渐进式“试错改革”。

1. 通过内部遴选与外部招聘等多元渠道选任法官助理，诸如上海市第二中级人民法院和闵行区、徐汇区、宝山区人民法院即是经系统内部遴选并集中任命了全国第一批共计 231 名法官助理；广州市中级人民法院则通过“公开聘任”形式，在 4000 多名应征者中招聘了近 100 名法官助理。

2. 厘定法官助理的工作职责并实施等级制管理，诸如上海市徐汇区人民法院“率先明确法官助理 14 项职责，并将法官助理划分为初级和高级两个等级，并依次设置了五级至四级助理、三级至一级助理”；①深圳市盐田区人民法院则“将法官助理界定为专业技术岗位，对法官助理实行分级管理，由低到高共分为五个等级，每个等级对应一个工资标准”。②

3. 完善法官助理配套制度并实行单独序列管理，诸如上海市高级人民法院制定了《法官助理管理试行办法》，对法官助理的职责、招录、选拔、任命等制度予以明确；青海省高级人民法院亦“出台管理办法，按照综合管理类公务员行政级别对法官助理进行单独序列管理”，③并建立符合其履职特点的考核体系。

各级各地试点法院在渐进式“试错改革”中虽不免遭遇障碍，但其在优化资源配置模式和提升案件质效上均亦获得明显且实际的“改革增益”，诸如试点法院以“增加法官助理总量”而实现审判模式由“一审一书”向“一审一助一书”或者“一审多助多书”的转变，并借此最大限度地释放法官“事务性”工作压力而专注“核心审判”，如此，司法审判的效率和效果便得以保证，且效率和效果呈现高度契合性。

二、对于困境的剖析——法官助理制度运行过程中的制度短板

试点法院虽通过对法官助理的渐进式“试错改革”取得一系列的创新突破，在某些法院已然形成可予以借鉴的典型经验，然则，囿于制度规制缺漏等因素牵绊，法官助理制度在实践中亦遭受诸多运行障碍。

（一）法官助理的性质界定欠缺“明确性”

我国《人民法院组织法》《法官法》均未对法官助理的性质予以规定，最高人民法院亦未予以明确回答，如此，学界便呈现“无权与有权”的论争。其中“无权论者”

---

① 卫建萍、严剑漪、陈凤：《上海司法改革试点法院掠影》，载《中国审判》2015 年第 5 期。

② 詹亮：《法官助理制度运行试点初探》，载《人民法院报》2016 年 5 月 5 日，第 5 版。

③ 同上。

主张员额制改革下法官专业化程度得以大幅提升，法官助理的职权应当限于协助法官并服务于审判工作，不应享有审判权；而“有权论者”则主张员额制改革虽提升了法官专业素养，但其数量却大幅缩减，为缓解日渐突出的人案矛盾，便需要赋予法官助理适当的审判权。试点法院实践则呈现“有的法院规定法官助理可以参加合议庭评议，有的法院规定法官助理仅负责程序性事项，有的法院甚至直接赋予法官助理审判权，法官助理可以自己的名义审理案件，还有的法院让法官助理承担职责之外的诸多工作，混同使用”。①

（二）法官助理的职责范围欠缺“合理性”

根据最高人民法院《关于完善人民法院司法责任制的若干意见》的规定，法官助理与书记员的基本职责以“审判辅助性工作”与“事务性工作”之区别而得以初步厘定，但是该规范性文件仅系新一轮司法体制改革中对法官助理制度改革的探索，其并未对法官助理各项职权的履行程度和评判标准予以明确，诸如“庭前准备事务性工作与法官交办的其他事务性工作的具体范畴”等，亦未将其上升为法律规范并赋予强制效力。如此，试点法院虽据以明确法官助理的职责权限，但多根据审判实际作出适当调整，诸如有的法院规定法官助理承担除庭审裁判案件及开庭记录、装订卷宗以外的一切工作，使法官助理成为一个几乎无所不包的“大口袋”；②有的法院则采用传统“行政长官式”的管理模式，法官助理的工作由法官根据工作需要安排，完全不具备独立人格；有的法院则规定“根据工作需要，法官助理可以代行书记员的职务”，其职责在严重蜕变的同时亦被赋予双重人格；有的法院甚至是虽冠以法官助理之名却仍然行“法官”之实，法官助理依然可继续承办案件或者组成合议庭参与案件审理。如此，法官助理的职责界定与实际履职既已呈现明显悖论，法官助理亦因此而呈现人格虚无且潜存角色“被扭曲”危机。

（三）法官助理的来源与配置欠缺“科学性”

囿于法官素质和制度缺漏等牵绊，当前我国法官助理的来源与配置均呈现“疲软态势”：一则，来源渠道固化且欠缺规范。试点法院法官助理的选任主要呈现“转化型”，并辅之以“新聘型”，其中“转化型”助理即是将法院系统内部包括审判员、助理审判员、书记员等在内的人员任命为法官助理，但是囿于多数法院对“任职条件、

---

① 宁波市中级人民法院、余姚市人民法院联合课题组、李泽明：《法官职业化建设背景下法官助理制度的重新审视与现实进路》，载《时代法学》2013年第6期。

② 参见张传军：《我国法官助理制度之探析》，载《法律适用》2005年第1期。

任职方式、任职期限等”未予以明确而导致法官助理“转任”呈现较大自主性和随意性,诸如有的法院“在确定了法官员额后,将其他不直接从事审判的审判员、助理审判员、书记员等直接任命为法官助理”;①有的法院则仅将部分优秀书记员任命为法官助理,同时辅之以社会招聘临时速录员形式填补书记员空缺;有的法院甚至将司法行政人员直接任命为法官助理。“新聘型”助理则是法院专门从社会公开招聘法律人才担任法官助理,主要包括法律院校本科、硕士或者博士毕业生等,此种类型下的法官助理选任针对性较强且标准相对较高,其职业化程度较之“转化型”亦相对较高,然而,“由于法院经费紧张,地方财政扶持力度差异,这种聘用制法官助理虽是一种较好的办法,但要在每一个法院推行就不容易了”。② 二则,配置模式繁多但效果不佳。试点法院对法官助理的配置主要呈现三种模式,即“依照比例将法官助理配备到合议庭或者具体承办法官;法官助理不固定搭配‘跟案走’;法官助理划分具体类型并因案配置等”。事实上,试点法院实践所选择配置模式多仅限于对三类人员的数量考量,其并未对配置比例的科学性与合理性予以论证,亦未对审判工作进行科学的量化评估。如此,试点法院法官助理的配置模式势必存在诸多缺漏,比如,将法官助理按照一定比例配置到合议庭即可能因“一个法官助理同时担任多个法官的助手”而不利于法官对法官助理的指导与管理;将法官助理划分程序性与文字性法官助理并因案配置,在实践中常因两者间工作信息沟通不畅而不利于案件审判效率的提高。

(四)法官助理的考核激励欠缺“实效性”

虽然最高人民法院曾规定对法官助理实行量化考核,但是其规定原则性较强,法官助理的考核标准和操作方法等均无具体规定,实践中试点法院呈现“量化考核”与“量化与综合考核相结合”的两种考评模式,其中“量化考核”即是将法官助理的工作制定若干具体的考核指标并确定具体的分值比例,如深圳市罗湖区人民法院即是将法官助理的工作划分为“跟案数量、案件质量、庭前准备周期、案卷的整理情况等”10 余项考核指标;“量化与综合考核相结合”即是针对法官助理无法量化的工作而设置,考核结果根据其工作的庭室、合议庭法官的意见等进行衡量。然则,试点法院对法官助理的考核多系基于本院实际,其所设置的量化指标与标准相互之间存在

---

① 陈永中、王鹏:《法官助理制度运行试点中的问题与应对》,载《人民法院报》2015 年 9 月 3 日,第 5 版。

② 张传军:《我国法官助理制度之探析》,载《法律适用》2005 年第 1 期。

较大差异,不具有普适参考价值。同时,伴随法官员额制改革,未能入额的法官暂时蜕变为法官助理,在"法官助理的法律身份尚未厘清,与法官的关系尚未理顺,法官助理的晋升与前途尚未明确"的情势下,蜕变后的部分"准法官型"助理选择"出走"。在"转化型"法官助理流失压力下,"新聘型"法官助理亦因"工资待遇低和身份并非公务员且晋升空间小"而遇冷。

三、对于域外的考察——法官助理制度的比较分析与通识借鉴

(一)"差异性辨识":不同选任模式下制度运行的个性呈现

无论是英美法系还是大陆法系国家均具有较为完备的语义上或者实质意义上的法官助理制度,但却因选任模式不同而导致具体内容与实践运行差异。

1. 法官助理的选任模式

以美国为代表的"法律学徒式"法官助理,主要从著名法学院获得博士学位的优秀毕业生或者少数青年律师中选任,该部分人"接受过法学系统教育,法律基础好,研究能力强,学习积极性高,且作为新鲜法律人,具有开放性的知识结构和思维模式及单纯热忱的求知态度"。[①] 以德国、日本为代表的"司法公务员式"法官助理,该模式下的法官助理并非语义上的,其仅系因实际分担法官助理职责的笼统界称,在德国和日本,法官助理的具体职责均交由书记官承担,书记官系较法官等级略低的司法公务员,经由严格程序录用后,书记官在司法公务员体制内长期任职并逐级晋升。

2. 法官助理的职责界定

以上三种法官助理选任模式下,法官助理均被界定为审判辅助人员,但对法官助理的职责范畴界定不尽相同。以美国为代表的"法律学徒式"法官助理被称为"不穿法袍的法官",其职责主要就是为法官审理案件做足准备,诸如"审查案件材料,法律研究和核对引注,起草备忘录,归纳案件事实和争点、提出判决建议,起草裁决书甚或参与未决案件讨论等"。[②] 以德国、日本为代表的"司法公务员式"法官助理,虽然未有对应语义上的称谓,但德国、日本承担法官助理之责的书记官却呈现高度职业化,即除未享有裁判权外,其所承担的任务即限定为"法律性事务",其他诸如美国法官助理所承担的"协调案件时间等"非法律性事务被排除在职责范围之外。

---

① 陆晓燕、张琨:《从体制内到体制外——将法律学徒式法官助理作为司法公务员式法官助理的补充》,载贺荣主编:《尊重司法规律与刑事法律适用研究》,人民法院出版社2016年版,第203页。

② 孙祥壮、李勇:《美国法官助理制度》,载《人民法院报》2005年4月11日,第B2版。

当然,德国联邦最高法院的法官助理应系特例,因其由各州高级法院推荐的法官担任,故其职责更多呈现对审判权的渗透,诸如向法官提出参考性意见,开庭时旁听并起草判决书等。

3. 法官助理的配置与任期

以美国为代表的“法律学徒式”法官助理均系短期任职,其虽然允许每位法官可以雇用 1 名长期助理,但其他助理必须在 1～2 年期满后离任,囿于此,美国法官助理的配置要求相对宽松,最高法院大法官每人有权雇用 4 名法务助理,上诉法院法官有 3 名,地区法院法官有 2 名,治安法官有 1 名。[①] 以德国、日本为代表的“司法公务员式”的法官助理,基于特定的公务员身份,其履职期限相对稳定,在司法公务员体制内长期任职,同时在法官高度职业化司法生态下,其对法官助理的配置比例相对较高,一般维持在 1∶2 或者 1∶3(在简易法院两者的比例则更高)。

(二)“普适性厘定”:不同选任模式下制度承载的共有特质

虽然英美法系与大陆法系国家不同选任模式下的法官助理制度呈现具体内容与实践运行差异,但是该项制度的生成与运行中依然蕴含着共通特质。

1. 实行法官助理精英化

在法官高度职业化的司法生态下,三种选任模式下法官助理的选任与配置亦呈现高度精英化,即法官助理任职条件除专业学位、工作经验等基本要求外,需要通过严格的考试筛选程序,并完成特定期限的见习考察,诸如美国的法官助理,其必须系毕业于法学院校并获得博士学位的“优秀”毕业生,此系列“新鲜法律人”具备与法官职业要求相契合的最新知识结构、最强创新思维和最大职业热情。

2. 拓展法官助理审判权限

三种选任模式下对法官助理职责权限的界定虽各有侧重,但其“并非简单的分担了‘事务’,更是分享了部分审判‘权限’”,[②]即法官助理的职责并非简单局限于“事务处理”,诸如诉讼材料审查、案件审理时间协调等“依凭指示”而作为的内容,而系被赋予对特定事项在规定范围和限度内进行独立裁断等诸项“准审判”权限,且该种权限的范围和程度呈渐趋强化态势。以日本的书记官为例,其最初的职能仅界定为“裁判所记录、书类做成及保管”等初级事务,经由若干次职能拓展后,书记官在

---

① 孙祥壮、李勇:《美国法官助理制度》,载《人民法院报》2005 年 4 月 11 日,第 B2 版。

② 傅郁林:《以职能权责界定为基础的审判人员分类改革》,载《现代法学》2015 年第 4 期。

承担本职事务之同时亦在较大程度上分担了法官审判权限，除积极参与由法官主导的诉讼运行程序外，原本须法官授权或者批准的涉及实体判断的事项亦交由书记官直接判断实施。

3. 保持法官助理的相对独立性

三种选任模式下法官助理均被赋予职权范围的相对独立性，即法官助理与法官、书记员在具体权限上存在明晰的规制界限，法官助理能够以自己的名义在权限规制范围内行使独立于法官或者书记员的判断权并作出最终决定。如德国、日本的书记官，“日本法官欲在书记官的权限范围内对其发出指令必须符合法定条件且遵循法定程序；德国法官则几乎不可能与书记官形成权限交集，因为书记官与法官分属两个完全不同的序列”。①

四、对于路径的抉择——法官助理制度的顶层设计下的缺漏弥合

当前，以法官员额制改革为主导的新一轮司法改革已然步入深水期，以法官助理为核心的法院人员分类制度改革亦推向纵深，如此，即需要立足本国特色法治文化与法治化发展实践，在顶层设计下，借以对域外法官助理制度运行先进经验的借鉴吸收，最大化弥合该项制度的本土化运行缺漏。

（一）明确法官助理的角色定位

法官助理制度改革能否有效推进并取得预期效果首要的即是要明确法官助理的角色定位，即在员额制改革推动法官精英化趋向下，法官助理应界定为法官审判案件的辅助人员，其辅助权力的实现应当以法官的“指导”为基础，准司法权（诸如协助调解、调查收集证据、草拟文书等）的实现则须由法官“授权”确认。同时，法官助理应当区别于助理审判员，其由本院院长提出并经审委会通过，并以独任审判或者组成合议庭形式临时代行法官职务，法官助理则仅需本院院长任命，其对审判权的渗透亦仅限于“准司法权”且需要法官甚或助理审判员的授权，换言之，“助理审判员代行法官职务是‘全部’，而不是部分，其应当享有法官的全部审判职权，相比较法官助理则不是法官”。② 此外，法官助理和书记员亦应予以清晰厘定，虽然法官助理和书记员同属于司法辅助人员范畴，较之于法官审判系统中的“主角地位”，均属

① 傅郁林：《以职能权责界定为基础的审判人员分类改革》，载《现代法学》2015 年第 4 期。

② 同上。

于“配角”,但是法官助理的任职要求应当高于书记员,且法官助理是法官的主要来源,在某种程度上,法官助理负有对书记员的指导责任。同时,在“法官—法官助理—书记员”的审判模式下,书记员的职责范围要窄于和低于法官助理,其所承担的职责应当仅限于非法律性事务或者事务性工作。

(二)明确法官助理的职责范围

最高人民法院《关于完善人民法院司法责任制的若干意见》对法官助理“七项职责”的规制具备合理性,既涉及诉讼程序事务,亦涉及案件实体事务,其中前者可予以清晰界定和量化,但后者则因具备较强弹性而无法准确把握,如此,便需要予以规范调整:一则,强化法官助理分享审判权限的程度。借鉴域外三种选任模式下对法官助理职责由单纯事务性工作向部分审判权限的拓展实践,除撰写裁判文书外,其他诸如庭前调解、证据交换、整理案件事实和争议焦点等初级审判实务均可交由法官助理在法官指导下甚或以自己名义独立作出判断和决定。二则,保持法官助理履职的独立属性。法官助理虽作为法官的助手,绝大部分职责均系借以法官的指导而完成,但其并非意味着法官助理对法官的完全依附,易言之,法官助理应当保持独立“法律人格”,其履职应当严格界定在职责范围以内,即便法官确因客观工作原因而需要法官助理承担其职责范围以外的审判事务或者与审判无涉的其他事项,亦应当严格控制,尤其是法官在指导法官助理履职过程中应当严格区分法官助理与书记员等其他辅助人员的职责,避免因职责混同而导致法官助理角色及其功能的异变。

(三)厘清法官助理的选任来源与任职标准

新一轮司法改革背景下,试点法院对法官助理的选任虽进行诸多探索,但其选任模式过于狭窄,任职条件的设置亦过于柔和,如此,为保证法官助理具备与法官诉讼需求高度契合的“精英素质”,即需要对其予以调整:一则,选任模式的侧重拓展。法官助理的选任模式不应局限于由书记员或者未入额法官及助理审判员直接转任的“内生型”模式,而应借鉴美国的“法律学徒式”模式,更多地通过公开招考或者购买社会服务形式将优秀人才引入法官助理队伍,其任期的设置囿于当前法官职业化程度相对较低的现实可适当予以延迟,以 3 年为一个聘期为宜,期满后可根据考评结果予以续聘。二则,任职标准的精英设定。除满足“遵纪守法并具备良好品质与道德,具备高等院校法学本科专业或者非法学本科具有法律专业知识,满足从业年龄的最低要求和健康身体条件,具备较强的语言表达能力和文字综合能力等”初级要求外,法官助理任职亦须同时满足“通过国家司法考试和最低两年法律职业经验且表现优秀”等高等要求,其中通过书记员内部转任的法官助理,虽无须要求通过司法考试,但仍须满足“在编”和达至“优秀标准”[①]要求。

(四)矫正法官助理的配置原则

虽然法官助理的配置比例并无固定模式,但其配置依然需要遵循下述“共性原则”:一则,法官助理的配置须突出“专业化”,即伴随审判专业化程度的日益提升,不应囿于单独序列管理而照搬书记员配置模式,在全院范围内统一配置使用,而应以其自身知识结构和审判经验为基准,结合各审判庭的案件性质予以合理配置。二则,法官助理的配置须呈现“固定性”。法官助理虽并非法官的“贴身秘书”,但在实际审判中,“法官助理必须对某个法官负责,而不能对整个法院或审判庭负责,法官与助理的相对稳定使得两者工作更加协调和高效,便于法官对其实施指导和监督,合理进行工作划分”。[②] 三则,法官助理的配置须坚持“灵活性”。法官助理的配置需要综合考量法官员额数量、审判工作量、人员综合素养、司法管理水平及区域经济发展状况等诸多因素,然则,不同地区、不同审级、不同部门因案件受理对象与审理适用程序不同而亦呈现较大差距,如此,即需要各地区、各级、各种法院的特质,灵活配置法官助理,诸如对于案件数量较多的法院,可以选用“1+N+N”的配置比例,而案件相对较少的法院则可选用“1+1+1”或者“1+2+1”等配置比例。此外,为提升法官对法官助理的指导实效,保证法官助理对法官的辅助效果,应当尽可能将法官助理配备到法官,而非合议庭。

(五)建立法官助理单独序列管理制度

鉴于法官助理与法官、书记员不同的角色定位,应当实行对法官助理单独序列的管理考核:一则,考评主体的确定。当前法官助理的考评均由法院自主实施,至于具体系由“结对法官”还是本院政治部进行并未呈现统一。对此,可以借以对考评内容的划分而分别实施考评,即“对法官助理的考评内容包括业务工作及行政事务,业务工作由法官评价,行政事务由行政部门评价。其中,给法官的个人评价设计一定比例的权重,以此赋予法官相应的考核管理权”。[③] 二则,考评内容的界定。对法官助理的考核内容广义上的区别即是业务工作和行政事务,我们重点关注对法官助理业务工作的考评,根据法官助理的职责范畴,涉及业务工作的考评范畴我们可以予

---

① 这里应当作严格意义上的理解,即仅限于经法院考核评定为优秀等级的书记员。

② 王洪:《司法判决与法律推理》,时事出版社2002年版,第4页。

③ 顾全:《对完善法官助理制度的几点建议》,载《上海法治报》2015年9月9日,第B06版。

以对应界定，诸如平均庭前准备时间，庭前调解案件数量与效果，主持庭前证据交换和调查、收集、核对证据情况，提出有效法律意见能力，涉案资料与案例收集与分析能力，事实认定、证据分析与法律适用能力等。三则，考评方法的适用。虽然法官助理横向的考核指标一致呈现，但囿于法官办案性质差异，法官助理纵向的考核指标却不尽一致，如此，针对法官助理的考评的等级认定应秉持宽松态度，只要被考评法官助理符合合格或者优秀等级认定标准即可予以径直认定。如此，既可以保证法官助理履职的积极性，亦可避免法官助理为考评合格或者优秀而导致的竞争异化。四则，考评结果的应用。最高人民法院明确法官助理作为法官选任的主要来源，从而打通了法官助理向法官晋升的通道。如此，我们可以对法官助理划分适当的等级（三级或者五级），每一等级对应一个工资标准，将法官助理晋升与考核结果挂钩，每年或者每两年按照不低于50%的标准择优晋升。同时，对法官助理的考评亦应当作为法官助理退出的客观依据，即经考评被确定为合格以下的法官助理应当予以降级，其中对不宜从事辅助工作或者有违法、犯罪行为的，可由法官或者合议庭或者审判庭提出免职报告，报院长批准。五则，考评质量的保证。为保证法官助理工作质量与效果及审判辅助工作的吸引力，应当为法官助理制定单独的工资待遇标准并予以适当提高，同时应当强化对法官助理的教育培训，分阶段、区别内容，不断提升法官助理的专业水平与司法技能。

继承与变革:人员分类管理视野下聘用制书记员管理研究

莫运垠[*]　王　宇[**]

在司法活动中,书记员一直都是不可或缺的审判辅助力量,其职能演变史可以较为全面地映射司法体制改革思路的变迁史。以审判为中心的法官员额制改革深入推进后,法院内部的人员分类、职能分工更加明确,审判及相关事务性工作之协作配合也将更加科学顺畅。目前,书记员职能逐渐发生转向,从"法官后备""司法学徒",基本已完全蜕变为承担辅助性、事务性工作的主体,与审判相关的证据交换、调解、起草文书等职能完全由法官助理承担。① 随着全国法院案件的持续增长,如何有效应对"人案矛盾"已是常谈常新的话题,解决之道无外乎有二:一为向外借力,二为内部挖潜。囿于诉讼文化、诉讼机制的差别,照搬英美法系替代性纠纷解决机制(Alternative Dispute Resolution, ADR)未必符合我国国情,而与本土元素结合的多元化纠纷解决机制仍在探索

* 重庆市第一中级人民法院政治部干部处副处长。
** 重庆市第一中级人民法院政治部干部处主任科员。

① 参见《司法改革热点问答》(第25问:法官助理与书记员的工作职责如何区分?),载中国法院网:http://www.chinacourt.org/article/detail/2017/04/id/2823769.shtml,最后访问日期:2018年7月10日。

实践过程中。① 本轮司法体制改革重点关注内部资源的合理分配和精细化管理,亦属于内部挖潜的范畴,购买社会服务(含扩充编外人员)作为改革纲要和相关政策已经明确的内容,正在改变法院传统的运行模式,成为补强办案力量简单快捷的方式。② 通过C市Y中级人民法院的样本来看,当前聘用制书记员已占到书记员群体的93.06%,该群体将在较长时间内保持存在,如何有效管理使之持续保持较好的工作状态,对于提高司法公信、实现改革目的有举足轻重的意义。③

一、改革脉络:通过历史看书记员的变迁

分析近20年人民法院司法改革的脉络,可以看出改革顶层设计的理念是一脉相承的。改革政策的演进,既能反映出经济社会发展的现实需要,也能体现出越来越成熟的发展思路,对这一过程的把握,有助于从宏观层面把准书记员队伍管理的方向(见表1)。

表1 历次改革涉及人员分类的情况

改革阶段	是否单独提及书记员	是否提及员额法官	是否提及法官助理等人员
"一五改革"	建立书记员单独职务序列。在总结试点经验的基础上,最高人民法院会同有关部门在2000年制定《人民法院书记员管理办法》,于2001年后全面建立这项制度	否	随着审判长选任工作的开展,结合我国《人民法院组织法》的修改、高级人民法院或以对法官配备法官助理和取消助理审判员工作进行试点,摸索经验

① 2016年、2017年最高人民法院发布的法院工作报告,未专门提及多元纠纷化解机制,该机制的建设各地有所行动和探索,但缺乏国家层面的统一的制度安排。2011年年初最高人民法院提出配合有关部门大力发展替代性纠纷解决机制、扩大调解主体范围、完善调解机制的要求,目前仍在探索过程中。参见王春华、喻赤:《ADR机制融入中国的意义与创新》,载《人民法院报》2011年12月23日,第6版。

② 因为在短时间内大幅增加编制也不现实,如果按照员额法官、法官助理、书记员"1:1:1"配置,现有编制不足以满足要求,根据改革精神不购买社会服务是不可能达到的。

③ 这点已在法院系统达成共识,最高人民法院下发的《人民法院、人民检察院聘用制书记员管理制度改革方案(试行)》(以下简称《方案》)对编外人员的使用、保障等问题予以明确。

续表

改革阶段	是否单独提及书记员	是否提及员额法官	是否提及法官助理等人员
“二五改革”	否,与法官助理一并表述	根据人民法院的管辖级别、管辖地域、案件数量、保障条件等因素,研究制定各级人民法院的法官员额比例方案	推进人民法院工作人员的分类管理,制定法官、法官助理、书记员、执行员、司法警察、司法行政人员、司法技术人员等分类管理办法,加强法官队伍职业化建设和其他各类人员的专业化建设
“三五改革”	否,与法官助理一并表述	配合有关部门制定与人民法院工作性质和地区特点相适应的政法专项编制标准,研究建立适应性更强的编制制度,逐步实施法官员额制度;研究制定与法官职业特点相适应的职数比例和职务序列的意见,适当提高基层人民法庭法官职级	建立健全以案件审判质量和效率考核为主要内容的审判质量效率监督控制体系,以法官、法官助理、书记员和其他行政人员的绩效和分类管理为主要内容的岗位目标考核管理体系,以综合服务部门保障的能力和水平为主要内容的司法政务保障体系
“四五改革”	否,与法官助理一并表述	建立符合职业特点的法官单独职务序列;建立法官员额制度。根据法院辖区经济社会发展状况、人口数量(含暂住人口)、案件数量、案件类型等基础数据,结合法院审级职能、法官工作量、审判辅助人员配置、办案保障条件等因素,科学确定四级法院的法官员额	健全法官助理、书记员、执行员等审判辅助人员管理制度,科学确定法官与审判辅助人员的数量比例,建立审判辅助人员的正常增补机制,切实减轻法官事务性工作负担。拓宽审判辅助人员的来源渠道,探索以购买社会化服务的方式,优化审判辅助人员结构

通过分析历次改革政策可以看到,人员分类改革并非是本轮司法体制改革提出的新思路,而是从“一五改革”期间就围绕法院队伍专业化、职业化展开的布局,这一过程是伴随法院管理的进步而发生的,法官的主体地位越发突出,辅助人员的分类越发精细,其中就包含审判事务工作和一般事务性工作的剥离。

关于书记员队伍的建设思路，在“一五改革”期间，暂时没有跳出“书记员—助理审判员—审判员”成长模式的束缚，其设想应是通过书记员队伍的固化，达到类似于“医生”“护士”不同成长路径的目的，但是基于传统的惯性和时代的局限，仅提出了一种相对合理的思路，书记员成长为法官之间的通道仍然宽敞。① 真正的变化从“二五改革”开始，“一五改革”的思路得以延续，2003 年中组部、人事部、最高人民法院联合出台《人民法院书记员管理办法（试行）》，实行书记员单独序列管理，这是对书记员管理做出的一次重大尝试，虽然最终没有脱离传统模式，但是其对于建立法官助理制度、确定法官员额比例等改革措施进行了一次有益探索。② “三五改革”期间，法院系统内部进一步加强了管理，围绕审判建立了科学、完备的质量效率监督体系，对法官、法官助理、书记员和其他行政人员的管理更加完备，分工更加明确。③ 虽然书记员的成长路径仍然跟传统机制差别不大，但是聘用制书记员在这一时期大幅增长，因为其不占用既有编制，聘用制书记员也算是另辟蹊径实现了书记员的单独序列管理。“四五改革”期间，也即本轮司法体制改革，从顶层设计到具体实施都力度空前，法院内部格局发生了前所未有的变化。“书记员—助理审判员—审判员”的成长模式已变化为“法官助理—员额法官”的模式。改革动因是内外环境的深刻变化，亟须更加科学地整合资源提高效率。其表现为，法官更专注于审判本身，辅助性、事务性工作完全交其他人员处理，多元化的辅助人员构成方式，通过购买社会服务快速分流工作，缓解办案压力。以 C 市为例，全市法院在 2017 年新招录人员的岗位都为法官助理，进入法院后也将直接从事助理工作，而在改革前招录的都是法官后备。同时，没有资格担任法官又通过了法律职业考试的在编书记员在 2017 年都转任了法官助理，仅保留了少量不符合法官助理任职要求的书记员。因此，传统意义上的书记员正逐渐被法官助理取代，聘用制书记员成为主流。

---

① 改革的目的之一，是建立一支专业化的、稳定的书记员队伍，但是没有跳出传统的法官培养模式，书记员要承担现在法官助理的职能，仍然是成长为法官的必经之路。

② 《最高法院公布〈人民法院书记员管理办法（试行）〉书记员实行聘任制和单独序列管理》，载人民法院网：http://old.chinacourt.org/public/detail.php? id = 87243，最后访问日期：2018 年 7 月 15 日。C 市 Y 中院在 2006 ~ 2008 年招录了 3 批聘任制书记员，最终都改任委任制公务员，其中部分顺利在员额制改革中入额，稍晚的一部分没有赶上改革“末班车”，至今没有法官身份。

③ 《人民法院“三五”改革纲要进展顺利 108 项改革任务已完成 其余 24 项取得实质进展》，载人民法院网：http://www.chinacourt.org/article/detail/2012/08/id/542503.shtml，最后访问日期：2018 年 7 月 15 日。

二、逐渐固化的群体:变革中不可忽视的因素

聘用制书记员是办案团队中不可或缺的成员,改革背景下,其职能作用将随改革不断革新,与这种"动态"相对应,该群体一些相对固化的特性成为变革进程中不可忽视的因素。接下来,本文将以C市Y中级人民法院样本为支撑展开论证。①

(一)相对固化的流程

由于法官助理与书记员分工逐渐明确,书记员主要从事程式化、事务性的劳动,具体包括开庭、合议、调查记录,整理卷宗,归档,通知当事人,送达,保全财产,制发文书(不含写作)等。据调查,非法学专业的聘用制书记员,基本能够在2个月内勉强适应岗位需求。② 很大程度上是因为工作可复制性较高,除法庭记录对速录技能和法言法语的理解力要求较高外,非法学专业的人员经过不太长时间的锻炼,也能达到较高的工作水平(存在个体差异),从这个角度讲,法学专业生的优势在任职初期更加明显。表2展示了各个工作年限段配合案件数量的情况。

表2 工作量以各个年龄段书记员配合案件数的比较(问卷总数121份)

工作年限(年) \ 配合案件数(人)	<100件	100~199件	200~300件	>300件
<2	37	20	4	2
2~5	1	16	6	3
6~10	2	8	8	2
>10	4	3	5	—

影响的因素虽有部门分案件数量差异,但可以推断,不到2年的工作经历也可以承担较为繁重的任务并能够达到不错的工作状态,这与管理职能部门在实践中了解掌握的信息一致。所谓有需求就有市场,较短的熟悉时间、较强的可复制性,加上政策对购买外包产品的开放性态度,由此诞生了相应的培训机构及服务外包机构,

① 以C市Y中院的聘用制书记员为研究样本,采取数据统计、问卷调查、个别走访等方式,针对该群体展开了实证研究。其中,共发放问卷127份,收回有效问卷121份,有效问卷回收率95.3%。同时,走访了各审判执行部门的负责人及员额法官,收集了较为翔实的素材。

② 一是C市Y中院设置了2个月试用期,试用不合格者可以不予录用,从目前情况来看没有试用不合格者;二是根据各个部门负责人反馈的情况得知。

直接针对法院需求输送劳动力。①

(二)相对固化的群体

在编制增长困难的情况下,购买社会服务是法院最便捷的选择方式,可以在较短时间内扩充人员,起到“立竿见影”的效果。事实也印证了聘用制书记员发挥的重要作用。图1、图2显示,案件增长的折线图基本与聘用制书记员数量的折线图重合。

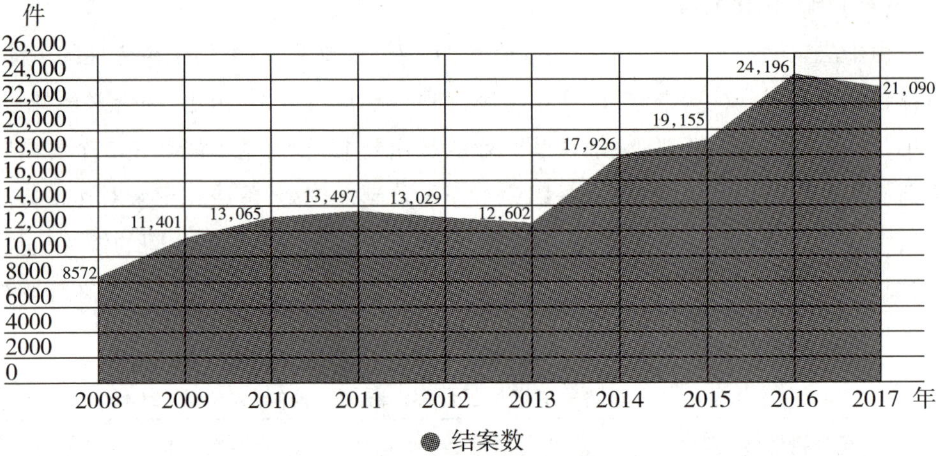

图1　2008~2017年结案数变化趋势

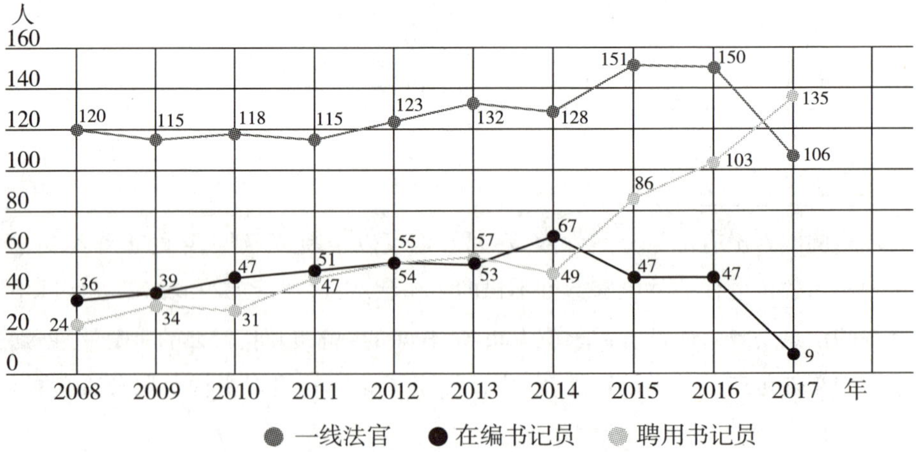

图2　2008~2017年各类人员数量变化趋势

① 有培训机构与Y中级人民法院对接过,通过定向培养的方式输送人才。培训期间大约为6个月,培训课程包括法院的基本职能、书记员职责、法律基本框架等,最主要则是培训速录技能。

C 市 Y 中级人民法院从 2003 年开始招聘书记员,在早期的招录过程中,设置了较为严格的条件,需要经过严格考试程序招录,如要求全日制的法学本科毕业生。当中个别优秀者,能很快适应工作,与同时代以法官后备人员身份招录进来的书记员承担的职能无异。其中有较大比例在 2008 年以前参加了聘任制书记员考试,成为正式干警。可以看到,在编与聘用书记员在较长时间内保持了基本持平的状态,自 2013 年案件大幅增长时在编书记员开始减少,聘用书记员开始增加。由于需求量大,条件设置又较为苛刻,该院 2013 年试图以法学本科为招录对象,结果报名者门可罗雀。随着 2014 年条件的放宽,参与报名人数也大幅增加。最近两次招录人数达 36 人,报名人数达 273 人,实际参加测试的 126 人,其中有法学专业背景的 12 人,实际到岗仅 7 人,占招录人数的 19.44%。由于工作性质相对稳定,收入水平不太高,女性的比例要远远高于男性,近两次招录的女性比例达 88.89%,经过多年招聘,人员结构大致趋于稳定(见图 3)。至此,书记员群体的固化伴随正式在编干警的减少逐步实现。

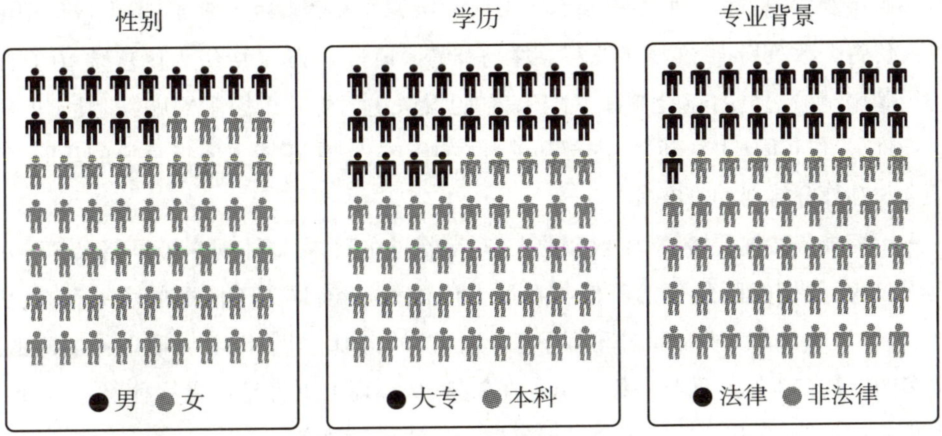

图 3 人员结构

目前,女性比例较高且大多进入法院时未婚未育,近几年来各个部门几乎随时都有人处于待孕或者产假状态,满员状态很少。

(三)相对固化的管理模式

如图 2 所示,C 市 Y 中级人民法院聘用制书记员从 2014 年开始呈大幅增长态势。在此之前,因招录该群体规模较小,人员流动较少,招录要求较高,在岗时间较长,没有发生较为突出的违反管理规定的行为,除工资福利发放标准与在编人员不同,管理方面基本与在编人员无异,总体运行平稳。因为聘用制人员数量大幅增加,该院于 2014 年出台了“1 +6”制度体系，明确了日常考核、管理职能的分配、职级晋升、辞退等具体问题；建立了“1 +1”管理模式，人事部门负责招录、培训、认定考核结果，部门则进行日常管理调配使用，每月需要给派遣书记员评定等次。即便如此，在实际运行中还是遇到了问题。① 其中，既有制度设计不完善的问题，也有部门管理不力的原因，还有人际关系错综复杂的因素，加之考核激励的边际效应逐渐显现，管理模式经过一段时间的运行，惯性不断增强，新的问题也逐渐显现。②

三、深层分析：制约聘用制书记员管理的不利因素

从法院内部职能分工的角度来讲，聘用制书记员群体的相对固化对于提高工作效率的积极作用是比较明显的。然而，保持一种稳定的状态并不能应对实践中的所有问题，也无法应对未知因素的挑战。实现一种良性的动态发展，需要正确对待已经存在的问题并预估可能发生的风险。

（一）编制上的“天然”亲疏关系

聘用制书记员成立的初衷是为了有效利用编外人员解决人案矛盾，大量使用编外人员符合政策精神，亦属于改革关注的范畴。通过 C 市 Y 中级人民法院 10 余年使用聘用制书记员的经验来看，对于编制的看法主要受几个因素影响，即设定的招录条件、工作年限，工作环境（内部和外部）的影响，工作环境主要指身份的认同、活动参与和部分待遇的享有等。

1. 招录条件越严格，素质越高的人，对编制越在意，主要体现在最早招录的聘用制人员中，他们实际从事的工作与在编书记员无异，有同工不同酬的意见存在，比如，仅有的 2 名研究生在职时间都不长（见表 3）；相比之下，随着入职条件的降低，更多的人员在入职时就与在编人员存在差异，从心理上更容易接受这种落差。由于近年来招录条件的放宽，聘用制书记员群体总体较为稳定。

---

① 因缺乏对离职后的制约，有的派遣人员不打招呼直接离开；因管理人性化，有的上班后就怀孕生产，生产完后就离职，有的人员盗用庭长账号自己签批文件。

② 在 2013 年的系列制度中，明确了聘用制书记员的等级共四级，也明确了按照年限晋升的渠道，但仍不足以应对更高要求的挑战，比如，对聘用人员腐败风险的防控等。

表 3　近 5 年离职人员统计

离职年度 \ 情况统计	人数	学历			法院工作年限(年)				去向
		大专	本科	研究生	<2	2~5	6~10	>=11	
2012 年	6	1	5	—	3	1	2	—	考上公务员 1 人
2013 年	6	2	4	—	3	3	—	—	考上公务员 1 人
2014 年	7	1	6	—	1	4	1	1	考上公务员 2 人
2015 年	4	1	2	1	2	2	—	—	—
2016 年	4	1	2	1	3	1	—	—	—
2017 年上半年	6	—	6	—	4	—	2	—	做律师 2 人

2. 随着工作年限的增长,有择业意愿的人员会在越早的时候选择离职,能够选择长期工作的主要原因,是觉得工作比较稳定,也有受环境影响,觉得同事比较友善(见图 4)。情感上的认同会在一定程度上抵销对编制的看法,并且会随着时间的增长越发明显。如表 3 所示,2012 年以来,工作 5 年以下的占离职的大多数。

图 4　是否愿意长期在法院工作(问卷总数 121 份)

3. 从外部环境来看,能以较低的入职条件获得较强的职业尊荣感,对于普通大众而言并不清楚其是否是聘用制人员,反差越大,刺激就越明显,反差越小,则越容易被忽略,这点与选择因职业尊荣感留职人数相对偏少相匹配(见图 5)。从内部环境来看,经济待遇的差别是最显著的,另外,有些活动的参与,如有些会议,明确要求正式在编干警参加,聘用制被排除在外;再者就是在有些公务活动中,易受到个别工作对象的"歧视",这种"歧视"最易挫伤其工作积极性,图 5 显示的获得的职业尊荣感相对较少亦可印证。①

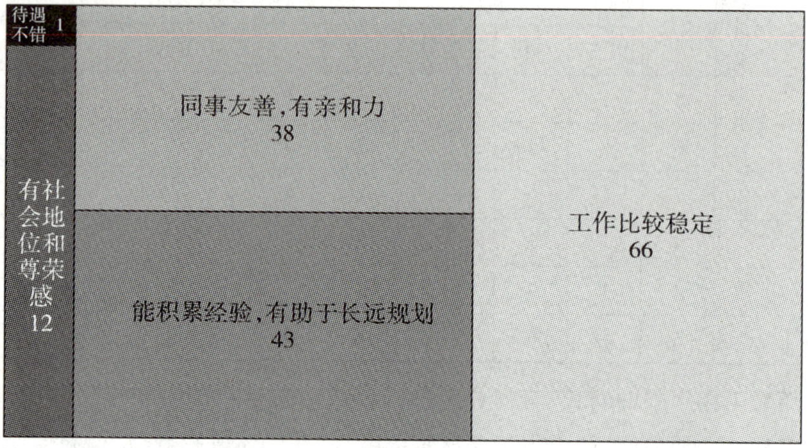

图5　支持继续在法院工作的主要因素(问卷总数121份多选)

(二)市场化的成本劣势

无论是购买社会劳动力,还是临时聘用的人员,与法院建立劳动关系都是“双选”的过程。劳动力就存在于市场之中,其成本价值要受这几个方面的制约。

1. 劳动自身的繁复程度

客观上讲,与一般社会化的脑力劳动相比,书记员的工作除具备一定的学习认知能力外,对政治意识、大局意识、保密意识等综合素养也是有要求的,应当属于较高层次的脑力劳动。但是,与审判相关的其他工作相比,其又属于相对容易的“技术工种”,如前文所述,经过较短时间的培训或者实践,就基本能够胜任,因此,可以从事该项工作的门槛较低,可参与的主体广泛竞争较为激烈,其成本存在“竞争劣势”。从Y中院目前人员的思想动态可以看出一种矛盾的心态:一方面认为待遇偏低,对工作的满意度尚可;另一方面又认为稳定而愿意长期工作(见图6、图7)。

---

① 比如,到监狱送达文书,聘用制人员因身份原因屡屡碰壁;在有的保全、查控工作中,受到执法对象的刁难。

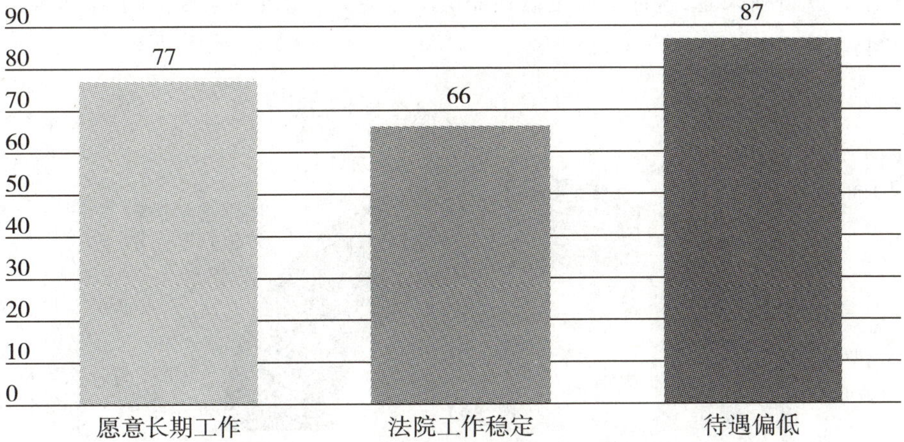

图 6　对待遇的看法及长期工作的愿望(问卷总数 121 份多选)

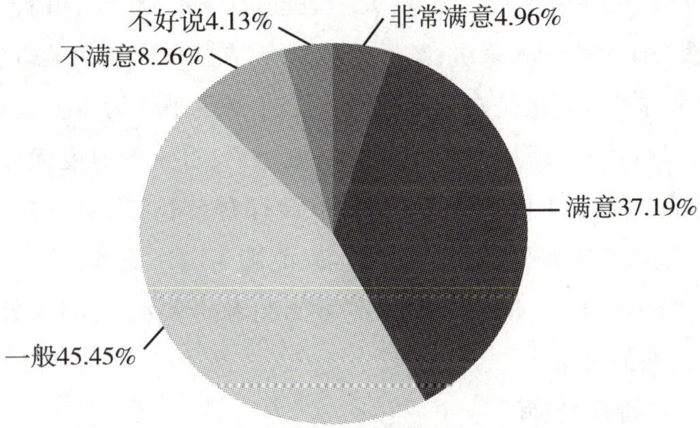

图 7　对当前工作的满意度(问卷总数 121 份)

2. 经费的限制

对经济发达地区的法院而言,是否单独纳入财政保障范畴,对招录群体的数量、质量影响不大,其对聘用人员的需求量较大,质量要求更高,经费支出更多且不受限制。对于落后地区而言,保障资金较少,虽然对聘任人员的需求量相对较少,质量要求也并不会随经济落后而降低,其可能占用的资金成本会较高,让经费使用更加捉襟见肘。方案落实对后发地区的作用更为明显。

3. 供需的平衡

综合来看,法院付出的成本并非上不封顶,即使能够招录较高水平的聘用人员,对面上提高审判质效会有帮助,但这种帮助的效果囿于书记员职能的限制,而表现得有限。就目前来看,这种平衡可以在非法学专业人员也能从事该项工作体现出来(见图8)。

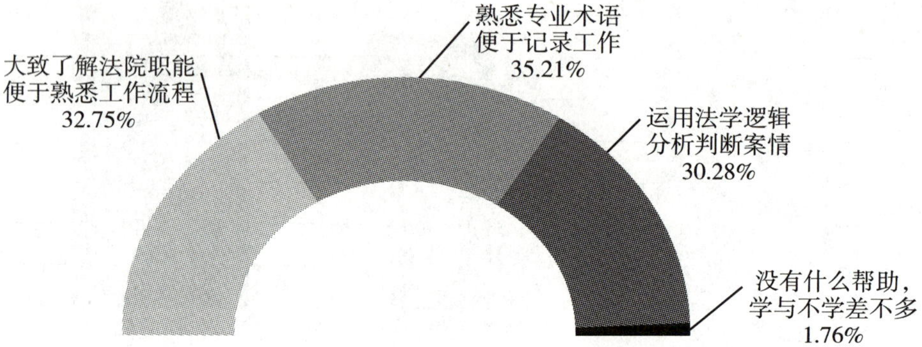

图8 法学经历对当前工作的帮助(问卷总数121份多选)

关于法学经历对工作帮助的调查,大多数选择了便于记录,事实上对于不懂法学术语、不熟悉法律逻辑的人来讲,案件记录最难,在任职初期只能以较快的质量不佳的机械记录来弥补。这也是在招录过程中把速录水平作为重要技能的原因。随着工作的熟悉,具备一定理解力和归纳总结能力后,打字的速度优势将不再明显。相比记录,其余的事务性工作则更简单,例如,装订卷宗等工作大学实习生都可以帮助完成。因此,法院不需要付出过高的成本就能满足工作需求,其付出的成本必然会处于一个合理的区间——既希望获得尽可能优秀的人才,又因为劳动成本较低,不太可能支付太高的对价。

(三)有限的"晋升"空间

在笔者看来,对于聘任制书记员的晋升体现在两个方面:一是工资待遇的晋升,二是工作方式的转变。

对于法院而言,自然是人才素质越高越好,虽然如前文所述,聘任制书记员岗位对学历、专业等要求不太高,但勤勉务实、踏实肯干的精神对于任何一个岗位而言都是需要的。恰恰有部分综合素质较好的人员,在工作岗位上继续坚持学习,有的通过了司法考试辞职自谋职业,有的则考入了公务员队伍(见图9)。另外,从在法院工作的聘用制人员对离职原因的分析也可以看出矛盾的心态。

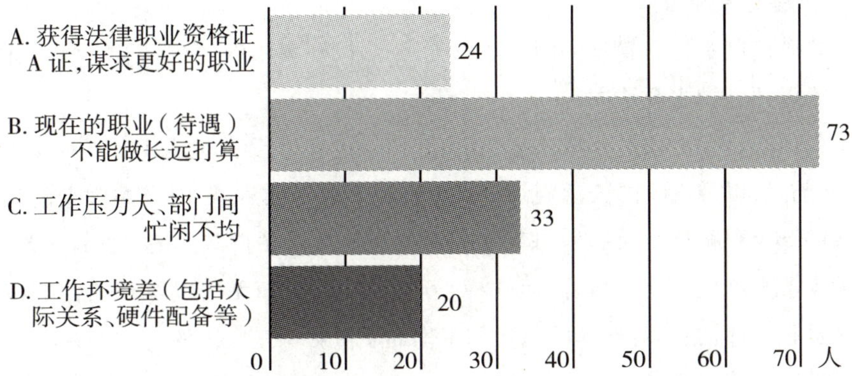

图 9　如果选择离职的主要原因(问卷总数 121 份多选)

A 选项偏低的原因是,有能力通过或者已经通过法律职业资格 A 证的人不多,事实情况也是如此,目前只有 6 人通过,占总数的 4.96%,之前有 2 人因为自谋职业辞职,剩下的 6 人目前也具有不稳定性。实际上,在 Y 中级人民法院"1 + 6"的体系中,已经明确的工资晋升标准和档次(每年增资 30 元,5 年调档增加 100 元),大致与副科级的增资水平相当(与地方发展水平相关),能够保持工作基本的增长,但受政策限制,其实际收入与科员级都相去甚远。另外,根据 C 市的政策,是不能招录和使用聘用制法官助理的,聘用制书记员与聘用制法官助理没有任何关联。如果改革过程中,聘用制法官助理能从符合条件的聘用制书记员中选任,还是能一定程度满足书记员"职级待遇"晋升意愿的(见图 10)。

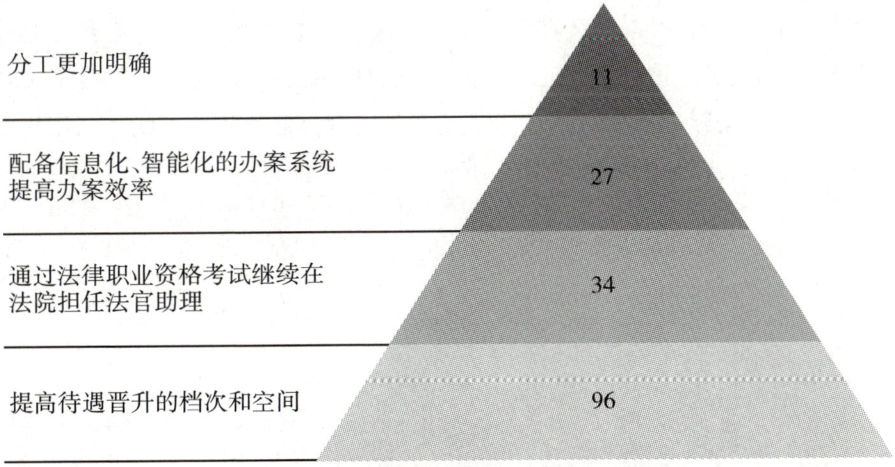

图 10　对改革的期望(问卷总数 121 份多选)

（四）其他综合因素

影响聘用制书记员管理的因素除以上几点外，还集中体现在以下三个方面。

1. 难以评判的主观认同

人的内心是无法通过考核来量化的，在招录过程中无法获知其内心对职业的认同感、参与感，以及真正的长远规划。无论客观上取得的成就如何，主观上的认同对一个人的行为影响是巨大的。① 聘用制书记员没有编制的约束，又有收入的差距，相比在编人员更难建立起归宿感，而这种心理上的差异，却无法以客观的标准在工作初期及进程中评估，其对群体的稳定和工作的质量影响是巨大的。

2. 处于变革的背景

社会的变革影响生活的方方面面，比如，技术的变革，语音识别系统等智能装备的引入，会大幅提高书记员的工作效率，有的法院个别环节都不需要书记员记录。② 司法体制改革的深入推进，涉及法院事务的方方面面，无论是管理、考核还是辅助事务的整体外包，都对书记员群体的管理、使用提出新要求、新挑战，改革需要面临许多未知的因素，聘用制书记员的管理亦是如此。

3. 错综复杂的人际关系

中国是人情社会，人际关系的影响在工作生活中无所不在。人情对聘用制书记员管理的影响主要体现在两个方面：一方面，他在单位工作，是同事，有的管理者有好人思想，有的则怠于管理，造成对聘用制书记员的考核不客观；另一方面，有的聘用制人员在法院有关系、有背景，只要没有做出过分的事情，工作表现差一点也不会影响其收入水平，而且可以继续在法院工作。这些现象虽然不普遍，但客观上形成了负面导向，加大了对该群体管理的难度。在管理层面，庭长、副庭长直接了解聘用制书记员的情况实际是较少的，其直接配合的法官才是能最直接反映其工作状况的人，而在实践层面，评判的主体多是部门管理者（见图 11）。

---

① 参见何奎：《组织认同对新生代员工反生产行为的影响——基于组织公平感调节作用分析》，载《人民论坛：学术前沿》2016 年第 23 期。

② 参见《珠海法院首试无书记员开庭　同步录音录像记录效率提升一倍》，载广州日报大洋网：http://news.dayoo.com/guangdong/201701/18/139996_50771253.htm，最后访问日期：2018 年 7 月 1 日。

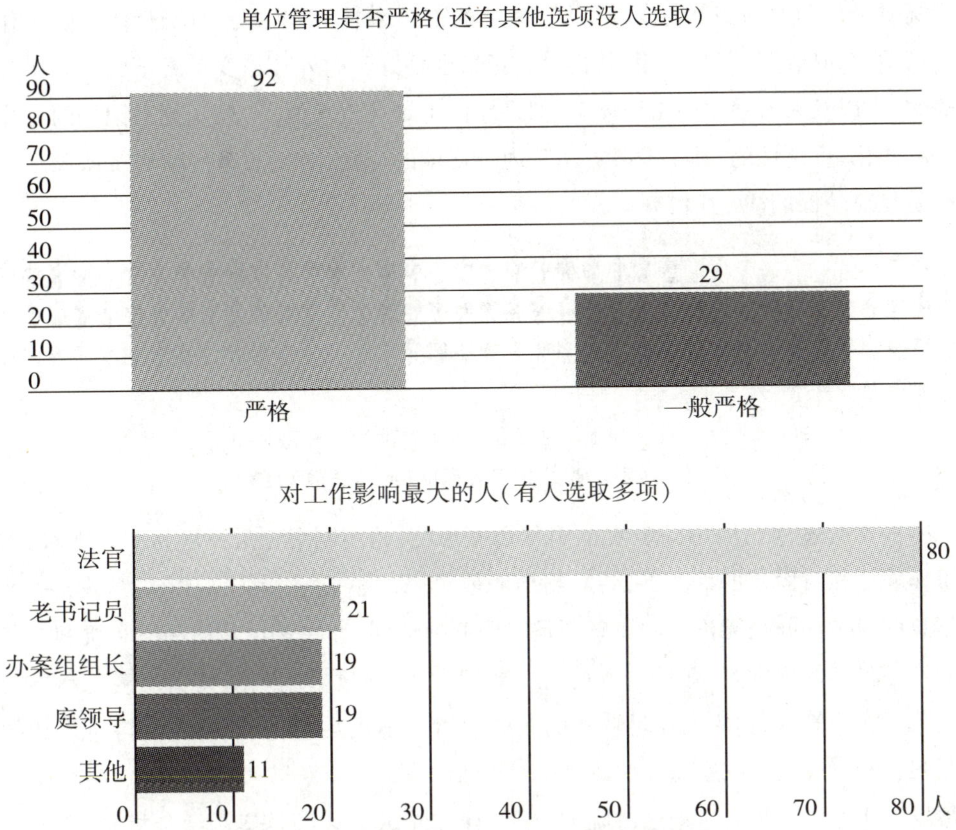

图 11　管理情况(问卷总数 121 份含多选)

四、模式探究:问题导向下的继承与变革

前文以 C 市 Y 中院为样本,较为客观全面地反映了聘用制书记员的状况,以及影响对该群体管理的不利因素。就目前看来,聘用制书记员群体越来越庞大,能力水平参差不齐,其面临的挑战将持续存在。为更好地激发群体活力,尤其在司法体制改革背景下发挥好辅助职能,笔者旨在从以下几个方面对管理模式再造提出建议。

(一)以主观认知为切入点:营造不满足感

在组织变革公式中,不满足感提供了打破现状的必要性和推进变革的动力;不满足感是催生对现状的不满情绪,将员工从自满和组织惯性中释放出来,为变革流程提供最初动力的变革要素。① 从管理学的论述来看，不满足感对于全体法院工作人员适应和推动改革都适用，其提出的背景也是置于内外环境变革之下的。有研究表明，人以及人所建立的工作体系，都是倾向于维持现状的。② 聘用制书记员的工作是程式化、重复性的，其不太关心法院内外环境的变化，对于改革的参与及认知水平也是相对较低的(见图12)。

图12　对司法改革的了解程度(问卷总数121份)

前文所述，加上编制、待遇、晋升等因素影响，聘用制书记员更容易安于现状，在工作职能相对固定的情况下，会对超出职能事项的事务漠不关心，以至于形成一种倦怠的风气；同时，无论是归属感还是对职业的认同，都缺乏评判的手段和机制。营造不满足感的出发点，即是从主观上找准切入点，通过机制刺激其主动接受和参与变革。作为管理者，应当在足够多的人员中营造不满足感，保证群体保持对现状的紧张感和对改变的兴奋感。实现的方式包括，一是分析法院工作的环境变化，向其披露工作业绩与最先进地区法院的差距(建立个人的业绩档案和评价机制，个人业绩之间也可以比较)，消除自我感觉良好的情绪；同时要充分发挥典型的示范作用，获取先进个人对管理的支持，形成正向的辐射效应。二是对司法体制改革背景下聘用制书记员前景的预测，指出可能发生的变化，比如其部分工作可能会被科技的发展取代，保持竞争力就必须不能懈怠。三是要时刻关注该群体的思想动态，了解其关注的问题，让压力与动力保持在合理区间。

(二)以留住优秀人才为目的：获取可预期的成长空间

《方案》明确了聘用制书记员的招录、管理、保障等问题，但具体怎么管理、如何使用还是要由使用者来确定。毋庸置疑，最关心、最切身的利益即是待遇问题，正如前所述，待遇不是一味无参照的提升，如若这样，待遇刺激的边际效应将很快显现。

---

① 参见[美]兰杰·古拉蒂、安东尼·J.梅奥、尼汀·诺里亚：《管理学》，杨斌等译，机械工业出版社2014年版，第227页。

② 参见杨阳、张长征：《管理惯性与柔性的动态》，载《管理观察》2008年第12期。

对于安于现状的人来讲,不满足感的营造可以刺激该群体不得不更加专注于工作,然而,对于本身追求上进的人来讲,更期望通过自己的努力,能在工作上获得回报,这种回报如果难以在本单位满足,最终可能会选择离职(如前文分析)。无论是从市场价值的理论,还是从博弈论出发,自身具备较好条件的人才要么会寻求与能力相匹配的工作,要么期望得到与能力相匹配的待遇。待遇可以是当下的,也可以是可预见的。据分析,身份待遇作用要显著于金钱待遇(见图 13),即使目前通过法律职业资格 A 证还在职的人员仅 6 人,但愿意担任法官助理的人却远远超过这个数字。

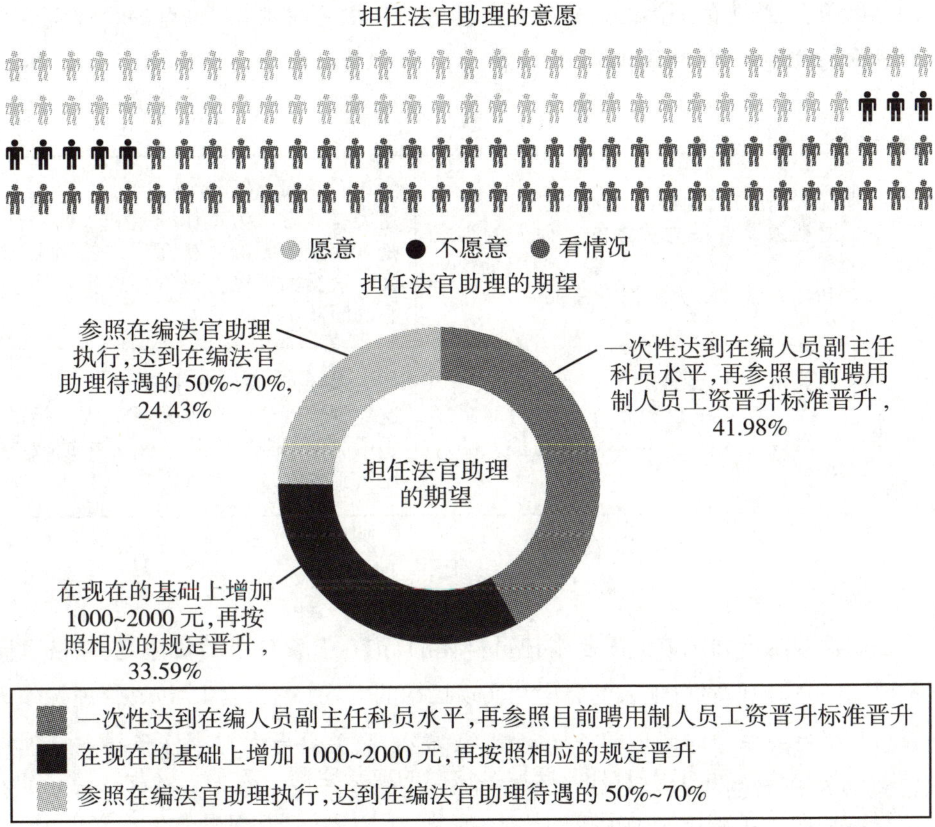

图 13　担任法官助理的意愿及期望(问卷总数 121 份)

在工作技能提升后,该群体职能转化的期望还是比较强烈的。从聘用制书记员中选任聘用制法官助理符合司法规律,其工作具有关联性。① 除聘用制书记员群体

① 参照在编书记员与在编法官助理的成长与转化,只是编制上的区别,工作上无实质上的差别。

正常的晋升外，这种成长体系的存在，可预期的身份、待遇不仅会增强岗位的吸引力，还会激励优秀书记员争取机会，来获取身份和待遇的提升，形成正向的激励机制，也能让具有法律职业资格的人员有留下来的理由。

(三)以管理者之作为为手段:把握导向与可量化的监督管理体系

管理者是管理的主体，无论制度如何完备，都需要管理者的执行才能落地见效。以C市Y中院为例，每月由用人部门对书记员评定A、B、C、D等次，考核影响工资，且一年内2次评D的，可以与其解除劳动关系，目前仅1人因该情况离职。适用率低的原因很多，当中的原因之一即是前文所述人际关系的影响，也有的管理者以高关系导向为管理原则(见表4)。

表4　管理方格①

关系导向	高	高关系导向,低任务导向 这类领导者最为关注的是他人的需求和感受。他们认为,只要人们感觉快乐和安心就会努力工作	高关系导向,高任务导向 这类领导者认为工作绩效和人性关怀是互相产生影响并相互促进的两个方面。这类领导风格通常在以目标为中心的团队中更为常见
	低	低关系导向,低任务导向 这类领导者不重视建立组织内部制度以高效完成任务,也不重视与他人的合作关系	低关系导向,高任务导向 这类领导者认为工作只是达成目标的手段,团队的工作效率和工作绩效要比员工的需求更为重要
		低	高
		任务导向	

强制性的制度和规范会限制书记员群体的行为，但管理者的价值观、性格也同样重要，会影响他们对待他人的态度和实现目标的方式。② 如表4所示，管理者作为与否与其坚持关系导向还是任务导向相关，诚然，高关系导向与高任务导向是理想状态，但对管理者的能力要求很高；高任务导向，低关系导向模式一般只有在上级有明确时间表和任务清单的情况下才适用，对员工的感受考虑较少，持续性不能太长；而高关系导向，低任务导向则易造成效率低下，管理涣散。对于如何有效管理，一方

① Adapted from Mindtools, Ltd. , 2008, "The Blake Mouton Managerial Grid", Accessed July 19, 2018, https://www.mindtools.com/pages/article/newLDR_73.htm.

② 参见[美]兰杰·古拉蒂、安东尼·J. 梅奥、尼汀·诺里亚:《管理学》,杨斌等译,机械工业出版社2014年版,第245页。

面,管理者主观因素影响较大;另一方面,目标设定、监督与评价,以及矫正行为等管理手段作用亦不可忽视。首先,要明确该群体的工作目标,以配合的案件数为主要基础设定目标,设置到"跳起来可以摸到"的状态。其次,契合改革要求,建立工作质量的评价体系,明确监督手段,加强质量管理,如裁判文书瑕疵、当事人信访投诉、案卷归档周期等指标评价,让评价体系可量化,减少主观评价的压力(主观评价仍应保留);同时在评判工作时,要注重听取所在办案团队法官和法官助理的评价。再次,管理部门和管理者及时总结反思管理工作和实际工作开展中的问题,对完成任务较好的人员及时进行激励。最后,要进行结果运用,形成有效的淘汰机制。

(四)以组织文化为纽带:不可忽视的传递作用

文化构件包含"一个人刚进入一家拥有自己不熟悉的文化的组织中所能看到、听到、感受到的所有现象,比如工作团队可见的产出……工作语言、技术、创新、行事风格……价值观,可见的工作管理等"。① 这些东西是文化的表现形式,是一个机构或者组织长时间形成的一种氛围和习惯。文化浸润的力量是无形的,法院之所以重视文化建设,也正是看到了这一点,因此,好的文化会影响群体的工作模式、工作状态,也会一直传承。对于聘用制人员来讲,虽然编制存在"天然"差别,但对于党组织和群团组织来讲,是不以编制为划分标准的。具体而言,在相关活动的策划、参与中,要将聘用制群体的人员广泛吸纳进来,通过文化的辐射作用,增强聘用制书记员归宿感和认同感,建立情感沟通的渠道;同时,也以党组织和群团制建设为抓手,增加管理的方式和渠道,也让想干事、能干事的聘用制人员有作为的舞台。

① [美]兰杰·古拉蒂、安东尼·J. 梅奥、尼汀·诺里亚:《管理学》,杨斌等译,机械工业出版社2014年版,第186页。

第三章
司法责任制改革

基层人民法院审判庭设置研究

——基于实体和程序的两维视角

卢　君[*]　谭中平[**]

1979 年我国《人民法院组织法》第 19 条第 2 款明确“基层人民法院可以设刑事审判庭、民事审判庭和经济审判庭，庭设庭长、副庭长”。长期以来，各地基层法院也多根据此规定设置相应名称的审判庭，随着多项基本法律的不断出台、各项改革措施的不断推进、审判专业化程度不断提高和法院案件数量的不断增多，法院的编制和机构数量不断增长。[①] 2014 年《人民法院第四个五年改革纲要》提出，要推动人民法院内设机构改革，“按照科学、精简、高效的工作要求，推进扁平化管理，逐步建立以服务审判工作为重心的法院内设机构设置模式”。2016 年 8 月中央机构编制委员会办公室、最高人民法院共同印发《省以下人民法院内设机构改革试点方案》的通知进一步明确了改革方向。内设机构分为审判业务部门和综合部门两个部分，本文立足基层人民法院，以审判部门改革为研究对象，尝试从实体和程序方面进行改革路径设计。

---

* 重庆市第三中级人民法院党组书记、院长。

** 重庆市江北区人民法院研究室副主任，员额法官。

① 参见刘忠：《论中国法院的分庭管理制度》，载《法制与社会发展》2009 年第 5 期。

一、模式与数量:基层法院审判庭[①]设置的实证考察

(一)基层人民法院审判庭的主要设置模式

1. 传统设置型:民事(民事+商事)、刑事、行政三分

长期以来,各地基层人民法院根据我国《人民法院组织法》第18条之规定,按照刑事、民事、行政的案件性质设置相应名称的审判庭,可将之归类为传统审判业务庭设置模式。如武汉市青山区人民法院仅设置刑庭、民一庭、民二庭、行政庭,其中民一庭、民二庭按民事案件和商事案件区分(见表1)。

表1 传统设置型

法院	审判庭类别	审判庭数(个)
武汉市青山区人民法院	刑庭、民一庭、民二庭、行政庭	4
贵州省盘县人民法院	刑庭、民一庭、民二庭、行政庭,另设7个人民法庭	4+7
广西壮族自治区浦北县人民法院	刑庭、民一庭、民二庭、行政庭,另设3个人民法庭	4+3
重庆市武隆区人民法院	刑庭、民一庭、民二庭、行政庭,另设4个人民法庭	4+4
荆州市公安县人民法院	刑庭、民一庭、民二庭、行政庭,另设7个人民法庭	4+7

2. 专业化设置型:在传统设置基础上注重专业化审判

随着司法改革深入推进以及法官专业化建设的发展,基层人民法院审判庭设置方式出现了新的趋势,主要包括独立设置专业化审判庭和组建专门审理某类案件的合议庭两种主要形式。从收集的数据资料来看,专业化审判庭一般是在传统审判庭架构基础上,针对类型化案件审判而设(见表2)。

表2 专业化设置型

法院	审判庭类别	审判庭数(个)
广州市越秀区人民法院	刑庭、少年庭、民一庭、民二庭、民三庭、民四庭、金融庭、行政庭	8
佛山市南海区人民法院	刑庭、民一庭、民二庭、民三庭、民四庭、民五庭、行政庭,另设8个人民法庭	7+8

---

① 本文所称审判庭是指一线承办案件的业务部门(含人民法庭),不包括研究室、立案庭等综合审判部门。

续表

法院	审判庭类别	审判庭数(个)
重庆市江北区人民法院	刑庭、民一庭、民二庭、民三庭、民四庭、金融庭、行政庭、未成年人综合审判庭,另设 1 个人民法庭	8 +1
重庆市万州区人民法院	刑庭、民一庭、民二庭、民三庭、行政庭、未成年综合审判庭、环资庭,另设 5 个人民法庭	7 +5
南京市建邺区人民法院	民一庭、民二庭、民三庭、家事审判庭、刑庭、行政庭、知识产权庭	7

专业化审判庭一般包括知识产权庭、家事审判庭、金融审判庭、少年庭等。但在超大体量法院,如佛山市南海区人民法院,虽然形式上其审判庭的名称没有体现专业化审判,但在民事审判内部分工上,却极其细化。以民事审判为例,5 个民事审判庭按照专业审判进行细分(见表 3)。

表 3　佛山市南海区人民法院各民事审判庭职能

民事审判第一庭	婚姻家庭、劳动争议、不当得利、合伙协议纠纷、财产损害赔偿、提供劳务者受害责任赔偿、包括医疗损害赔偿在内的各项侵权类等案件
民事审判第二庭	与公司、企业有关的纠纷、保险纠纷、实现担保物权纠纷、合同纠纷等商事纠纷以及公司破产、清算案件
民事审判第三庭	房地产类型案件
民事审判第四庭	涉及知识产权的民事、刑事、行政案件,涉外商事纠纷案件
民事审判第五庭	机动车交通事故责任纠纷
人民法庭	审理本庭管辖的第一审民事案件;执行本庭管辖的已生效民事案件;指导辖区人民调解工作;处理本辖区涉诉信访

3. 综合设置型:“传统 + 专业化 + 繁简分流”设置型

部分法院在“传统 + 专业化”设置模式的基础上,设置了小额诉讼审判庭、速裁庭、简易审判庭等庭室进行繁简分流。该模式又可细分:

(1)综合型 1:弱专业化 + 繁简分流

小体量法院实行专业化审判的动力并不强烈,专业化审判方面主要体现在民事审判部门之间的细分。同时,一些小体量法院为快速审理简单案件,设立了小额诉讼审判庭、速裁庭或成立专门的速裁组(见表 4)。

表4 “传统+弱专业化+繁简分流”设置型

法院	审判庭类别	审判庭数（个）	2016年审结案件数（件）
重庆市南川区人民法院	刑庭、民一庭、民二庭、民三庭、民四庭、行政庭、小额诉讼审判庭等，另设4个人民法庭	8+4	12,774
重庆市大渡口区人民法院	刑庭、民一庭、民二庭、民三庭、行政庭、速裁庭	5	10,231
重庆市垫江县人民法院	刑庭、民一庭、民二庭、行政庭、速裁工作组，另设4个人民法庭、1个巡回法庭	4+4+1	8772

（2）综合型2：强专业化+繁简分流

大体量法院大多设置了各有特色的专业化审判庭，同时，部分法院也注重以繁简分流为目的设置相应的审判庭。如深圳市福田区人民法院和宝安区人民法院均设速裁庭，负责审理案情简单的民商事案件以及特别程序案件等（见表5）。①

表5 “传统+强专业化+繁简分流”设置型

法院	审判庭类别	审判庭数（个）
深圳市福田区人民法院	速裁庭、刑事审判庭、民事审判庭、商事审判庭、房地产审判庭、劳动争议审判庭、知识产权审判庭、行政审判庭	8
深圳市宝安区人民法院	速裁法庭、刑庭、少年庭、民一庭、民二庭、民三庭、民四庭、家事审判庭、行政庭	9
浙江省义乌市人民法院	刑庭、民一庭、民二庭、民三庭、知识产权庭、金融审判庭、民事简易审判第一庭、民事简易审判第二庭、行政庭、巡回审判法庭，②另设4个人民法庭	10+4

① 参见载深圳市福田区人民法院官网：http://www.ftcourt.gov.cn/court/courtdetail.aspx?id=1；载深圳市宝安区人民法院官网：http://www.bafy.gov.cn/About.aspx?p1=1&p2=37，最后访问日期：2018年7月10日。

② 参见《依法审理中国小商品市场范围内民商事纠纷案件》，载义乌市人民法院官网：http://yiwu.zjcourt.cn/col/col1224951/index.html，最后访问日期：2018年8月20日。

续表

法院	审判庭类别	审判庭数（个）
重庆市沙坪坝区人民法院	刑庭、民一庭、民二庭、民三庭、民四庭、知识产权庭、未成年人综合审判庭、行政庭、小额诉讼审判庭、破产审判庭，另设1个人民法庭	10+1
杭州市西湖区人民法院	刑庭、民一庭、民二庭、民三庭、小额诉讼审判庭、行政庭、涉外民商事审判庭、知识产权庭、网上法庭	8

4. 设置审判团队——撤销审判庭

在司法责任制和法官员额制改革背景下，审判团队成为一种新型审判业务组织形式，有些法院甚至取消审判庭并代之以若干审判团队。深圳市前海合作区法院、珠海横琴新区法院等采用这一做法，但这一模式是否能够推广、复制及其时机，当前还存在较大争议（见表6）。

表6 部分法院审判团队设置模式

法院	审判庭类别
深圳市前海合作区人民法院	不设审判庭，39名员额法官，含1名院长、2名副院长
珠海市横琴新区人民法院	不设审判庭，配法官11名，其中专职法官8名，兼任行政职务的法官3名
厦门市湖里区人民法院	保留审判执行部门建制，组建17个审判团队
湖州市长兴县人民法院	保留机构设置，组建8个审判团队

（二）基层人民法院审判庭数量与人、案之关系

审判庭设置首先是类型设置问题，其次是设置数量问题。本文选取C市9个核心城区基层人民法院，对每个法院审判庭数量、一线法官人数、一线法官办案数及人均办案数①（见表7）进行相关性分析，以期找到审判庭庭数与法官数、案件数量之关系。

---

① 在笔者主要研究的C市核心的9个区，一线法官年均办案数基本都超过200件，因此，年办案在100件以上的法官是主要办案人员。笔者认为，对这部分数据进行统计分析更能客观反映真实情况。因此，所指称的一线法官人数、一线法官办案数及人均办案数，其统计范围是2016年各法院办案数量在100件以上的法官。同时，鉴于相关数据均未公开，笔者在有限范围内尽量做到全面客观，如统计的数据与各法院实际有出入，应以官方公布的为准。另外，C市核心的9个区，人均结案数相差不大，说明相关法院在人员素质、案件结构等因素上的差别较小，对该9个区人民法院的数据进行相关性分析，更具统计学意义。

表7　C市主城9区基层人民法院基本情况

法院	审判庭数(个)	法官人数(名)	结案总数(件)	人均结案数(件)
渝0104	6	30	6630	221
渝0103	7	67	21,768	325
渝0109	8	45	9464	210
渝0108	8	71	16,747	236
渝0105	9	85	21,571	254
渝0107	10	92	25,927	282
渝0106	11	89	19,165	215
渝0113	11	61	14,260	234
渝0112	11	89	24,832	279

根据表7的数据,运用统计软件进行相关性分析(见表8)得出:(1)结案总数与法官总数的相关性系数(皮尔逊相关系数)为0.93,表示统计水平极为显著,二者高度相关;(2)审判庭数量与法官人数的相关性系数为0.71,表示统计水平较为显著,二者相关性较大;(3)结案总数与审判庭数量相关性系数为0.53,统计水平不显著,相关性不高。

表8　审判庭数量、法官人数、结案总数的相关性分析①

	审判庭数量(个)	法官人数(名)	结案总数(件)
审判庭数量	1.00	—	—
法官人数	0.71*	1.00	—
结案总数	0.53	0.93**	1.00

通过上述分析,笔者可以得出这样的结论:

结论一:审判庭数量主要与法官人数直接相关,与案件数量的关系不明显。

审判庭数主要与法官人数直接相关。同时,尽管案件数量越多,需要的法官相应也越多,但审判庭数量并不必然随之增长(见图1)。以广州市越秀区人民法院和东莞市第一人民法院为例,两家法院2016年审结案件数分别为56,854件、58,385

① 表8的相关性系数为皮尔逊相关系数,由Excel软件计算得出,相关系数的绝对值越接近1表示相关性越大,正值为正相关,负值为负相关。*表示统计水平为显著(<0.05),**表示统计水平为极显著(<0.01)。统计水平越显著表示该相关性越可靠。

件，但审判庭数分别为8个、17个，二者结案数相差不大，但审判庭设置数量却有巨大差距。因此可以推测，在法官饱和工作量一定的情况下，两家法院每个审判庭的法官数量存在较大差距。

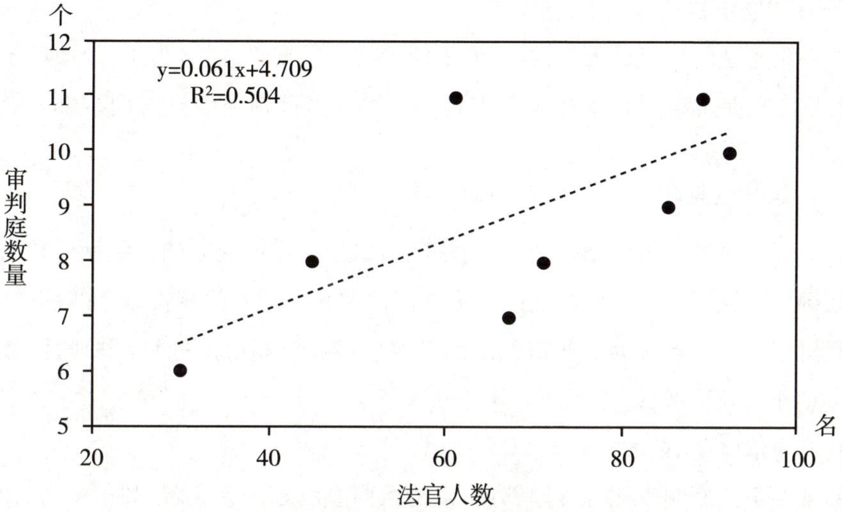

图1　法官人数与审判庭数量之关系

结论二：刑事、行政审判庭单一设置。

从9个基层人民法院来看，刑事、行政审判庭均只设置一个审判庭，区别仅在于法官数量的配置不同。主要的原因是刑事、行政案件类相对集中，案件数量相对较少。因此，在讨论审判庭数的设置时，刑事、行政审判庭可以采用传统模式各设置一个。

图1系在Excel软件中根据两个变量的关系拟合出对应的线性方程。拟合的线性方程显示了Y轴变量随X轴变量变化而变化的情况，R^2为相关系数的平方，R^2越接近1表示拟合的方程与实际数据越接近。

结论三：民商事审判庭的设置是审判庭设置的核心问题。

民商事案件类型多，专业化审判的动力更为强烈，而且专业审判庭几乎都是与民商事有关。因此，民商事审判庭如何进行分庭，成为基础法院审判庭设置的核心问题。

二、实体与程序：审判庭设置的比较法考察

世界各国均采取符合自身历史传统、政治背景、法治特征的法院设置模式及法

院内部组织架构。对审理特定案件的机构,有的国家采取设置专门法院的组织形式,有的国家则采取在法院内设审判庭的组织形式,故而对审判庭设置的比较法考察,不仅应考察狭义的域外审判庭,而应对域外专门法院设置予以同等考察。

(一)传统设置式

在诉讼类型的形成过程中,最古老的纠纷均是以刑事、民事为主,故而传统设置型审判庭主要是刑事审判庭和民事审判庭。如日本审判部门设有刑事部、民事部、行政部。

(二)专业设置式

在大陆法系法院组织结构中,专门法院实则是专业审判庭的升级版。德法等大陆法系国家习惯于在普通法院之外另设专门法院来审理专门事件,而非在普通法院内部设置审判庭。但作为专业审判庭的升级版,两者内在原理具有共通性,故选择部分类型作比较法考察。

1. 商事法庭(法院)

欧陆商事法庭制度渊源深厚,其中以德国商事法庭最为完备,颇值参考,商事法庭在德国州法院是与民事审判庭平行的内设审判庭。在法国,原则上每个区有一个商事法院,但一个大审法院辖区可能有数个商事法院,也可能无商事法院。没有商事法院的地区,由大审法院职业法官以独任审判方式履行其职责。①

2. 劳动法院

第二次世界大战后,德国制定新的《劳动法院法》,其间历经修订,直至 2015 年《团体协议强化法》出台,受案范围进一步扩大,但结构及规则基本完整延续至今。劳动法院实行三级三审制,包括基层劳动法院、作为二审法院的州劳动法院以及作为终审法院的联邦劳动法院。②

3. 家事法庭(法院)

针对家事审判,德国在地方法院设立家事法庭,而日本于《法院法》第三章规定设立家事法院。③ 日本家事审判法自 1949 年颁布以来,历经数十次修订,而 2013 年

---

① 参见[法]洛伊克·卡迪耶:《法国民事司法法》,杨艺宁译,中国政法大学出版社 2010 年版,第 88 页。

② 参见沈建峰:《德国劳动法院的历史、体制及其启示》,载《中国劳动关系学院学报》2015 年第 6 期。

③ 参见冷罗生:《日本现代审判制度》,中国政法大学出版社 2003 年版,第 71 页。

实行的《家事事件程序法》,对以往的家事审判法律进行了全面的修正,推动家事审判的划时代进步。①

4. 知识产权法院

2005 年 4 月 1 日日本成立了专门的知识产权高等法院。2011 年 12 月俄罗斯实施了设立知识产权专门法院的立法变革。智慧法院设置法官、院长、庭长,其庭室则根据事物繁简设置,必要时可以设立专庭。

5. 其他类型

在大陆法系国家和地区,根据社会情势变迁、专业、效率考量等因素,还设置了其他专业类型的法庭或法院,如德国的社会法院、财政法院,法国的农事租赁法院等。

(三)程序设置式

与传统设置式和专业设置式以诉讼事件的类型来区分有所不同,程序设置式主要根据程序繁简作出的一种设置,部分大陆法系国家设有相应的处理简易案件的审判庭或审判法院。

1. 法国近邻法院

2002 年法国增设近邻法院,实行简易程序(口头程序),可同时受理民事案件和刑事案件,民事案件管辖标的额 1500 欧元以下的争议,刑事案件仅受理轻微的妨碍与扰乱日常生活有关的犯罪。②

2. 日本简易法院

日本《法院法》第四章设置了简易法院,简易法院是最下级的法院。全国共设立了 438 所,共有法官 800 余名。简易法院办理的案件大都是一些标的额较小,案情并不复杂的案件,其处理案件的方式一般是单独制。民事案件受案范围为请求给付不超过 30 万日元的小额诉讼;除不动产外,标的为不超过 90 万日元的民事诉讼;诉讼外调停、和解;督促程序案件。

(四)审判庭数量法定

域外审判庭或法院之设定及其数量,由法律直接规定。如法国,大审法院是第一审普通司法机构,最少由 5 个人组成:3 位法官(其中包括 1 位院长)、1 位法兰西共和国检察官和 1 位书记员。事实上,大多数的大审法院的人员编制都超出 5 位。

---

① 参见杨佳莉:《日本家事程序法最新动态简介》,载《人民法院报》2014 年 2 月 7 日,第 8 版。

② 参见[法]贝尔纳·布洛克:《法国刑事诉讼法》,罗结珍译,中国政法大学出版社 2009 年版,第 265 页。

超出5个人的大审法院就要被分为两个或两个以上法庭，每个庭由一名法官担任庭长，主持该庭的工作。每个法庭的存在是基于专业的工作分工，但只要案件属于大审法院，那么每个法庭对各类案件均有审理权，即使不属于其通常审理的范围。

三、原则与路径：基层人民法院审判庭设置的规范重构

（一）设置原则

1. 合法性原则

审判庭的设置应符合我国《人民法院组织法》精神，同时应适应三大诉讼法的发展和实体法要求，使审判庭的设置与诉讼程序、实体法总体匹配。

2. 必要性原则

我国《人民法院组织法（修订草案）》第26条规定，人民法院根据审判工作需要，可以设必要的审判庭。必要性的第一层含义在于审判庭数量应尽可能精简，避免单纯为解决编制和职级问题而无序增设。第二层含义在于审判庭的设置应符合各法院实际，综合考虑办案数量、人员编制等情况，体现因地制宜。

3. 专业化原则

《人民法院第四个五年改革纲要》提出要“推进法院人员的正规化、专业化、职业化建设”，最高人民法院《关于进一步推进案件繁简分流优化司法资源配置的若干意见》（以下简称《繁简分流意见》）也提出，要“推广专业化审判”，专业化审判是优化司法资源配置，提升审判质量和效率的重要途径。

4. 扁平化原则

应尽可能减少法院内部层级，使审判庭的设置总体上符合司法责任制改革的内在要求，法官员额较少的中级人民法院和基层人民法院，可以设综合审判庭或者不设审判庭。

（二）具体路径

对审判庭的具体设置，本文拟基于实体和程序两个维度，从专业化审判、繁简分流和庭数设置三个层次展开。

1. 第一层次：从实体上满足专业化审判需要

传统审判庭设置是基于漫长的历史原因形成的，在社会经济快速发展的当下，如何适应矛盾纠纷的复杂化和多样性，就需要基层人民法院审判庭设置在公正高效解决一般纠纷的基础上，满足专业化审判需要。但不同的法院，专业类型案件专业

化审理的机构和方式,应当是因地制宜符合实际的。专业化审判、类案类判,是分庭设置、增加机构编制的重要理由,但不同法院的情况各不相同,案件体量是重要的决定因素。

(1)小体量法院:[①]不设审判庭、设综合审判庭或设传统审判庭

小体量法院无论是审判事务还是司法行政事务都相对单一,因此,可以在“精简效能原则”下,在理顺职能、明确分工的基础上,严格控制机构规模,可以分两种情况设置:

第一类:50 人以下,案件不超过 3000 件的法院,可以不设审判庭,在法院内设置若干审判团队。

第二类:50 人以上,案件 3000 ~ 10,000 件的法院,可以根据实际情况,设置综合审判庭,或设刑事庭、民事庭、行政庭,并可在审判庭内部设置若干审判团队。

(2)中等以上体量法院:在传统庭基础上设置专业庭或综合庭

传统理论认为,“越往高层,一个管理者所能有效管理的下属越少。通常,基层管理者能有效管理的下属为 15 人至 20 人,中层管理者能有效管理的下属不超过 10 人,高层管理者能有效管理的下属不超过 7 人”。在中等以上体量的法院,法官人数和案件数量相对较多,案件管理和司法行政事务管理难度增大,有必要在传统审判庭设置的基础上设置专业审判庭或综合审判庭。

如 C 市 J 区人民法院因应辖区党委政府打造金融中心的规划,预判金融纠纷案件将大幅增长,成立了金融审判庭,该庭成立以后,2015 年、2016 年分别审理金融机构的借款合同纠纷 2819 件、5236 件,相当于一个小体量法院一年审理的全部案件数,有利于类案类判,提高审判质量和效率。

结合现有的专业审判实践和域外审判庭设置经验,专业审判庭的设置主要可以在以下领域展开,如知识产权纠纷、劳动争议、环境资源保护、不动产及物业纠纷、家事审判、未成年人审判、金融审判、破产审判等。也有部分法院设置综合审判庭,如金融、未成年人审判庭的刑事、民事、行政的三审合一。

2. 第二层次:在程序上符合繁简分流要求

当案件数量达到相当体量后,要注重审判事务的分类,实现精细化审判管理,在

---

① 准确界定法院体量,需要大数据分析。一般而言,50 人以下的法院为小体量的法院,从案件数量来看,一般在 5000 件到 1 万件以内。而 1 万 ~2 万件案件的法院可视为中等体量的法院,案件超过 2 万件的法院可视为大体量的法院。

裁判事务上要符合繁简分流的要求。通过繁简分流,科学调配和高效运用审判资源,依法快速审理简单案件。

(1)小体量法院:设置快速[1]审判团队

小体量法院内部各审判庭或各审判团队的案件数量并不一定均衡,可根据实际情况,在审判庭内部或单独设置速裁审判团队,主要负责办理简单案件,如认罪认罚案件、小额诉讼案件等。设置快速审判团队,要特别注意工作量的分配,既要在团队间均衡,又要与审理普通案件的法官工作量相匹配。

(2)中等体量法院:专设快速审判庭与快速审判团队相结合

中等体量法院可根据案件类型、数量及法官人数,对类型集中的简单案件专设快速审判庭审理;对不宜分离出审判庭的,可以在审判庭内部设立快速审判团队,采取专门快速审判庭集中审理简单案件与各审判庭快速审判团队分散审理简单案件相结合的模式处理。总之,在中等体量法院,专设速裁庭与速裁审判团队要根据具体情况灵活处理。

(3)大体量法院:专设快速审判庭

一般而言,年受理案件数达到2万件以上,法院审判事务和司法行政事务的工作量和复杂程度将大幅上升,人员、事务、程序的分类配置尤为必要,完全有必要设立专门的快速审判庭。

在简案快审的基础上,还要实现繁案精审。无论是设立快速审判团队还是专门设立快速审判庭,办理简单事务,既有利于提高审判效率,又有利于辅助性事务集约管理。另外,从法官养成的角度考虑,可以充分发挥法官助理的作用,甚至在简单案件中,由法官助理撰写裁判文书初稿,员额法官审核后作出裁判,让院庭长、员额法官集中精力办理疑难复杂案件。

3. 第三层次:合理设定审判庭数

前文已经阐述审判庭类别如何设置,但各类审判庭设置数量如何定,应当根据合理的标准。一般认为要考虑法官人数和案件数,但通过前文的实证分析,发现审判庭设置的数量与法官人数相关性较大,与案件总数相关性小。这主要是基于两个方面的原因:一方面是法官人数多,解决更多人职级待遇的冲动更为强烈;另一方面人数多,受管理水平、管理幅度的影响,分庭管理的需求程度就在不同法院表现

① 这里的快速审理,包括使用速裁程序、小额诉讼程序、简易程序等程序审理的案件。

不一。

(1)从0到1:初设审判庭要综合考虑案件数与法官数

避免出现"庭多案少"的问题。无论是传统审判庭设置,还是基于专业化审判和繁简分流的需要,设置专业庭和简易审判庭,都面临从0到1的过程,即设不设的问题,要充分考虑案件数量与法官人数。

以环境资源审判庭为例,截至2016年7月,全国设立环资庭182个,包括最高人民法院环资庭,12个高级人民法院、44个中级人民法院和125个基层人民法院的环资庭。另设立专门的环境资源审判合议庭359个,巡回法庭9个。但同期中国裁判文书网涉及污染环境罪的判决书只有1100多份。审判庭数量与案件数量严重不匹配,出现很多环境资源审判庭在承办其他类型案件的现象。

(2)从1到多:增设审判庭应在最大最小值区间内合理设置

第一步:确定最小值——以传统设置模式为基准

基于法治传统和专业化审判的需要,以及刑事、民事、行政审判之间的差异。有必要在现有法院审判庭设置模式下,保留刑事、民事、行政审判庭作为最基本的配置。同时,机构既不易设立,也不易撤销,保留基本配置,也最符合现状。当然,在新设立的法院,探索建立新的法院工作模式,为司法改革提供全新的经验和模式,不设审判庭也是一种思路。

第二步:确定最大值——以全国受理案件数最多法院为基准

2016年朝阳区人民法院受理案件数在全国基层人民法院中排名第一,其机构、人员编制也处于全国前列。该院2016年受理、审结案件均超过10万件,有审判人员336人,审判庭8个、人民法庭7个,共计15个审判业务庭。① 从有限的资料看,唯有浦东新区人民法院的案件体量与之相当。浦东新区人民法院现有10个审判庭、9个人民法庭,在编人员745人。②

鉴于浦东新区人民法院案件数与朝阳区人民法院相当,而人员编制较多,故以朝阳区人民法院的机构设置为最大值更为合理。同时,朝阳区的人民法庭所辖区域

---

① 参见《北京朝阳区法院简介》,载北京市朝阳区人民法院官网:http://cyqfy. chinacourt. org/public/detail. php? id =9,最后访问日期:2018年8月1日。

② 参见《浦东法院简介》,载浦东新区法院网:http://www. pdfy. gov. cn/web2011/channel. jsp? pa =aUERETT1GWVFTVzEyOTIzMjc2NDYzNzUmU3ViTWVudU5hbWU9t6jUurzyvekPdcssz,最后访问日期:2018年8月1日。

均为发达地区核心城区，与一般区县人民法庭的功能定位不同，与普通审判庭的功能无异，甚至综合性比普通审判庭更强。因此，基层人民法院审判庭数量不应超过朝阳区人民法院，即不超过 15 个。

第三步：确定实际值——以标准工作量比例换算

在确定了最小值 3 和最大值 15 后，其他基层人民法院审判庭的设置可以在 3 ~ 15 的区间内合理配置，当然这个区间并不是一成不变的，前述受理案件数最多的法院是可能更替的。因此，可以根据实际情况进行调整，在互联网时代，这一数据共享是很容易实现的。

首先，确定标准工作量。在运用这一区间进行比例换算时，要明确一个标准工作量，基于裁判事务的同质性，该标准在全国范围可以通用，即使不完全适用，也可以通过数理模型进行修正。

其次，确定运算公式。先通过标准工作量计算出全国工作量最大的法院的全部工作量（假定为 X）和目标法院的全部工作量（假定为 Y），而全国工作量最大的法院的审判庭数量为 a，那么目标法院的审判庭庭数 b 的计算方式为：$b = a \times (X \div Y)$。当然，这只是一个相对合理的值，实际操作中还要综合考虑目标法院的具体情况。

四、结语

审判庭数量的增长，既有司法改革不断推进的宏大背景，也有法院案件数量持续增长、纠纷复杂性、多样性和审判专业化程度不断提高的现实需要，更体现了全国各基层人民法院政绩驱动、编制需求和职级晋升的利益考量。当前以司法责任制为核心的四项改革，在强化了法官责任的同时加强法官职业保障，法官收入、等级和职业尊荣不再仅由行政级别决定，四项改革的顺利推进，必将成为推动法院内设机构改革的根本之策。另外，随着电子诉讼的发展，互联网法院兴起，为法院组织形式增添了新成员，也为未来审判庭设置提供了更多的可能。

专业法官会议咨询服务功能的实施机制研究

张俊文[*] 粟正均[**] 彭婧婕[***]

为符合社会公众对法律一致性的预期,对法官的司法行为施以一定的影响或约束机制确有必要。自2014年推行审判权运行机制改革还权于法官、合议庭后,部分法院开始积极探索建立专业法官会议,在深化司法责任制改革过程中,目前全国多数法院均已设立专业法官会议。在最高人民法院《关于审判权运行机制改革试点方案》《关于全面深化人民法院改革的意见——人民法院第四个五年改革纲要(2014-2018)》《关于完善人民法院司法责任制的若干意见》中,都对专业法官会议的职能及运行提出具体要求。

在许多人中间理想地进行的讨论(如果需要,可进行投票)要比任何一个自己的审慎思考更可能得出正确的结论。①

---

* 重庆市第四中级人民法院副院长。

** 重庆市第四中级人民法院办公室主任。

*** 重庆市第四中级人民法院研究室干部。

① 参见[美]约翰·罗尔斯:《正义论》,何怀宏、何包钢、廖申白译,中国社会科学出版社2006年版,第316页。

试点法院[①]信息报道揭示，专业法官会议作为法院内部咨询议事机构协助法官独立办案，有助于真正实现“让审理者裁判、由裁判者负责”，提高司法责任制的含金量，有利于弱化审判权运行中的行政干预，是审判权运行方式改革中的重要一环。尽管有诸多益处，但专业法官会议也日益凸显出一系列问题：从制度设计来看，有职能定位不清晰、核心咨询议案功能不强、议事规则设计偏失致研讨案件质量不高、对法官的指引评价机制不健全、结果运用欠失规范等问题；从实际运行来看，存在会议启动流程烦琐、会议“仪式感”太强、参会成员积极性不高等现象，这些体现了专业法官会议的“非专业性”。专业法官会议到底应具备何种功能，如何进行程序设计以更好地实现其功能价值以及扩大专业法官会议的成果转化效益是最值得研究的内容，本文对专业法官会议的发展历程以及其存在的价值现实意义不再多作阐述。

一、现状揭示：制度设计及实际运行中专业法官会议“不专”的具体表现

（一）会议职能不专

1. 赋予专业法官会议多种职能定位

司法责任制改革后，专业法官会议的应运而生主要为审判委员会与合议庭之间搭建桥梁，期以更符合司法规律的形式为法官办案提供参考意见。但从制度设计来看，目前，多数法院对专业法官会议的功能认识不到位、职能定位太多、核心职能定位不明（见图1）。随着专业法官会议在各个法院不断推行，其功能越来越弥散，多数法院至少赋予专业法官会议三项到四项职能，企图借助这一宝贵资源收获最大的司法成本效益。

① 笔者所在法院向全国30家审判权运行机制改革试点法院发放了《专业法官会议制度运行情况调查问卷函》，这些试点法院自2014年起开始建立专业法官会议，实际运行时间约为两年，此次共回收调查问卷20份以及制度文本17份，调查问卷内容涉及专业法官会议组成情况，与审委会、审判长联席会议的职能定位比较、实际运行情况以及讨论案件质效情况等。

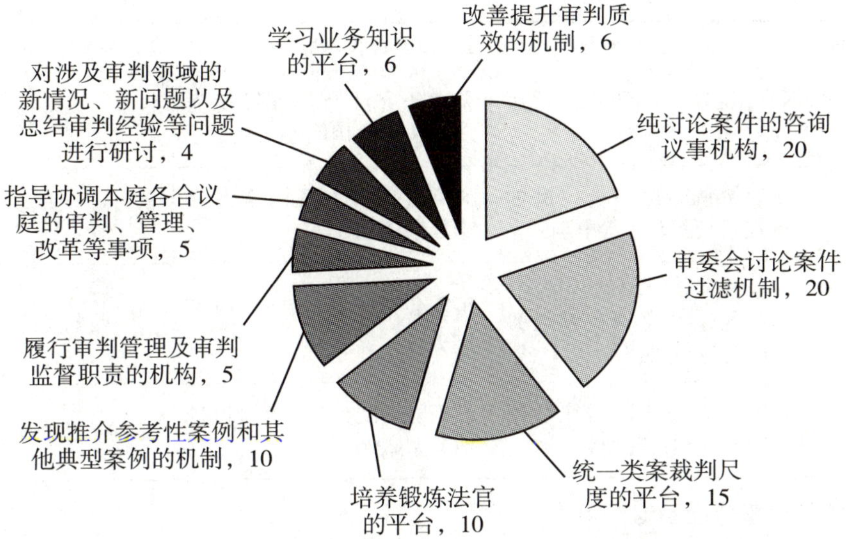

图 1　20 家法院对专业法官会议共有 10 种不同功能定位(单位:家)

2. 三会功能定位糅杂

专业法官会议职能与其他两会的功能未作明显区分,从宏观到微观、从个案研讨到与讨论决定审判工作相关事务,三会功能设置交叉又重叠。如 S 中院与 L 中院均设有三会,但三会均在讨论研究个案的法律适用问题、交流审判工作信息以及统一裁判尺度等,专业法官会议自建立以来,未将审委会和审判长联席会议的部分功能完全剥离出来(见表 1)。

表 1　"三会"功能比较

法院	专业法官会议	审判长联席会议	审委会
S 中院	研讨法律适用问题,为法官提供咨询服务	交流审判信息	提高审判质效
	培养锻炼法官	发现典型案例	推出精品案例
	对拟提交审委会的案件先行过滤审查	统一裁判尺度	总结审判经验
	交流审判工作信息,统一裁判尺度	提高审判质量	统一裁判尺度

续表

法院	专业法官会议	审判长联席会议	审委会
L中院	研讨疑难案件和法律适用问题	负责研究涉及裁判尺度统一的法律适用问题	总结审判经验
	指导协调本庭各合议庭的审判、管理、改革等事项	研究案件中发现的重大疑难复杂问题	推出精品案例
	对涉及审判领域的新情况、新问题以及总结审判经验等问题进行研讨	审委会拟讨论案件、事项先行审查	统一裁判尺度
	对辖区人民法院法律适用不统一问题进行研讨	发现、推介参考性案例和其他典型案例	提高审判质效

(二)议事范围不专

专业法官会议生成背景是法院内部力图寻求一个不带有行政化的纯讨论案件的组织来协助法官独立办案,替审判委员会分担部分案件的研讨职能,使审判委员会实现“减负而精议”,期以提高案件质效,而实际运行中却有一定偏差(见表2)。

表2 讨论事项范围

法院名称	讨论事项合计	运行期间讨论事项情况
S中级人民法院	46项	案件法律适用28件,过滤审查上审委会案件14件,请示案件4件,总结审判经验0件,其他事项0件
Y中级人民法院	282项	法律适用118件,争议较大的事实认定75件,过滤审查上审委会案件89件,总结审判经验0件
L中级人民法院	251项	案件法律适用156件,统一法律适用23件,指导协调本庭各合议庭的审判、管理、改革等事项54件,对审判领域的新情况、新问题进行研讨以及总结审判经验18件
Q基层人民法院	501项	案件法律适用问题490件,过滤审查上审委会案件4件,刑事专题学习7次
X基层人民法院	429项	案件法律适用及其他213件,过滤审查上审委会案件201件,发现、推介参考性案例15件,统一裁判尺度0件,分析审判、执行运行态势,针对存在的问题提出对策意见0件

1. 讨论事项过于庞杂，名目繁多，制度设计上部分讨论事项稍显多余且从未发挥。

2. 讨论案件数量过多，使专业法官会议演变为“二审委会”，审委会讨论案件“数量过多，质量不高”的压力已逐步转移到专业法官会议中来。

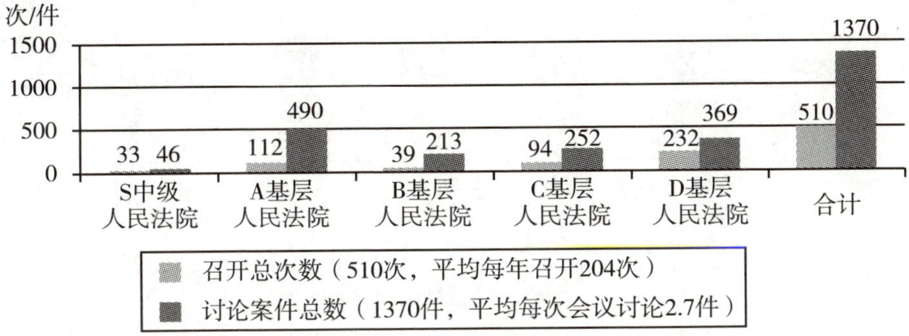

图 2　讨论案件情况

从图 2 可以看出，自实行审判权运行机制改革以来（2014 年至 2016 年 6 月），D 基层人民法院召开专业法官会议次数最多（232 次），平均每年召开专业法官会议 93 次；A 基层人民法院专业法官会议讨论案件数最多（490 件）；B 基层人民法院平均每次会议讨论案件数达 5.5 件。这些反映出基层人民法院的专业法官会议制度运行压力趋大，尤其在案件体量较大的法院。C 基层人民法院反映专业法官会议运行初期，因没有对“待讨论案件”进行筛选，专业法官会议成为部分法官依赖的“避风港”，导致审判资源被滥用。

（三）成员组成不专

专业法官会议成员的选任标准不明，绝大多数是具有行政职务的院庭长，院庭长未长期在一线从事审判工作，成员选任上“行政化”色彩较浓，未体现出成员的专业性与办案经验丰富等重要参考因素。以图 3 数据为例，6 个中基层人民法院专业法官会议成员共计 238 名，院领导 48 人，占比 20.2%，几乎所有法院都将院领导全部纳入专业法官会议成员；副庭长以上（含审委会委员）166 人，占比 69.7%；其他法官仅 24 人，占比 10.1%，院庭长合计占专业法官会议成员数的 89.9%。除此之外，院庭长对是否有必要提起召开会议拥有绝对话语权，制度设计上都将会议的提起主体及主持人赋予给拥有行政职权的院庭长。

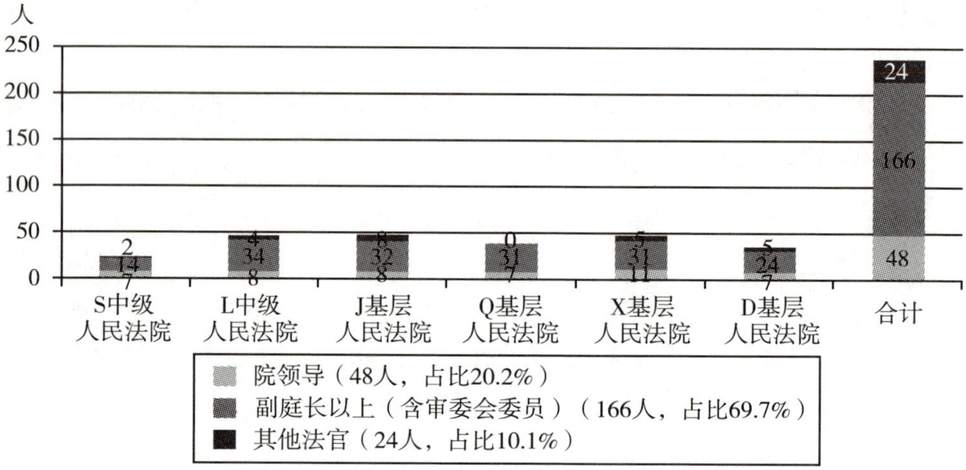

图3　成员组成情况

（四）议事规则不专

试点法院将专业法官会议制度设计的极为正规，但重形式轻内容、重程序设计轻讨论规则，忽略了这一制度的内在价值需求。

1. 会议启动流程过于烦琐

实际运行过程中，多数法院的提起召开程序是“独任法官向庭长或合议庭的承办人向审判长（提出）→分管院领导（审核）→院长（决定）”，这一层层审批本就是行政权力之下的运作，层级管理模式既消耗时间成本也不利于服务法官办案，导致一些法官在巨大的结案压力下，常常选择不提交专业法官会议讨论而直接裁判。

2. 会议“仪式感”太强

部分法院要求“提请召开专业法官会议的，应通过邮箱系统向院长提出《专业法官会议议题报告》，报告应包括以下内容：需讨论的问题及其来源、争议焦点、倾向性意见及其理由，并附相关法条、学界和实务界观点、判例，还应附配PPT”，这样的一份议题报告堪比一篇优质的学术文章，使专业法官会议这一平台令普通法官望而却步。

3. 议事规则不明

专业法官会议议事规则与传统的合议庭以及审委会议事规则相差无几，随声附议、简单表决以及研讨案件过程中发言的行政化倾向明显。作为专业法官会议成员应是一种“司法荣誉”，但成员没有一种特有的职业尊荣感，参与案件讨论积极性不高。

（五）结果运用不专

对回收的调查问卷分析发现，各法院在专业法官会议讨论案件后的结果运用方面几乎无章可循。制度设计与实际运行情况相差甚远,制度规定"会议充分研究后,分管院领导应当归纳总结会议研究的意见;专业法官会议提出的意见供合议庭参考",但专业法官会议讨论个案后,主持人基本不归纳总结意见以及向承办法官出具明确的个案咨询意见,会后也疏于对讨论案件结果的梳理、归纳与总结,对个案提起法官以及其他法官的指引评价机制不健全(见表3)。

表3 结果运用情况

序号	S中院结果运用情况	
1	经专业法官会议讨论案件,会议最后主持人是否归纳总结意见	80%的案件未归纳总结意见
2	会后是否出具个案咨询意见报告	无
3	已采纳专业法官会议总结意见的案件,是否提炼裁判要旨供全院发布	无
4	是否形成专业法官讨论案件综述报告供全院发布	无
5	是否形成相应的调研成果	只针对个案撰写案例分析

二、价值检视:专业法官会议核心功能的二阶化

作为便于审判权规范运行的服务性组织,上述现象反映出了专业法官会议制度设计有失偏颇。一方面,在会议功能、会议召集、议事流程等方面制度设计过于华丽,使专业法官会议华而不实,忽略了其内在运行的价值考量;另一方面,在成员组成、议事规则、成果运用上没有真正从提高会议质量入手,规则设计承继了合议庭及审判委员会之前留下的"行政化、层级化、缺乏可操作性"等弊端,使专业法官会议讨论案件流于形式、内涵不足。需求决定了专业法官会议的定位,定位决定了其功能。全面深化司法改革过程中需要专业法官会议来协助法官独立办案,为满足这一司法需求,必须厘清和重新审视其功能定位,将专业法官会议功能区分为:核心功能、附属功能以及非专业法官会议功能,将不必要的审判事项讨论排除在专业法官会议之外,使其核心功能越来越强。

(一)核心功能之一:咨询功能

主要为法官办案过程中遇到的案件法律适用问题提供咨询意见,包括案件本身

疑难尚不足以提交审判委员会讨论决定、法官本身欠缺较硬专业知识或丰富审判实践经验需要“借脑”两种情形。其功能价值体现在：专业法官会议以非正式、较灵活的会议形式弥合了审委会与合议庭之间在定案把关之间存在的缝隙。从制度设计来看，审判委员会是带有行政权属性的法院内部最高审判组织，应更多发挥宏观指导功能，讨论重大疑难复杂案件的法律适用问题等，及时总结审判经验。而审判长联席会的参会主体较为狭窄，只有审判长才能参与讨论的事项应着力在分配各审判业务部门办案任务及案件类型等重要行政事务上，类似于讨论与审判工作相关事项的办公会议。与前两者比较，从应然层面来讲，专业法官会议的定位较为清晰，其运行常态应是法官通过定期或不定期召开会议形式，对类型案件或个案的法律适用问题进行研究探讨，成员平等、独立地发表对案件的处理意见，会议形成的最终意见仅供审判组织办案参考，是法院内部不享有审判权和行政权的为法官办案提供咨询服务的非正式组织。因此，研讨个案法律适用问题、为法官办案提供咨询服务才是其最为核心的功能。同时，我国法官职业化进程、精英法官培养之路尚且漫长，司法能力参差不齐、适用法律不统一问题是目前的司法现状。专业法官会议的出现，契合了群策群力的思想，扩展了承办法官对个案的裁决思路，弥补个别法官能力之不足，使司法责任制改革能真正落到实处。

（二）核心功能之二：服务功能

会议是通过民主协商、研究讨论的形式对某一问题的解决达成一种共识。① 专业法官会议逐步取代审判委员会成为法院内部最主要研讨案件机制是一种改革趋向。其服务功能主要体现在对讨论个案结果的有效运用上。即为持有不同法律意见的法官先行提供一个平等交流对话以及逐步达成共识的平台，通过对个案的讨论启发其他法官对未来类似案件的裁判，会后充分运用专业法官会议形成的总结性报告或意见，从而统一法院的类案裁判标准以及法律适用。如具有指导意义的讨论结果直接服务于提起讨论的办案法官裁决本案；阶段性讨论案件总结成果服务于本院及辖区人民法院其他法官对今后类似案件的裁判，服务于审判委员会总结审判经验、发布参考性案例等。服务功能具有前瞻性和借鉴意义，是专业法官会议除咨询个案后的又一核心功能。其总结归纳机制在一定程度上杜绝或减少了法官对相同

① 参见[美]亨利·罗伯特：《罗伯特议事规则》，袁天鹏、孙涤译，格致出版社、上海人民出版社2008年版，第3页。

或类似案件的重复探讨,间接地丰富和提升参会成员以及其他法官的审判经验,在无形中规范审判权的顺畅运行,极大地提高了审判效率。

除此之外,将专业法官会议拟定为培养锻炼法官的平台、发现推介典型案例的机制、学习业务知识的平台、履行审判管理及审判监督职责机构等,应属其在履行咨询和服务功能时附带产生的功能效益,系专业法官会议的附属功能,不应将其直接作为专业法官会议独立且重要的功能定位,从而使该会议真正专注于个案咨询以及服务于其他法官对类案的裁判上来。除案件之外其他审判事项的讨论更应排除在专业法官会议功能之外。

三、程序探索:专业法官会议研讨案件议事制度再构

没有良好的议事制度,难以将大家的意愿形成统一行为,更难以得到一个高质、高效的讨论结果。[①] 专业法官会议讨论案件模式势必影响其提供咨询服务功能质量以及该制度的实际运行效果,在现实语境下应从会议职能等入手分步构建专业法官会议研讨案件模型。

1. 会议职能与会议形式

从专业法官会议咨询与服务功能来看,其应是纯讨论案件咨询议事机构,排除其他一切审判事务工作的研讨,因此,可根据法官提交申请情况选择不定期召开,结合专业法官会议成员的工作时间,在常态化机制下以灵活多样的方式举行,采用书面汇报制和会议制等形式。

2. 成员组成

设置选任条件,建议每半年或一年在全院法官中以无记名民主投票方式,选出专业性较强、办案经验丰富的资深法官担任专业法官会议成员。[②] 同时,参加专业法官会议既是法官的权利也是法官的义务,会议成员多是一线办案法官,本身就肩负了沉重的办案任务,均是利用休息时间对其他法官的上会案件进行阅卷以及撰写书面意见,如果没有良好的制度保障以及激励措施,在实际运行中可能会大打折扣,因此,应建立专业法官会议成员的履职考评机制、退出机制以及积极履职成员的激励保障机制,切实提高专业法官会议成员的积极性(见表4)。

---

① 参见孙涤:《议事规则导引——公司治理的操作型基石》,上海人民出版社2007年版,第2页。

② 参见杨丽娟:《专业法官会议运行机制“仪式化”色彩之反思》,载《东方法学》2016年第6期。

表4　会议成员选任及评价机制

成员选任条件(体现“精”与“深”,注重“能力”而不是“资历”)	1. 政治思想素质较好
	2. 审判实践经验丰富,长期从事某一专业领域审判实践工作8年以上
	3. 具有扎实的法学理论基础
	4. 具有良好的法官职业道德修养
	5. 符合履职的身体条件以及其他条件
成员人数	各专业法官会议成员人数保持在9人左右(作为群体决策方式,人员较多或较少都不利于决策的及时性和有效性)
成员选任方式	每半年或一年召开全院法官会议,以无记名投票方式,对专业法官会议候选人进行推荐——经法官本人同意,签订“专业法官会议成员尽职履责承诺书”
建立成员履职考评机制(从道德意志和服务忠诚角度考虑,既勤勉又专业)	1. 出勤情况(提交书面意见也视为出勤,出勤率须达80%)
	2. 发表意见情况(建立合议庭成员与专业法官会议成员双向互评机制,制作互评表,每案一评,每半年或一年针对各专业法官会议随机抽取10案计算成员分数,实行末位淘汰制)
建立成员退出机制	自愿申请退出、成员能力难以胜任[参与讨论案件积极性不高、发表意见不深入不专业(以互评表得分为准)]、消极履行职责(出勤率低)
建立成员履职保障机制(寻求专业法官会议成员工作实绩与职业回报的良性互动)	1. 精神激励,颁发荣誉证书使会议成员享有特有的司法尊荣感
	2. 经济激励,为会议成员发放适当的经济补贴
	3. 政治待遇激励,将会议成员讨论案件情况纳入法官业绩评价,并将法官业绩评价情况作为选任员额制法官及晋级评优的重要参考依据

3. 会议提起主体及讨论范围

专业法官会议要深度破解行政化、层级化倾向,会议召集程序须化繁为简,制度设计上体现成员身份平等,普通法官不再屈服于享有行政职权的院庭长。从司法责任制改革导向来看,办案法官、审管办以及院庭长可就案件中的法律适用疑难问题直接向会议主持人提请召开专业法官会议。为避免专业法官会议成为法官推卸责任以及院庭长实质性干预案件走向的工具,应将专业法官会议讨论范围限定在案件的法律适用问题上(见表5)。

表5　会议提起主体及讨论范围

讨论案件范围	提起主体
第一类:法官在审判中遇到的法律适用疑难问题和拟提请审判委员会研究的案件(过滤机制)	法官提出
第二类:案件评查中发现的法律适用疑难问题	审判管理办公室提出
第三类:当事人反映强烈、社会影响较大的案件的处理思路	院庭长提出

4. 会议主持人

建议由业务庭的资深法官担任会议主持人并建立以其为中心的“待讨论案件”审查机制。鉴于院庭长行政事务工作较为繁重且未长期在一线从事审判,各专业法官会议应选择一名在一线从事审判的资深法官作为会议主持人。目前存在两种倾向:一是提交专业法官会议讨论的案件过多;二是提交的案件太少。为防止这一制度被滥用以及避免机构运行冗杂,将这一司法资源高效率、真诚地服务于办案法官,可建立以主持人为中心的“待讨论案件”审查机制,资深法官作为主持人对上会案件作出实质性审查,排除对非必要案件的讨论,如涉及案件事实认定或已讨论过的法律适用问题(见表6)。

表6　会议主持人

会议主持人	各专业法官会议选择一名业务庭资深法官作为会议主持人(每半年或一年轮换,根据会议讨论案件数量多少,主持人较其他法官办案数量可减少1/5至1/3)

5. 会前准备

(1)提起主体需根据案情的重大疑难复杂程度区分对待,并撰写上会议题报告,简单案件罗列该案有争议的法律适用问题即可,复杂案件需形成较为正式的议题报告,包括案件争议焦点、附相关法条、学界和实务界观点、相关判例等。(2)专业法官会议秘书应将会议通知、议题报告及待讨论案件电子卷宗在开会前3日发送给会议成员,成员可提交书面意见,避免临时突袭开会影响案件讨论效果(见图4)。

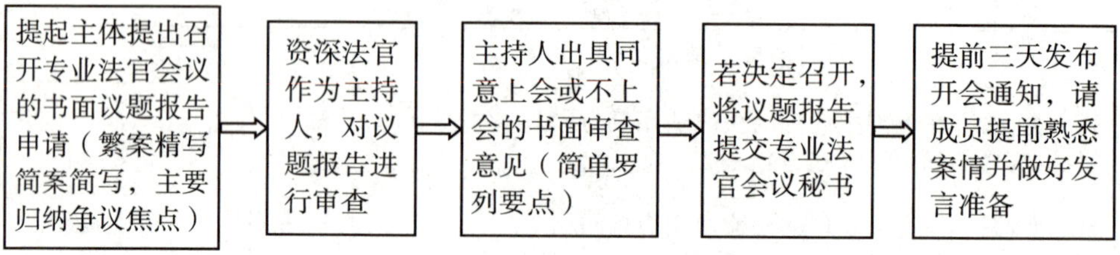

图4　会议提起主体及讨论范围

6. 议事规则

会议的生命力在于质量，应从汇报、询问、发言、辩论以及表决机制中构建专业法官会议讨论案件九步法规则。具体而言：(1)专业法官会议中汇报人应更多地介绍案情、案件争议焦点，力求使合议庭与专业法官会议成员之间掌握的信息对称，各成员独立思考后先行发表处理意见及理由，合议庭最后公布自己的意见。在过去，无论是合议庭评议案件还是审判委员会研讨案件，都会要求承办法官或合议庭在议题报告或汇报案情过程中预先表明对案件的处理意见及理由。这样的议事规则存在弊端，先行发表意见的人对后来发表意见的人有一种主观意见植入导向，不利于会议成员独立慎重深入思考以及集思广益，在过去的合议庭笔录以及审判委员会笔录中我们也不难看到参会成员仅作同意与否的简单表态、各个主体发表的评议意见理由大致相同以及缺乏作出裁判结论的法律逻辑推理过程等。(2)理想化的程序是正义论的一部分，讨论是一种联结信息并扩大论据的方法。[①] (3)专业法官会议成员讨论问题时，所有的最终决定必须是在经过了充分而且自由的辩论协商之后才能作出。成员平等独立询问案情，每人简单发言后再围绕争议焦点进行辩论，在辩论发言中修正个人观点及理由，但发表最终处理意见时按照职级、资历由低到高的顺序进行，避免普通法官受院庭长或者资深法官意见的影响，产生趋同心理，构建专业法官会议成员意见公平表达及接纳机制(见图5)。

---

① 参见[美]约翰·罗尔斯：《正义论》，何怀宏、何包钢、廖申白译，中国社会科学出版社2006年版，第316页。

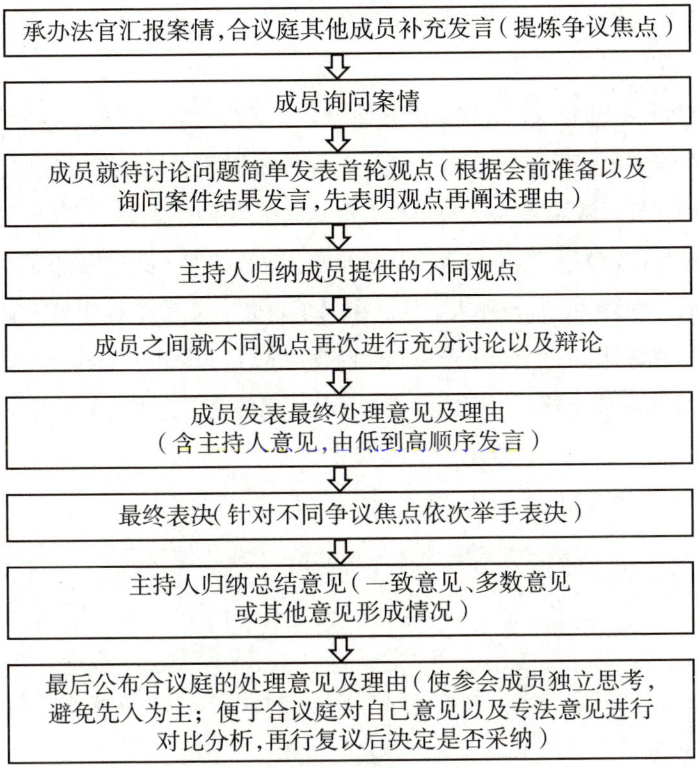

图5　专业法官会议讨论案件九步法规则

四、专业法官会议的结果运用导向

按照司法制度运作原理,对专业法官会议研讨个案结果的思考总结以及归纳运用,将会极大提升专业法官会议这一司法产品的产出价值。

1. 对专业法官会议讨论案件结果进行过程管理

为使会议成员更为审慎、专业地发表意见,对专业法官会议研究及形成意见情况,参照庭审或审委会模式指定专人记录、形成影音资料并妥善保存,使会议成员对自己的参会形象气质、举止发言更为重视。同时,借助信息化手段对案件是否经过专业法官会议讨论、启动原因、会议讨论情况、合议庭意见是否与专业法官会议倾向性意见一致等各阶段信息在案件管理系统中录入,全程留痕,便于事后监督以及统计分析，更能对该制度的运行情况作出准确评估。①

2. 对个案出具咨询意见报告单

调查问卷显示，部分承办法官认为案件提交专业法官会议讨论后没有帮助，其原因在于提供的咨询意见仅供参考，而参会成员思考不深入，发表的意见对案件定性难以起到好的指引作用。笔者认为，参会成员根据汇报人提交的议题报告先行熟悉案件事实及证据等事前准备工作较为重要，准备越充分越能使会议直接切入到对焦点问题的讨论，主持人具有引导成员围绕争议焦点深入剖析法律问题职责。最后，会议主持人必须总结归纳成员发表的处理意见及理由，会上形成倾向性意见的，可向承办法官出具个案咨询意见报告单，便以对承办法官形成较为明确的指引评价作用。以下为咨询意见报告示例：

【审判秘密、注意保密】

××法院专业法官会议咨询意见报告单

××法（201×）×号

本年第　次专业法官会议于×年×月×日听取了承办人××汇报的关于××犯贩卖、运输毒品罪【案号】一案的议题报告，经讨论，现出具咨询意见报告如下：

出席专业法官会议的成员一致意见/多数意见及理由：

审签人：主持人××

3. 落实专业法官会议讨论案件后的复议制度

在一个经合理设计且“去层级、去行政化”的规则体系中平等主体出具的意见理应受到重视。案件经专业法官会议讨论后，无论是否采纳专业法官会议意见，合议庭都应及时进行复议，针对专业法官会议出具的意见以及原审合议庭提出的意见再次讨论，如采纳专业法官会议意见需在复议笔录中进行备注，不采纳的需简单说明理由，该复议笔录应记录在案并入卷存档。

4. 建立专业法官会议工作总结分析制度

为扩大专业法官会议对其他法官的指引效应，可每季度或半年定期对专业法官会议讨论过的案件进行归纳与整理，尤其是对一些新类型案件、疑难案件经讨论后，

① 徐子良、周嫣：《审判权“去行政化”改革背景下法官会议机制的功能定位与模式再构》，载《全国法院第27届学术讨论会获奖论文集》，人民法院出版社2016年版，第106页。

要及时归纳、总结，提炼相应的裁判规则或形成总结性报告供审判委员会研判，在院内或辖区法院发布，扩大对其他法官裁判的指引效应。

5. 对专业法官会议研讨个案进行高层次的成果转化

专业法官会议享有最丰富的智慧资源和最全面的案件素材，通过对个案研讨的积累，总结和提炼相关类案规则，在法官达成共识并适用的基础上，实现更高层次的成果转化。尤其是专业法官会议吸收很多成员的意见后，对具有意义的案件可以打造成具有指导、参考价值的典型案例，也可成为课题调研的实证研究、学术论文问题意识积累等方面极为丰富、有利的素材（见图6）。①

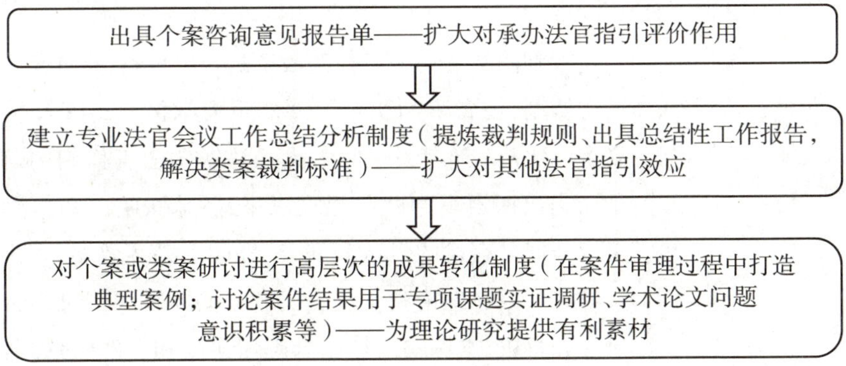

图6 结果运用索引

五、结语

专业法官会议制度全面推行始于审判权运行机制改革，其运行初始在司法审判中的法律地位及权威性一直饱受学界争议。但综观近两年的改革成效，这项“与时俱进”的法官自治、自主管理制度的确在全面深入落实司法责任中发挥了重要作用，有利于法院以及法官独立行使审判权，一定程度上规范了法官的自由裁量权以及弥补个别法官能力之不足。本文对专业法官会议的功能及其运作仅作概述，期望更多的学者及司法实践者对这一制度给予关注并深入探讨，使专业法官会议在不断地深化完善中发挥更加强大的制度功能，更加符合现代司法独立以及公正的内在价值需求。未来专业法官会议研讨案件可能是“法定的义务”，推行法官员额制后其对审判工作的咨询服务功能以及规范指导效应会更加凸显。

① 参见曹炜、熊静：《司法改革语境下的法官会议探析》，载《法律适用》2015年第9期。

基层人民法院审判团队建设研究

重庆市渝中区人民法院课题组*

审判团队是司法责任制改革的新生事物，是规范审判权运行机制，提高审判质量效率的重要举措。2015 年 9 月最高人民法院发布《关于完善人民法院司法责任制的若干意见》，提出探索审判团队建设以来，各地法院围绕审判团队建设开展了有益的尝试和探索，提高了办案效率，积累了宝贵经验。但在理论和实践上仍有一些问题和困难需进一步研究和解决，本课题组拟结合院情实际和实践经验，就基层人民法院审判团队的建设相关问题进行分析和探讨。

一、审判团队建设的现实背景

近年来，法院面临收案高位运行与司法资源增长有限的矛盾。案多人少的表象是司法供求之间的短期紧张，实则是法院内部审判资源的结构异样与功能失灵：法官高强度、超负荷地日常工作，加班加点地办案攻坚，使身心承受能力濒临一个"饱和度"和"极限值"。即便如此，司法审判依然逐渐呈现出一定的低效性、滞后性、紧迫性。

---

* 课题主持人：张立。课题组成员：秦鹏、姚铸、陈晓红、罗诚、王将军、曾亚妮、刘步蟾。

(一)案件数量激增引发边际效应递减①

各级人民法院的工作报告显示,近 10 年以来案件数量呈现数以倍计的增长,“诉讼爆炸”“案多人少”成为我国法院长期面对的巨大挑战。首先,案件绝对数增长较快。以 C 市 Y 区人民法院为例,2015 年新收案件较 2014 年增加 6493 件,同比增长 38%。其次,案件相对数增量较大,2015 年旧存案件较 2013 年增加 619 件,同比增长32.9%。与此同时,法官人数增加 31 人,退休 11 人。第一个矛盾显而易见,案件激增与法官缓增的不相协调。面对人民群众日益增长的司法需求,必须在相同甚至更短的时间内办理更多的案件,然而诸多报告显示,基层人民法院法官的工作量与办案能力已经接近阈值上限。第二个矛盾由此而生,法官能力与办案质效的相互影响。一旦法官陷入竭尽所能依然疲于应付的状态,案件质量和效率就容易出现不同程度的边际递减效应。尽管 C 市 Y 区人民法院 2015 年的审判质量指标位列全市主城区基层人民法院第一,但审判效率指标却相对落后。

(二)长期负荷过重导致法官逆向选择②

法官作为定分止争的裁判者,需具备理性与智慧,使其在面临前途发展和命运转折时,更能克服冲动、嫉妒等主观因素,作出利益最大化的抉择策略。据统计,经常加班的法官比例高达 65.04%,其中,51.54% 的法官平均每天加班 1 小时以上,20.15% 的法官每天加班 2 小时以上。更甚者,每天最多开庭 8 次,一年中半年时间在加班,“白加黑”“五加二”的“连轴转”已经成了工作常态。一份针对 2660 位法官的调查问卷显示,57.73% 的法官认真考虑过离开法院,目前已着手准备离职的法官高达 9.81%。③ 影响法官逆向选择的因素固然很多,如职业尊荣、薪资待遇、个人志趣、家庭原因等,但长期负荷过重,身心疲惫倦怠,家人聚少离多,缺乏个人自由,成为影响法官脱下法袍最重要的因素。

(三)司法行政色彩诱使审判管理异化

马克斯·韦伯曾说,“科层制越是脱离,人性就发展地越充分”。④ 在传统的法

---

① 边际效应,有时也称为边际贡献,是指消费者在逐次增加一个单位消费品的时候,虽然带来的总效用是增加的,但带来的单位效用是逐渐递减的。

② 逆向选择,是指在信息不对称的情况下,市场资源配置扭曲,传统价格机制失灵,经济人的理性博弈致使质优产品反被次品挤出市场。

③ 参见胡昌明:《如何在司法改革中善待法官》,载《人民法院报》2015 年 7 月 23 日,第 5 版。

④ [德]玛丽安妮·韦伯:《马克斯·韦伯传》,阎克文、王利平、姚中秋译,商务印书馆 2010 年版,第 156 页。

院审判组织架构下，司法呈现“行政化”或“类行政化”的特征，[①]即法院内部存在较为严密的科层体系，法官因为级别差异而具备不同的决策权，普通法官被置于权力链条的底端。风险来临之际，决策权将沿纵向结构逐级向上分割，通过不断提高决策等级来降低风险，[②]这就导致院庭长均可以通过听取案件汇报、审核签发判决等方式对法官施加压力造成影响。尤其是在绩效考核方面，普遍采取“整体打包”的方式方法，法官处于客体位置，其主体性受到冷漠，接受家长式抑或是学徒式的管理，不利于法官个人业务水平的真实反映，不符合业绩考评精准量化的客观要求，不能充分体现司法职业的本质特点，最终异化成为束缚裁判活性的“绳索”。

经过法官员额制改革，显然不能继续沿用传统办案团队模式，不能再实行数量增加应对案件增长的老办法，这既非应对困局之良方妙策，更非审判规律之应有之义。鉴于此，必须从审判资源优化配置的战略高度，对审判资源的结构性调整予以深入思考和系统谋划。

二、审判团队建设的性质功能

（一）审判团队的理论基础

社会学“结构化”理论表明，组织的规则、结构和组织主体的行为存在二元关系，规则、结构作为制约条件，控制、规定和支配着主体的行为，主体又通过一个个具体的行为，把促成规则变化及结构调整的因素织进组织，并使规则与结构得到再生产，功能与效果得到再发挥。[③] 管理学“结构—功能”学说认为，组织功能的发挥，与其外部环境、资源结构以及内在文化成正比。在现代企业管理的实践中，逐步衍生出“结构性变革”理论，即改变组织结构，重新在各组织中进行权力和责任的分配。在此理论指导下的企业管理呈现以下共通趋势和共有特点：一是扁平化，即减少管理层次和冗余人员，建立紧凑的扁平组织结构，提高组织效率和效能；二是团队化，即将员工的不同技能整合到一起，通过资源优化组合、明确目标指引、高效领导与管理，激发团队集体作战效能的最大化，而且能迅速组合、重组、解散，具有一定的灵活性。

---

① 参见刘忠：《格、职、级与竞争上岗——法院内部秩序的深层结构》，载《清华法学》2014 年第 2 期。

② 参见张卫平：《体制、观念与司法改革》，载《中国法学》2003 年第 1 期。

③ 参见王亚新：《程序、制度、组织——基层法院日常的程序运作与治理结构转型》，载《中国社会科学》2004 年第 3 期。

虽然法院的内部管理和审判权运行有其特有规律，但人力资源管理的理念是相通的。鉴于此，在寻求法院内部组织机构优化的理论根基和实践来源之始，现代企业管理组织理论中的“结构性变革”可资借鉴。按照科层制原理构建起来的“上级法院—法院—业务庭—法官”组织管理模式，明显具有从属性的层级化关系和建制。① 相较而言，审判团队兼具扁平化管理和团队化运作的特点和属性，对传统审判组织管理模式进行“结构性变革”，是审判资源结构性调整的重要举措，是推进司法责任制的必然要求，是法官职业化发展的必由之路。其目的和宗旨就在于，在维持或减少法官数量的情况下，顺利完成审判任务而不至于减损法官合法权益。其直接有效的做法，便是打破现有审判单位结构，合理配置法官助理、书记员等辅助人员。传统模式的“一审一书”，两点连成一线，形成一个杠杆，效能有限。增加法官助理后，三点构成一个平面，足以支撑多个条线，统筹发挥团队合力，远比“一审一书”更具效率，并可期待实现质的飞跃。

(二)性质定位

美国著名管理学教授斯蒂芬·罗宾斯认为，团队就是为实现某一目标而由相互协作的个体所组成的正式群体。本课题组认为，审判团队是指以办案为目标任务，以法官为中心，配置一定数量的法官助理、书记员等司法辅助人员组建的相对独立、密切协作的办案单元和管理单元。

首先，审判团队是审判管理单元而非法定审判组织。按照我国《人民法院组织法》的规定，独任庭、合议庭、审委会才是法定审判组织。进言之，审判团队是在法定审判组织基础上组建的，通常内嵌独任庭或合议庭。此外，审判团队与审判业务庭、司法行政部门等各内设机构一样，同属管理单元，两者并行不悖。目前，大多试点法院也都是在各业务庭探索审判团队建设。

其次，审判团队主要适用于基层人民法院。作为人民法院缓解人案矛盾、弱化审批环节的创新举措，审判团队的生成和适用主要在基层人民法院，以独任法官为中心而组建。就独任审判占比超过85%的基层人民法院而言，其更显必要和紧迫。相较而言，中级以上人民法院基于审级职能、案件类型的差异悬殊，主要源于专业化审判的现实需要，以随机产生合议庭的方式为主。

---

① 参见姚莉：《反思与重构：中国法制现代化进程中的审判组织改革研究》，中国政法大学出版社2005年版，第35页。

最后，审判团队实行扁平化管理。在破除行政管理科层制的同时，审判团队内部结构也应力求简化。原则上一个团队只包含一名独任法官或者一个合议庭。倘若内嵌两个或两个以上合议庭，或者内部细分若干审判小组，法官将无法从传统层级式管理体制中解脱出来，转向以司法审判为核心的工作状态，将审判权还给合议庭，实现“层级化”到“扁平化”的结构转变。

（三）功能价值

第一，促进去行政化。公正是司法的根本价值，而保障司法公正的一个重要前提就是保证审判独立，这就需要建立一种能够最大限度保障法官主体地位平等的组织结构。司法责任制改革以前，许多法院内部在审判权主体间形成了等级分明的框架体系。组建审判团队，可以改变过去审判权运行的金字塔式层层把关的组织结构，有利于保证法官主体地位的平等，弱化院庭长案件审批，消除审判权运行的行政化色彩。

第二，提升管理效能。建立审判团队之后，在取消审判庭的情况下弱化了庭长这一管理层级，缩短了“主管副院长—庭长—副庭长—审判长—审判员—书记员”的管理链条，将管理半径直接延伸至审判团队，从而实现扁平化的管理运作模式，有利于减少管理成本，提高管理效能。从审判团队自身来说，也具有一定的自我管理功能，可以促进院庭长更多从宏观方面强化审判管理监督、促进法律统一适用。

第三，提高审判效率。在传统的审判团队基础之上，加入法官助理，法官、法官助理、书记员三者分工负责、互相协作，能够减轻法官大量的事务性工作负担，使法官专注于审判核心事务，有效提高法官办案效率。从全国部分试点法院的改革成效来看，审判辅助人员的配置通常与审判效率的提高成正比。审判辅助人员配置越充分，团队成员配合越顺畅，审判效率越高，改革成效越显著。

作为法院最基本的审判单位和办案组合，审判团队的再造势在必行，审判资源的团队化策略意义重大。唯有如此，才能在法官人数合理精简的趋势和背景下，足以应对案件持续激增，维持审判系统的有效运作，实现司法审判和诉讼效益的帕累托最优。①

① 即资源分配的一种理想状态，假定固定化的群体和可分配的资源，从一种状态转变到另一种状态，在没有使任何人境况变化的前提下，也不可能再使某些人的处境变好。

三、审判团队建设的逻辑前提

成熟法治国家面对案多人少的矛盾，通常的做法都是优化司法体系，建构科学高效的治理模式，以满足人民群众日益增长的司法需求。与传统“一审一书”相较而言，新型审判团队补强了法官助理这一“新增变量”，由其与书记员共同辅助法官更好更快地办案。笔者以为，审判团队建设的逻辑前提在于，重新合理配置各审判团队成员的职权职责，科学界定不同职权职责之间的边界范畴。尽管实务界与理论界尚有争议、做法不一，但这却无疑成为决定办案团队胜负成败的关键因素。

第一，法官的职权职责。司法权包括了调查取证权、调解权、裁判权等，但其本质属性与核心权利是裁判权，[①]根据亲历性原则的要求，其只能由法官行使。具言之，法官拥有判断权和裁量权，对案件作出实质性裁决，包括可能影响案件结果的程序性决定，如财产保全、证据保全、证据认定等工作。而裁判权外围的调查取证权、调解权等业务性、程序性、事务性权力，可由辅助人员在法官指导和授权下行使（见图1）。

第二，法官助理的职权职责。法官助理与书记员同属审判辅助人员，相较之下，法官助理更侧重于“业务性”和“程序性”，即会参与介入案件实质性内容的处理。实践操作中，可从两个方面予以考量和规范。一是与审判相关的业务性工作，如参与庭审、调查取证、协助调解、草拟文书等；二是与审判相关的程序性工作，如案件排期、节点管理、委托鉴定、评估、审计等。

第三，书记员的职权职责。更侧重于与审判有关的“事务性”工作，具有重复度高、周期性和可替代性强的特点，如开庭审理记录、资料扫描上传、案卷整理归档、校核裁判文书等工作，则可由书记员予以承担，并且要逐步实现社会化外包服务。当然，法官助理和书记员的职权职责还应与案件类型有所侧重，因工作特别需要时，部分书记员工作也可由法官助理代行。

毋庸置疑，审判团队如何组建架构，法官始终居核心位置，依法独立行使审判权。在法官的指导、委托、指派、要求和交办下，法官助理和书记员共同承担审判权外围的权限和事务，二者各司其职、紧密配合、相互协作，通过法官自治与适度管理的有机结合，以实现审判团队高效运行的理想模式与最佳状态。

---

① 参见陈瑞华：《司法改革的理论反思》，载《苏州大学学报》（哲学社会科学版）2016年第1期。

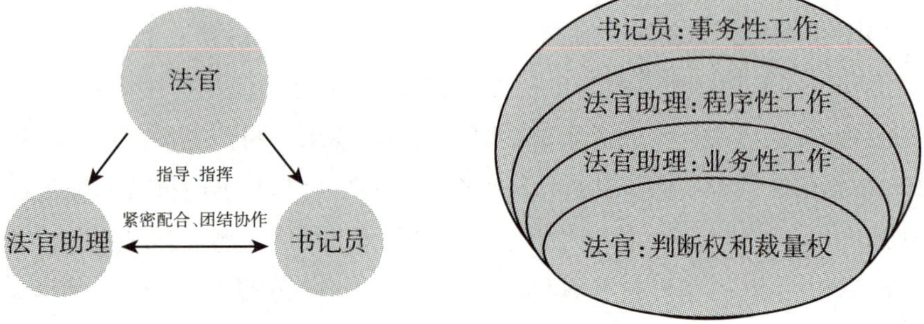

图 1

科学界定法官、法官助理、书记员的职权职责后，审判团队建设的逻辑前提即已成就。但审判团队建设作为员额制、司法责任制以及审判资源结构性调整的重要载体和有效抓手，依然受制于诸多因素的变化，直接影响着审判团队的内部衔接、效能发挥和生成走向。

一是组合类型。作为一种现代化的审判工作机制，审判团队的基本组合模式应为“法官＋助理＋书记员”，基于三类成员数量的不确定性，其形式可表述为“N＋N＋N”。为避免多人管理、多头指挥、责任模糊的混乱局面，第一个“N”应尽量少或者只能为1，从而让法官在团队中处于主导、中心地位，指导、指挥法官助理、书记员开展辅助工作，依法独立行使审判权，并对裁判结果负责。而后两个“N”则应视案件类型、难易程度、人员素质而定，其人选确定还应充分尊重法官的主观性，采取双向选择或者竞争上岗的方式。

二是层级架构。基于法官能力素质的高低性、案件难易程度的差异性，有必要在审判团队之间构建具有高低性、层次性的层级架构。① 首先，年青法官由于资历较浅、经验欠缺，宜适用“1＋1＋1”办案模式，主要办理大量的简单案件和少数的普通案件。其次，资深法官业务能力较强，办案经验丰富，可采用“1＋N＋N”办案模式，主要办理大量的普通案件和一定的疑难复杂案件，以案定员确定法官助理和书记员。最后，优秀法官，主要是院庭长，可以组建“N＋1＋1”审判团队，主要办理疑难复杂案件或者是具有重大影响的案件。

三是类案专审。尽管司法审判的基本原则相通，但案件类型、难易程度千差万别，诉讼程序、庭审技巧、法律适用亦不尽相同。倘若忽视上述因素，势必引发以下

① 参见周迅：《对基层法院审判团队建设的几点思考》，载《人民法院报》2015年11月4日，第5版。

弊端:(1)案件质量降低。不同法官面对不同性质、类别、标的的案件,容易出现裁判尺度不统一的情况。(2)审判效率低下。面临收案持续增长的态势,在不同的专业领域里往返奔波,司法效率问题将进一步凸显。因此,为提高审判质量效率,必须通过组建专业化审判小组,集中审理特定类型的案件,完成现有万能型、通用型、杂家型法官向专业型、熟练型、特长型法官的转变。①

四、审判团队建设的实然运行

为法官配备充足的助理,组成若干审判单位,是目前多数国家通行的做法。综观国内,部分法院结合自身实际,积极探索实践,创造和积累了一些可资借鉴的经验成果,如深圳市福田区人民法院的"1 + N",无锡市、江阴市人民法院的"1 + N + N",珠海市横琴新区人民法院的"1 + 3 + 1",南京市栖霞区人民法院的"三人制""五人制"等,还有受各地法院普遍认同和大力推广的"1 + 1 + 1"审判团队模式等。

(一)"双试点"法院的实践与探索

作为全国首批审判权运行机制改革和 C 市司法体制改革的"双试点"法院,Y 区人民法院从 2014 年起始终遵循司法规律,坚持审判资源结构性调整,以案定员实现人案匹配,深入探索审判团队建设,更好应对办案压力。2016 年受理案件 41,702 件,较 2014 年翻一番,收、结案的数量和增幅均居全市首位。在一线办案人员仅增加 18.7% 的情况下,一审发改率、执行兑现率等主要质效指标居全市基层人民法院的前列,实现数量与质量"双提升",办案与改革"两促进"。

一是"1 + 1"审判团队。根据案件难易程度与法官能力相匹配的原则,34 个员额内法官与书记员组成"1 + 1"审判团队,发挥员额内法官办案团队的主力军作用,每年办案任务为所在业务庭法官平均办案任务的基准值,严格落实司法责任制要求,确保"让审理者裁判,由裁判者负责"。25 个未入额法官与书记员组成"1 + 1"审判团队,保留院庭长审批方式,协助员额内法官办案,在一线历练业务技能,全面充实办案力量,每年办案任务不少于基准值的 90%。2016 年法官人均结案 259 件,较全市基层人民法院法官多 115 件。

二是"1 + 1 + 1"审判团队。2015 年 5 ~ 8 月 7 个副庭长与法官助理、书记员先后

---

① 参见田成友:《通过改革打造一支过硬的审判专业团队》,载《人民法院报》2016 年 8 月 15 日,第 2 版。

组成“1＋1＋1”审判团队，探索标准化办案组织模式，法官具有判断权、裁决权及团队工作指挥权，法官助理承担调解、送达、草拟文书等业务性、程序性工作，书记员承担庭审记录、上传、归档等事务性工作。2016年4月在金融庭全面推开法官助理试点，全部员额内法官组建5个“1＋1＋1”办案团队，每年办案任务不少于基准值的150%。2016年全院16个“1＋1＋1”民事审判团队，共结案5336件，占全院民事结案总数的22.7%。

三是“N＋1＋1”审判团队。完善院庭长办案工作机制，院长、副院长、审委会专职委员、庭长回归审判一线，与法官助理、书记员组成“N＋1＋1”审判团队，即2～3名院庭领导配置1名法官助理、1名书记员，每年办案任务不少于法官人均办案数量的20%、25%、30%、35%，并带头审理重大、疑难、复杂和新类型案件，发挥“关键少数”的示范引领作用。2016年院庭长结案9203件，同比上升146.3%。院庭长还带领家事、破产、物权等8个专业化审判组，开展专业审判，承担调研任务，不断提高审判工作的专业化水平。

四是三类速裁工作团队。(1)针对信用卡纠纷案件上升234.7%的态势，组建“2＋5＋5”信用卡纠纷案件专办组，实行简案快办。(2)抽调10名经验丰富、群众工作能力较强的法官，组成10个“1＋1”审判团队，充实速裁速调工作室，集中审理小额诉讼、物业管理等简易案件。2016年化解纠纷3912件，占该院民商事结案总数的16.63%，平均审理时间16天。(3)组建“2＋3”审判团队，依托婚姻家庭、交通事故、消费、医疗、保险等10个领域的诉调对接平台，促使纠纷多元化解。2016年化解纠纷2342件。

为进一步分析研究，课题组重点调查了最初试点的5个“1＋1＋1”审判团队，并有针对性选取了一名工作年限较长、审判资历丰富的副庭长带领的×审判团队。统计数据表明，增加1名法官助理后，每个审判团队办案数量平均增长接近50%，发改率、调撤率、结案率、审理时限等主要质效指标保持稳定且持续向好。总体而言，“1＋1＋1”审判团队作为一种基准模式，是遵循司法规律和结合地方实际的，经实践探索且运行良好的组织载体，能够较好地适应基层人民法院的环境氛围，进一步固化、磨合后有待发挥更大效能(见表1、表2)。

表1 2015～2016年5个审判团队办案情况变化(单位:件)

团队 / 模式	"1+1"模式	"1+1+1"模式	同比变化
审判团队1	145	231	↑59.31%
审判团队2	178	278	↑56.18%
审判团队3	202	281	↑39.11%
审判团队4	249	380	↑52.61%
审判团队5	303	470	↑55.12%

表2 X"1+1+1"审判团队质效指标情况统计

指标 / 时间(年)	改判发回重审数(件)	一审判决案件改判发回重审率(%)	调解撤诉率(%)	法定审限内结案率(%)	平均审理天数(天)
2014	1	0.49	75.89	98.82	39.49
2015	1	0.36	79.30	99.35	35.84
2016	0	0	81.19	99.88	23.07

(二)先行探路中的问题和困难

当然,也都还有一个结合司法规律和自身实际进一步深化探索和总结论证的过程,不可避免出现或多或少、这样那样的问题和困难。

一是审判辅助人员空缺较大。目前,审判团队模式类型比较丰富,但从具体配置来说,通常将资历较浅的助理审判员、未任命法官的在编书记员直接任命为法官助理,这种内生性产生方式虽然增加了法官助理却导致了书记员的短缺,就资源配置角度而言,并未实际增强审判辅助人员力量,且现有模式中法官助理或书记员和法官的配置一般为1∶1,实际上仍未充分减轻各类人员工作量,不仅未使法官从事务性工作中解脱出来,也使法官助理、书记员承担较重的工作任务,这成为目前团队建设的首要短板。

二是审判团队成员磨合不畅。尽管法官、法官助理和书记员的工作已较为明确,但现实中各成员间存在职责混同的现象,譬如,法官助理行使开庭记录这一属于书记员的职责,书记员行使草拟文书这一属于法官助理的职责,部分法官助理不参加庭审却草拟法律文书等。另外,不同团队的磨合时间也存在较大差异,多数被调研者倾向于在团员组合上更大的自主选择性。因此,各类人员的职责定位和作用发挥,仍有待实践磨合和固化定型,审判团队的办案思路、配合意识和默契程度仍需进一步加强和提高。

三是专业化审判重视程度不够。不少调研对象未认识到组建审判团队起到了繁简分流的作用,对2~3年办理类型案件也表示不理解。院庭长应当更多办理重大、疑难和具有示范意义的案件,但现实中许多院庭长所办理案件与普通法官并无差异,既反映出案多人少的客观现状,也反映出在分案上存在问题,未真正实现繁简分流。

四是管理机制有待完善。各类人员对法官助理定级存在不同看法,就是否支持建立聘任制法官助理也有不同声音,就绩效考核也存在各自期待,业务部门和综合部门的法官助理是否存在绩效、晋升方面的差异等,这些疑问有待明确。虽然最高人民法院已有相关指导意见,但薪资待遇、考核机制、职级评定、晋升办法等地方配套机制亟待建立,需因地制宜、科学考量,才能更好地激发活力。

五是司法责任落实不足。"让审理者裁判,由裁判者负责",赋予法官更多的自主权,不审签文书并不意味着放弃审判监督管理职责。但不少法官对自主签发文书仍有畏惧,认为加大了自身责任风险,在落实司法责任制的过程中,需进一步研究落实责任追究、院庭长监督管理方式等事项,不挫伤法官积极性,实现放权不放任。

五、审判团队建设的对策建议

(一)审判团队建设的核心内容——职责分工

就审判权而言,其基本属性是判断权和裁量权,只能由法官依法行使。至于审判权的外围权限和事务,则可由司法辅助人员分担,让法官从一般性事务中解脱出来,专注于案件事实证据和是非曲直的评判,提高办案的质量与效率。因此,法官应在办案团队中处于主体、主导地位,具有案件的判断权、裁量权、文书签署权以及团队工作指挥权;法官助理要发挥协助、辅助法官办案的职能作用,在法官的指挥下,承担审查诉讼材料、组织庭前证据交换,协助保全送达、调解协调、草拟文书及法官交办的与审判相关的业务性、程序性工作;书记员承担法庭记录、案件整理归档等事务性工作,从而使法官专注审判核心事务,法官助理、书记员更有效地发挥辅助作用,建立以审判工作为中心,其他工作为辅助的工作格局,打造定位精准、权责清晰、分工明确、运转高效的符合现代审判规律的审判团队。

在此基础上,尤其是要用好、用活法官助理这一"新增变量"。例如,对于房地产、公司合伙、证券票据、知识产权等专业性判断权重大的案件,法官助理更多地辅助法官查阅资料、分析案情、起草文书，当好法官的参谋助理；对于诉调速裁等事务性工作权重大的案件，法官助理则要带领书记员共同做好录入上传、送达整理等事务性工作，做到“分工不分家”，提升团队整体合力。

(二)审判团队建设的前提条件——组合模式

域外经验和国内实践证明，审判团队基本模式应为“法官 + 助理 + 书记员”。在法官数量为“1”的前提下，法官助理和书记员的数量则应基于能力素质高低、案件类型和难易程度等多种因素而呈现多样性。比如，对于速裁速调案件，事务性工作与专业性判断相比，也许权重更大，则可多配备法官助理和书记员，形成“1 +2 +2”“1 +3 +3”等团队组合，可确定更高的办案任务，如500 件、800 件，甚至是1000 件。对于房地产纠纷案件，专业性判断与事务性工作相比，则权重更大，则可以“1 +1 +1”为基准，确定较低的办案任务，如150 件至200 件。总之，审判团队的数量配比和成员组合，要因案而异、因人而异，确保审判团队成员间配合顺畅、形成合力。

与此同时，可设立专业化审判组，将新类型、疑难复杂、具有研究价值的案件进行适度归集，相对侧重于审理相关专业化案件，确保准确掌握相关专业类案件的主要特点和裁判规则，实现审有所专、审有所精。例如，在民一庭组建家事纠纷、侵权纠纷、物权纠纷专业审判小组，在民二庭组建破产案件、民间借贷纠纷、公司纠纷专业审判小组，在民三庭组建劳动纠纷、房地产纠纷专业审判小组，在金融庭组建保险纠纷专业审判小组。鼓励专业化审判团队围绕类型化案件涉及的疑难复杂问题，申报调研课题、承担调研任务、发表调研成果。通过培养专家型法官，建设学习型法院。

(三)审判团队建设的重要保障——监督管理

作为一种公权力，审判权的运行事关审判质效、社会正义和司法公信。尤其在司法环境、配套措施、法官素质尚未完备的情况下，要确保审判权之独立性、中立性和终局性，尚不能完全依赖审判团队的“自治”。因此，要坚持有序放权和监督管理的有机统一，构建符合司法审判规律和审判团队特点的监督管理机制。原则上，除对民事管辖权异议、保全、退费等程序性事项依法行使审批权外，院长不应再签发未参与审理案件的裁判文书，彻底消除审判权运行中的“行政审批”。重点在于通过“4 会”机制，确保审判管理和监督公开透明、规范有序、全程留痕，真正做到“放权而不放任”。

一是专业法官会议，为办案中遇到的疑难问题提供咨询，并实现对重点信访老案难案、社会高度关注案件、影响社会稳定案件、发回改判案件或高度存疑案件、久拖未结案件的督促督办。二是审委会,决策重大审判事务,分析类案裁判标准,依法讨论决定涉及国家安全、外交、社会稳定的重大敏感案件,并对经专业法官会议讨论后院长与承办法官意见不一致的案件处理作出决定。三是院务例会,研判审执态势,诊断薄弱指标,及时预调微调,优化考评指标,并通报随机评查中发现的审判流程不规范、文书制作不严谨、卷宗材料不完备等问题。四是法官考评委员会,落实绩效考评办法,建立法官业绩档案,落实违法审判责任和瑕疵案件责任追究,探索法官办案质量终身负责和错案责任倒查问责制度。

(四)审判团队建设的关键环节——绩效考评

绩效考评是审判团队建设的指挥棒和度量衡。科学的考评机制能够准确反映法官能力素质,适当的激励机制能够体现法官职业价值。对法院或审判庭部门的考评,实质上是将全体法官的业绩"整体打包"进行考评,更侧重于确定法院院长或领导班子的管理水平,体现了法院管理中的行政化倾向。更加科学合理的考评机制,要依托审判大数据,坚持量化精准的要求,将考评"触角"直接延伸到法官和审判团队,实现扁平化管理。

首先,在评估依据方面,认真落实审判质效评估指标要求,同时结合自身实际,如增设长期未结老案清理、文书上网、电子送达、数字法庭使用、案件归档、案件质量评查等指标,形成不同审判业务庭的不同业绩评价指标体系。其次,在评估方式方面,发挥法官近距离管理、信息充分的优势,赋予法官对于法官助理和书记员一定的考评话语权,尝试由法官负责统筹安排办案奖励及补贴的做法,调动法官助理和书记员积极性,形成切实有效的激励机制。也可以实行捆绑评估机制,如将法官助理、书记员所得绩效设置为法官的80%、60%。再次,在评估手段方面,依托审判大数据,通过电脑软件套算公式自动生成审判质效指标,确保考评精准性。最后,在评估结果方面,将法官业绩考评与法官的福利待遇、评先选优、晋职晋级、惩戒退出等机制有效衔接,避免考评结果的形式化与空心化。

在司法责任制背景下,解决案多人少矛盾,探索审判团队建设,不失为一条值得肯定和期待的路径。但是,司法改革是一项长期艰巨的任务,审判团队建设作为一个重要抓手和关键突破点,并非一朝一夕的探索和实践就能一蹴而就、功成圆满。从发展的观点来看,改革是渐进的,成效是明显的,矛盾和困难也是固然存在的。本课题组将以此次重庆市高级人民法院重点调研课题为契机,深化审判团队建设,以观点的争鸣为据点,以实践的探索为根基,以问题的解决为导向,不断提高司法诉讼效益。

第四章
诉讼制度改革

审级制度改革与法院制度改革的衔接研究

黄明耀*

从价值导向看，审级制度设置具有妥善化解纠纷、统一法律适用、强化审级监督、确保法院组织与诉讼审级相协调、实现上下级人民法院行政司法事务与审级制度分离运行等价值。我国审级制度以两审终审制度为基础，以再审程序纠错为补充，与之对应的法院组织是四级法院制度。审级制度并非单纯诉讼法的问题，而与法院设置、法院类型、法院内部功能区分等法院组织制度直接相关，尤其是党的十八大以来，跨行政区划法院、专业法院等法院设置改革深入推进，审级制度的技术跟进保障便成为下一步需重点考量的问题。即便在同一法院内部，也存在是否可就案件类型、审理主体、内设机构进行精细划分，从而建立"一法院两审级"的可行性。本文从审级制度改革与法院制度改革的衔接入手，采取诉讼制度与法院组织制度相联系的研究路径，探析法院制度改革中的审级制度设置，以期对司法体制综合配套改革有所裨益。

一、我国法院设置改革的趋势

自20世纪90年代以来，审判专业化和审判权独立运行一直是人民法院历次改革的主要价值目标。专业化审判的

---

* 重庆市高级人民法院党组副书记、副院长，法学博士。

最初目标集中于法官队伍的专业化、职业化建设,这与当时法官总体知识结构水平普遍较低且参差不齐的现状有关。随着司法体制改革不断深入,审判专业化已由审判人员专业化逐渐过渡到审判组织机构专业化,主要表现为专门法院的设立和法院内设审判部门的专业化细分。审判权独立运行的改革理念则始终与司法公正话题相联系,并深入渗透改革政策的每个具体领域。人民法院4个五年改革纲要均对克服司法行政化、地方化作出制度设计,学界和实务界对于司法公正视角下的法院设置模式变革,给出多种路径设计方案。① 其中,很多建议已转化为党的十八大以来司法体制改革的具体实践,如最高人民法院巡回法庭的设立,以及规划实施过程中的跨行政区划法院设置改革等。

在我国法院设置体系中,传统的专门法院包括军事法院、海事法院、铁路运输法院以及森林法院等其他专门法院。随着社会经济发展以及审判专业化推进,各种新型专门法院的设立成为改革热点和发展趋势。《中共中央关于全面深化改革若干重大问题的决定》提出探索建立知识产权法院,其后根据全国人大常委会的决定,北京、广州和上海三地正式设立知识产权法院。未来,统一的知识产权上诉法院亦可能成为下一步改革的重要任务。② 2017年杭州互联网法院的设立预示了又一新型专门法院的发展趋势。除此之外,家事法院、行政法院、劳动法院等专门法院也是学界和实务界关注的改革重点,相关讨论和研究景象相当繁荣。专门法院之外,以内设机构形式设立的专业化审判庭更成为各地法院改革探索的热点,金融审判庭、环境资源审判庭、未成年人审判庭等属于设立频度较高的专业审判庭。从专门法院和专业审判庭的设置状况来看,主要特点和趋势是细分程度和社会回应性不断增强,专业化越发明显。可预见,更多的专门法院或专业化内设审判机构将会陆续设立,并成为法院设置改革的重要趋势。这与大陆法系国家专门法院设置的偏好相一致。③

在法院设置体系纵向改革上,跨行政区划法院是党的十八届四中全会提出的重

① 参见关毅:《法院设置与结构改革研究》,载《法律适用》2003年第8期。

② 最高人民法院副院长陶凯元在2016年12月举行的第二次知识产权审判座谈会上即已提出,要从国家战略高度探索建立国家层面知识产权上诉法院。参见《最高法:探索建立国家层面知识产权上诉法院》,载新华网:http://news.xinhuanet.com/mrdx/2016-12/17/c_135912683.htm,最后访问日期:2018年12月20日。

③ 如德国设劳动法院、社会法院等,法国设有社会保障法院、农事租赁法院,日本设家事法院、简易法院。

要改革方向。消除诉讼"主客场"现象,明确司法权的中央事权属性,破除地方法院的"地方化",是跨区法院设立的主要价值考量。某种程度上,最高人民法院巡回法庭其实可以视为一种特殊的跨行政区划法院,其设立目标和预设功能之一也是克服司法地方化的弊病。根据中央改革精神,首批设立的跨行政区划法院为北京市第四中级人民法院和上海市第三中级人民法院,两家法院在案件管辖体系、案件审理机制和审判管理制度等方面已取得诸多可复制、可推广的改革经验。2017 年 7 月在贵阳市召开的司法体制改革推进会上提出可探索人口、案件数量较少的县不设基层法院,这为跨行政区划法院设置提出了新命题。

二、法院制度与审级制度的内在关联

对法院制度体系和审级制度的关系,可从横向和纵向两个层面进行解读。纵向上,法院的层级设置与审级设置在一般情况下具有对应性。在诉讼制度原理上,法院层级既是审级制度的内在构成要素之一,同时又是制约审级制度模式及立法选择的首要因素。一般而言,审级制度是以法院级别为基础,调整法院上下级之间纵向法律关系,其所规范的是对当事人提起的民事案件可以经过几个审级,该裁判即发生既判效力。① 概言之,审级制度包括两个问题:从中央到地方各级法院的配置(几级法院)与复审的次数(几审终审)。② 在审级与法院层级的这种相互关系中,起核心和支配作用的是司法价值理念(如正义与效率之间)调和以及司法权能的层级配置模式。

总体而言,一国在确定其司法体制中的法院层级的数量和结构时,主要考量的因素包括其国土面积的大小以及各级人民法院的审级职能定位和权限分配等。我国实行四级法院结构的组织体系,可追溯至我国 1954 年《人民法院组织法》。据学者考证,之所以建立四级法院的理由是,中国疆域辽阔,省域面积也较大,同时要减少最高人民法院和省级人民法院的二审案件,加强最高人民法院全国性监督工作以及省级人民法院对下级法院的监督;所以,必须在省级人民法院下设中级人民法院,从而建立四级法院的体系。③ 由此可见,司法案件管辖的便利和高级别法院特殊职

---

① 参见高壮华:《论诉权之间及与审级制度的制约关系》,载《河南财经政法大学学报》2015 年第 1 期。

② 参见聂鑫:《近代中国审级制度的变迁:理念与现实》,载《中外法学》2010 年第 2 期。

③ 参见傅郁林:《我国民事审级制度的历史考察与反思》,载《私法》2013 年第 1 期。

能的需求，是影响我国现行法院层级确定的重要因素，同时也是民事诉讼审级制度设计的基本考量因素。

横向上，法院设置与审级制度的关联主要体现在不同司法管辖区域法院在审级关系上的对应与衔接问题。我国现行的四级两审制法院设置模式中，各级法院的司法管辖区域与行政区划相对应，因而，不同审级法院的司法管辖区域在衔接上并不存在疑义。但是，按照司法改革背景下法院设置的发展趋势，专门法院体系和跨行政区划法院设立后，相应法院在审级上的对应关系也将受到影响。就专门法院而言，在审级设置上，接收其上诉案件的法院是现存的高级人民法院或中级人民法院，还是须新设专门的上诉审法院，以及各级专门法院司法管辖范围如何划分，这些问题都需要在改革方案中进行明确。就跨区法院而言，首先需要明确是否每个审级的法院均需跨行政区划。若不同审级法院均跨越行政区划，则如何确定各审级法院在司法管辖区域上的衔接关系也是需要探讨的重要问题。① 此外，按照中央司法体制改革精神，在法院人财物省级统管情况下，高级人民法院司法管辖区域内是否可进行跨行政区域管辖，这涉及司法事务管理与审级模式设计的深层衔接关系，更涉及国家治理体系与治理能力现代化的深层次政治考量。

三、专门法院的审级制度设置

从域外如德国五大专门法院体系、法国劳动法院、商事法院等专门法院的发展趋势看，设置专门审判机构是司法现代化的发展趋势。大陆法系国家一般有正式的、多序列的专门法院，专门审理行政、商事、劳动、农业、房屋等专门案件。与普通法院相比，专门法院对行政、商事、家事、经济等现代诉讼有明显优势，对解决所在领域内的案件更为专业化。根据是否具有上诉权，专业法院又可分为有终审权的专业法院和无终审权的专业法院，前者如大陆法系的行政法院，不仅受理初审的行政案件，还管辖行政案件的上诉和申诉。后者如英国的行政裁判所，即为无终审权的专业法院，因为其对所有上诉案件均无管辖权，就没有终审权。根据专门法院的管理归属差异，可分为地方管理的专业法院、中央管理的专业法院以及中央和地方合作管理的专业法院。比如，英国的青少年法院和城市法院即由地方管理，法国行政法

① 参见韩娜：《我国法院跨行政区划管辖制度的价值设定与制度设计》，载《河北法学》2016年第2期。

院即由中央管理，而混合管理型主要是因历史原因产生。不同的管理模式在审级设计上存在一定差异。

多年来，我国专门法院设置主要有军事法院、海事法院、铁路运输法院、森林法院等，随着经济社会的发展，新类型案件、案件数量等因素的不断变化，专门法院的设置也日益优化和完善，知识产权法院、互联网法院等专业型法院的设置，代表着我国专门法院发展的探索，但专门法院的审级制度设置仍需进一步拓展。

（一）专门法院的审级制度设置模式

对于专门法院的审级制度设置，存有建立包括初审、上诉审直至最高人民法院三审的专门法院体系，仅在一审设置专门法院，设立专门上诉法院三种模式。

第一种模式的代表是德国、法国等大陆法系国家自成体系的专门法院体系。如德国劳动法院，其前身是营业法院，1926 年的德国帝国议会通过《劳动法院法》，正式扩大并改变《营业法院法》有关劳动争议的司法审判事项，设置独立的劳动法院。1926 年德国《劳动法院法》堪称劳动法院制度的重要里程碑，基本结构及规则基本完整延续至今，1953 年及 1979 年的德国《劳动法院法》基本延续其制度设计。劳动法院实行三级三审制，包括基层劳动法院、作为二审法院的州劳动法院以及作为终审法院的联邦劳动最高法院。① 德国于 1953 年颁布《社会法院法》，社会法院审理所有社会保险案件，实行三级三审制，包括基层社会法院、作为二审的州社会法院以及终审法院联邦社会最高法院。② 社会法院以审理公法纠纷为主，但对特定社会保险机构与医师、医院、疾病保险公会或联合会之间的纠纷等私法类诉讼亦有管辖权。

第二种模式是专门法院仅限于一审法院，上诉案件由高级法院管辖，形成专门法院体系与普通法院体系相互交融的体系。我国当前模式主要采取第二种模式，知识产权法院、海事法院等专门法院仅在一审设置。第二种模式作为一种专门法院与普通法院混合型的上诉审理制度，尽管也在上诉法院设置相关专门审判庭，但不利于相关专门案件裁判尺度的统一，仍是一种较低水平的设置，是专门法院审级制度的最低配置。当然，其优势在于制度成本较低，仅需设立作为一审的专门法院即可，其余可借用现有普通法院体系。

第三种模式是设立专门上诉法院，如知识产权上诉法院，但最高审级仍在最高

---

① 参见[德]雷蒙德·瓦尔特曼：《德国劳动法》，沈建峰译，法律出版社 2014 年版，第 256 页。

② Stefan Machura, "Interaction Between Lay Assessors and Professional Judges in German Mixed Courts", *Relations Internationales*, Vol. 72, No. 1, 2001, pp. 451 – 479.

法院,不单独设立知识产权最高法院等专门最高法院。此模式建立统一专门案件法律适用的专门上诉法院,显然较第一种形式更有利于专门案件的审理,且更有利于在知识产权、环境保护、少年审判等适宜设立专门法院的领域形成司法保护的制度合力。同时,该模式考虑到最高法院作为最高审判机关,其设置是一国政治体制的重要一环,涉及宪法规范问题,同时一国仅有一个最高法院,还是有一个普通最高法院外加若干专门最高法院,是事关一国政治背景、法律传统、司法惯例的历史选择,不宜贸然设立。当然,在第三种模式下,在基层法院主管范围上又有两种选择:一是一审也设立专门法院,如我国知识产权专门法院等;二是不单设一审专门法院,而由普通法院主管,二审上诉至专门上诉法院。

(二)我国专门法院审级制度的模式选择

综观上述三种模式,第二种模式不利于相关专门案件的裁判尺度统一,仅是专门法院审级制度设置的最低配置;第一种模式系针对专门类型案件建立一套较为独立的完整审级模式,无疑是最为完备的专门法院审级制度体系,但如前所言,专门最高法院的设置是在一国政治背景、法律传统、司法惯例的历史环境中形成的,德国、法国专门最高法院的形成均有数百年历史,我国并无设置专门最高法院的传统,难以轻言移植。同时,我国《宪法》下的政治制度安排也未有作出此项设计的空间,故不符合我国实际。相对而言,第三种模式较符合我国专门法院当前的发展趋势。

在第三种模式的两种方向上,建议选择第一种方向,理由在于我国已经建立知识产权专门法院等一审专门法院,可在此基础上设置知识产权上诉法院,从而构建具有中国特色的专门法院审级制度体系,同时此种选择较之第二种选择更有利于专门案件审理。

以知识产权法院设置为例,在哪个层级设置何种管辖范围的知识产权法院是我国知识产权法院建设之初即解决的基本问题。鉴于专利等技术类知识产权案件一般由中级人民法院管辖,为提升案件审理标准的一致性,把受理专利等技术类知识产权案件的中级人民法院适度集中,限定其为省级政府所在地及计划单列市的中级人民法院,这样可较大程度地降低专利案件审理标准的差异。各省高级人民法院不再管辖专利类知识产权一审案件。在此基础上,应同时设立统一的知识产权上诉法院,专属管辖全国的专利、植物新品种、集成电路布图设计和技术秘密等技术类知识产权二审案件,以及来自专利复审委工业产权确权的行政诉讼案件。知识产权上诉法院应是独立的高级人民法院。在引入有限三审制背景下,对知识产权上诉法院的判决或裁定不服，应上告至最高人民法院，由最高人民法院根据案件涉及的法律问题是否重大或具有较大争议等因素决定是否受理相关上告，以利于从整体上把握我国专利制度走向。此外，商标、著作权、反不正当竞争等非技术类的知识产权上诉案件仍按现有审级安排审理。

当然，在不同领域设置的专门法院应设置于什么层级、采用怎样的管辖范围主要由不同领域案件类型所决定，如主要以化解家事纠纷为主的家事审判法院，主要在于纠纷的就地解决，与知识产权案件审理以注重裁判标准统一相比，审级设置将有所不同。

四、跨区法院的审级制度设置

对于跨区法院的审级制度设置，重点在于如何设立跨区法院。随着社会主义市场经济深入发展，跨行政区划案件越来越多，涉案金额越来越大，导致法院所在地有关部门干预案件处理，存有较重的地方保护主义色彩，不利于统一、开放、竞争、有序的市场形成。客观上讲，这与我国行政区划与司法管辖区划高度重叠的体制背景密切相关。为此，中央提出探索设立跨行政区划人民法院，推动形成普通案件在行政区划法院审理、特殊案件在跨行政区划法院审理的诉讼格局。① 我国《人民法院组织法（修订草案）》已把跨行政区划法院作为人民法院的一种形态和类型予以明确，如果该条款能够得以通过，可以预计将为跨行政区划法院的设立奠定法律基础。②

在司法实践中，依托上海、北京铁路运输中级人民法院，分别设立上海市第三中级人民法院和北京市第四中级人民法院开展试点，初步形成包括行政案件、刑事案件和民商事案件在内的跨行政区划案件管辖体系。该试点模式体现出借助铁路法院改造、以中级人民法院管辖为主的特点，在案件管辖、审理的范围和功能发挥上均存在较大局限，尚未实现跨行政区划法院设定的目标：一是未充分发挥跨行政区划铁路运输法院的管辖优势，只是延续了对这些地区与铁路相关案件的专门管辖，尚未探索跨省级办案的模式。二是仅在中级人民法院层面设立，承担绝大多数案件管辖的基层人民法院尚未设立，与现有跨行政区划法院还不能形成审级上的合理对

① 习近平总书记在党的十八届四中全会决定的说明中指出，探索设立跨行政区划的人民法院和人民检察院，“有利于构建普通案件在行政区划法院审理、特殊案件在跨行政区划法院审理的诉讼格局”。

② 我国《人民法院组织法》修订草案第24条：“经全国人民代表大会常务委员会决定，可以设立跨行政区划人民法院，审理跨地区案件。”

接，在审级制度设置上尚有欠缺。三是全国铁路运输法院总量依然偏少且区域分布不尽合理，跨行政区划法院管辖辐射力度有限。全国共有76家中基层铁路运输法院，与我国3000多家行政区划法院相比，在不考虑铁路运输法院分布情况的前提下，平均40余家行政区划法院才对应1家跨区法院，该设置比例过于悬殊。

我国司法地方化在基层人民法院中较严重，建议加强基层人民法院层级跨区法院的设立，问题在于跨区法院在行政区划法院外另行设置法院，制度成本较大，尤其难以处置与行政区域法院设置的关系问题，设置不当极易造成重叠与资源浪费。将现有特定法院改造为跨区法院是较现实路径，跨区法院设置最为欠缺的是"壳资源"，可从两个方面寻找"壳资源"。

一是有效利用具备跨行政区划特点的现有法院资源。具体包括：具有典型的跨行政区划特点的专门法院，如铁路运输法院等，以及无对应行政区划的基层人民法院（各省区市普遍设有的开发区法院，东莞市第一、第二人民法院等没有设置市辖区的地级市的基层人民法院等）。此外，中级法院也有"壳资源"，如直辖市中级人民法院、在没有地级市领导的区县法院设置的二审法院（海南省第一、第二中级人民法院，河南省第一中级人民法院）。以上资源均可作为合理整合为跨区法院的"壳资源"，以基层人民法院层级为例，具体可在将铁路运输法院改造为跨行政区划法院基础上，以开发区人民法院等其他无对应行政区划的法院为补充，建立全面覆盖的跨行政区划法院体系。

二是借助人口数量较少的县不设基层人民法院推进跨行政区法院的设立。根据贵阳市司法体制改革推进会议精神，探索人口数量较少的县可不设基层人民法院，这样就可将其"壳资源"置换为该省级行政区划内的跨区法院。具体设置上，可在综合考量案件数量等因素基础上，若干区县设置一个跨区基层人民法院，管辖范围可以包括一个地级市所辖的区、县行政区域为主，也可以不限本地级市。对其上诉法院，可确定由铁路运输中院改造成的跨区中级人民法院担当；没有铁路运输中院的省份，由高级人民法院指定该省一中级人民法院管辖跨区基层人民法院的上诉案件。

五、"一法院两审级"的制度分析

"一法院两审级"是指在同一法院设置两个审级，当事人不服一审的，可向本院提起上诉，由本院进行审理。就立法而言，我国现行《民事诉讼法》有关二审的程序设计均在上下两级法院之间展开,"一法院两审级"突破了现行法律规定,但在审级制度改革中可予以研究与考量。

(一)"一法院两审级"的先例参考

1."一法院两审级"的域外做法

我国台湾地区"智慧财产法院组织法"第6条规定,智慧财产法院审判案件,民事第一审诉讼程序及行政诉讼简易程序实行法官独任审理;民事、刑事第二审上诉、抗告程序及行政诉讼通常程序,需以法官三人实行合议制审理。这样就民事案件而言,一审和二审案件同由智慧财产法院受理。[①] 我国台湾地区各地法院设有简易庭,由独任法官管辖简易民事案件一审,对该判决不服的上诉审则由该法院民事庭以合议制方式负责审理。[②] 我国香港特别行政区法院上诉审程序包括高等法院的上诉审程序和终审法院的审理程序,高等法院分为原讼法庭和上诉法庭。原讼法庭具有有限的上诉管辖权,有权审理不服来自聆案官、裁判法院、劳资审裁处、小额钱债审裁处及淫亵物品审裁处的上诉案件。[③] 上诉法庭仅审理上诉案件,包括来自原讼法庭和区域法院的所有民事和刑事上诉案件。原讼法庭和上诉法庭的上诉程序共同构成了高等法院的上诉程序。澳门回归前法院体系由第一审法院、审计法院和高等法院组成;第一审法院包括普通管辖法院、刑事预审法院和行政法院三个职能不同、相互平行的法院。其中澳门审计法院和高等法院均在一个法院内部设立了两个审级:首先,审计法院是行使财政审判权的专门法院,自成体系并独立于其他法院,相互之间没有审判监督关系;分为预先监察庭和事后监察庭,既是一审法院(以独任庭运作)也是上诉审法院(以合议庭运作),对独任庭之判决不服时可向该院合议庭提起上诉。其次,澳门高等法院本身也包括两个审级,对分庭之判决不服时可向该院全会提起上诉。鉴于高等法院自身包括两个审级,所以当时澳门的司法制度是"两级法院三个审级"。[④]

2."一法院两审级"的规律分析

其一,适用范围限于简单案件。港澳台地区的"一法院两审级"均限于简单案

---

① 参见吕太郎:《民事诉讼法》,台北,元照出版有限公司2016年版,第421页。

② 参见史庆璞:《法院组织法》,台北,五南图书出版股份有限公司2010年版,第76页。

③ 参见徐静琳:《演进中的香港法》,上海大学出版社2002年版,第296页。

④ 参见 António Manuel Hespanha:《澳门法制史概论》,周艳平、张永春译,澳门基金会1996年版,第60~66页。

件,这是基于"一法院两审级"实际降低了对诉争案件的程序保障。而根据诉讼法理,降低诉争案件的程序保障仅限于简单案件,如小额诉讼中的一审终审制,非讼程序中未采取对审主义导致的程序保障的弱化等。而对于普通案件则应坚持程序保障的基本原理,实行严格意义的上诉审机制,不宜实行"一法院两审级"。

其二,一审采取独任制、二审采取合议制方式。合议制曾是经典的审判组织,亦是各国早期法院组织法、诉讼法规定的一项审判组织原则,即案件原则上适用合议制,其优势在于集体决策有助于校正个人偏见,发挥合议庭成员间互相监督的效应,促进认事用法的准确性。① 合议制的劣势在于审判效率相对较低,需设置评议机制等配套制度故而程序更加繁复。各国和地区普遍设置独任法官在特定情事下将案件移交合议庭制度,证明合议制较独任制实际仍系较优的审判组织,仅是基于诉讼效率考虑而难以普遍适用。合议制在程序上的繁复性尽管不利于诉讼效率,但在程序保障上是优于独任制的选择,故"一法院两审级"均明确二审需适用合议制审理,而一审则由独任法官审理。

其三,对一审、二审法官资质未有明显差异要求。"一法院两审级"在实践中少见有对同一法院内负责一审、二审的法官分别予以资质要求,而采取既可参与一审程序又可参与二审程序的法官配置制度,当然在同案诉讼中一审法官不可参加二审合议庭。这也是"一法院两审级"实践备受诟病之处,通常而言,二审法官应从一审法官中选任产生,二审法官应较一审法官有更高的资质要求,既可作为一审法官又可作为二审法官不是精细的制度设计,难以保障二审法官有普遍高于一审法官的资质,可能导致上诉审程序公信力不足。②

(二)基层人民法院"一法院两审级"的必要性

具体到我国审级制度改革,鉴于四级法院功能定位的不同及级别管辖制度改革的精神,"一法院两审级"的制度设计可在基层人民法院运行,在配置有人民法庭的基层人民法院建立"上诉庭",当事人不服人民法庭作出的民事裁判时,可向基层人民法院提起上诉。对于上诉案件,基层人民法院应当重新组织合议庭开庭审理。中级以上人民法院不适宜实行该制度。

在基层人民法院设置两审级,必要性在于以下三个方面:一是有利于方便当事

---

① 参见蔡彦敏:《断裂与修正:我国民事审判组织之嬗变》,载《政法论坛》2014 年第 2 期。

② 参见吕太郎:《民事诉讼法》,台北,元照出版有限公司 2016 年版,第 423 页。

人诉讼。按照现行法律规定,当事人不服裁判时要上诉到中级人民法院,对于人民法庭所在地的群众而言,初审的便捷利益被二审的不便利抵消,一定程度上阻碍了当事人对正规救济程序的有效利用。如果当事人能够在地理位置上相对较近的基层人民法院提起上诉,并通过简洁的诉讼程序解决纠纷,可明显降低诉讼成本。二是有利于将社会矛盾化解在基层。基层人民法院的运作与各地政治、经济等情况有千丝万缕的联系,深受各地社会状况与文化的影响,基层人民法院的法官根据各地的情况也形成了比较成熟的办理简单民事案件的司法技术。在基层人民法院建立民事上诉程序,不仅有利于方便人民群众诉讼,而且有利于基层人民法院的法官灵活化解纠纷,将各类矛盾纠纷"化解在基层,消灭在萌芽状态"。三是有利于促进各级人民法院实现职能分层。人民法庭受理的案件基本为传统民事案件,主要涉及婚姻家庭、人身损害赔偿、相邻关系等。在现行的审级制度之下,大量法律关系简单的民事纠纷上诉至中级人民法院,不可避免地影响了中级人民法院的职能,不利于各级人民法院之间的职能分层。

(三)基层人民法院"一法院两审级"的制度设计

1. 基于"一法院两审级"的一审救济方式的多样化设计

基于更高审级的救济是最常见的对一审裁判的救济方式,我国称为上诉审,大陆法系国家称为控诉审,三审则为上告审,均由更高审级法院进行审理,在原来的审级之上由更高级法院从审判权力制约以及审判监督角度对案件进行审理的救济机制。"一法院两审级"则是更高审级救济的一种例外,或另外一种救济方式。

其一,更高审判组织的救济。这是从审判权力制约视角以及审判监督理论设置的具有审判监督性质的救济,只不过此救济或纠错机制不是由上级人民法院进行监督与救济,而是限定在原审级以内,但又不同于一审的独任制,而采用更为慎重的合议审判组织形式重新进行审理的一种救济。

其二,资质更高法官的救济。审判权的判断性体现在法官认事用法全过程,经验法则与逻辑法则是法官心证形成的保障与制约,经验法则与逻辑法则并非抽象存在,需结合案件具体事实不断磨炼才能准确运用,非经实践积累难以准确运用。审判权的判断权属性决定法官养成必须在不断从事判断性活动中持续积累。基于上诉审有更高的判断要求,"一法院两审级"中从事上诉审的法官应较从事一审的法官有更高的资质要求。

其三,更完备程序的救济。更强的程序保障是"一法院两审级"上诉审的重要制度特征，除了由合议庭采取普通程序进行审理外，合议庭在二审中应坚持对审原则，实行言辞审理不宜采取书面审理，未征得当事人同意不得简化庭审程序等，以更加完备的程序保障体现对一审裁判的监督。

2. 基层人民法院“一法院两审级”的具体内容

（1）适用范围

如果在基层人民法院适度引入“一法院两审级”，哪些案件予以适用便成为先决问题。我国基层人民法院制度的一大特色是人民法庭制度，可考虑人民法庭受理的简单民事案件可上诉至本院本部二审，而不必上诉至中级人民法院。与之对应的，可明确诉讼标的较大或法律关系复杂的民事案件应向基层人民法院民事审判庭起诉，或在分案时将此类案件分配到民事审判庭，对该类案件一审裁判不服的仍上诉至中级人民法院。对于人民法庭受理的案件实行上诉至本院制度，更有利于实现纠纷在基层解决甚至终审，从而实现纠纷解决的分流与分层，同时对人民法院审理的个别案件涉及法律适用统一的，若符合“飞跃”上诉条件的，可“飞跃”上诉至高级人民法院。

（2）审理主体

审理主体包括人民法院一审审理主体与基层人民法院民事审判庭二审审理主体两个方面。对于一审审理主体，可与基层人民法院员额法官养成机制相配套，原则上基层人民法院初任员额法官应到人民法庭任职，办理简单的一审案件，而不宜直接在基层人民法院本部作为合议庭成员参审二审案件。在基层人民法院本部审理二审案件的合议庭成员尤其是审判长应是担任员额法官并有一定年限的法官。当然，初任员额法官也可在基层人民法院本部办理普通一审案件，但不得参审二审案件应成为制度性要求。

（3）审理程序

对于提起上诉的案件，基层人民法院应当组织合议庭依普通程序公开开庭审理，强化二审程序的程序保障，原则上不得简化诉讼程序，不得省略法庭调查、法庭辩论等程序，不得径行裁判，通过加强二审程序的程序保障以提升监督一审裁判的公信力和严肃性。

立案登记制背景下的案件分流问题研究

重庆市第一中级人民法院课题组*

一、从立案登记制度实施后的实践看案件分流的必要性

(一)立案登记实施后司法实践的具体表现

立案登记制度扩大了法院的受案范围,这是建设法治社会的应有之义。在法律规定的前提下,最大限度地扩大司法救济的范围,能够更加有力地保护当事人的利益,这也是立案登记制实施的意义所在。然而,立案登记在我国毕竟是一个崭新的制度,其实施会给现行的民事诉讼制度带来重大冲击,可以预见的结果之一就是受案量和案件类型的大幅增加,人案矛盾加剧,这点尤以基层人民法院为甚。

以重庆市忠县人民法院(以下简称忠县法院)和重庆市第一中级人民法院(以下简称一中法院)为例,2015年5月1日立案登记实施以来,忠县法院民事案件同比上升22.16%,行政案件同比上升102%。而一中法院由于2015年5月1日起民商事案件管辖标的额的调整,一审民商事案件数量下降,二审收案数量增加,民事案件数量总体趋稳,但行政案件数量激增,2015年同比上涨67.9%,2016年同比上涨36.9%,行政审判条线结案压力巨大。案件数量尤其是行政

* 课题主持人:卢祖新。课题组成员:李生龙、蒋佩佚、黄晨、李遵礼、刘璐、李春燕、邹德胜。

诉讼案件“井喷”,容易引起司法资源捉襟见肘的困境。更多的纠纷涌入法院,必然使人民法院承担更为繁重的社会责任。如不能解决司法资源的配置问题,仅强调立案率而忽视了案件审理的质量,很可能造成制度实施的后果事与愿违(见图 1、图 2、图 3、图 4)。

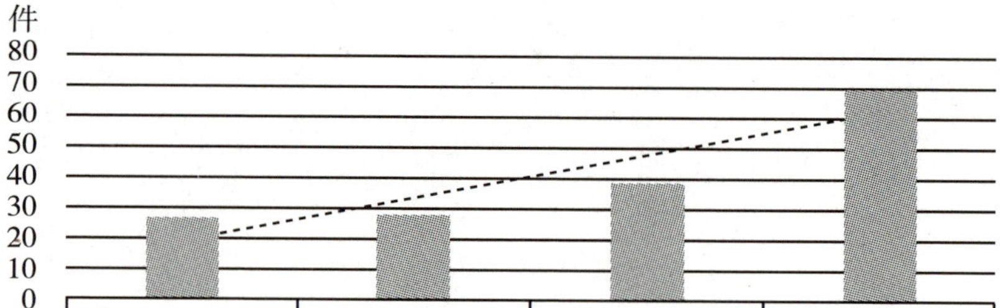

	2012.4.30~2013.5.1	2013.4.30~2014.5.1	2014.4.30~2015.5.1	2015.4.30~2016.5.1
行政案件(件)	27	28	39	70

行政案件　　-------- 线性(行政案件)

图 1　忠县法院历年行政案件受理数量

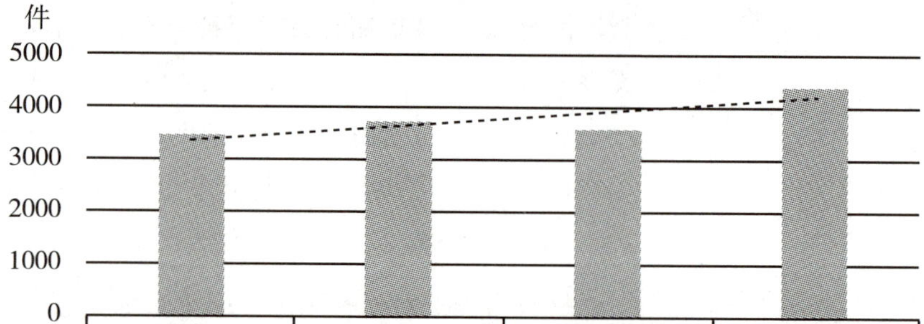

	2012.4.30~2013.5.1	2013.4.30~2014.5.1	2014.4.30~2015.5.1	2015.4.30~2016.5.1
民事案件(件)	3474	3737	3606	4405

民事案件　　-------- 线性(民事案件)

图 2　忠县法院历年民事案件受理数量

	2013年	2014年	2015年	2016年
二审案件(件)	7392	11,459	11,158	12,672
一审案件(件)	1824	2410	3121	1570

一审案件　二审案件

图3　一中法院历年民事案件受理数量

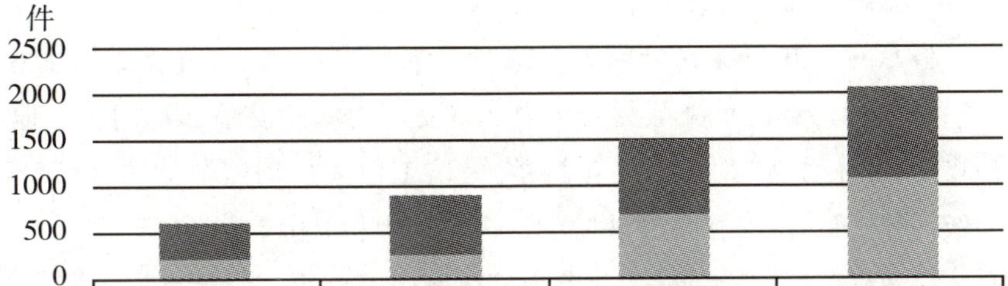

	2013年	2014年	2015年	2016年
二审案件(件)	398	656	838	980
一审案件(件)	204	233	665	1077

一审案件　二审案件

图4　一中法院历年行政案件受理数量

根据最高人民法院的最新通报,2015年5月至2017年3月,全国法院登记立案数量超过3100万件,同比上升33.92%。从案件类型看,民事案件同比上升25.15%,行政案件同比上升54.24%。国家赔偿案件同比上升102.07%,其中,天津、辽宁等7个地区增幅在2倍以上,最高的为贵州、宁夏,增幅超过11倍。① 事实上,人案矛盾问题并不是一个新的命题。据《中国统计年鉴》以及《全国法院司法统计公报》数据显示,10余年来,我国法院受理一审民事、行政案件的数量一直表现出持续增长的趋势。我国推行的司法体制改革非但无意于通过增加法官数量,反而以员额制改革控制办案法官的数量比例,将给这一问题的应对带来严峻的挑战。

---

① 汤琪:《立案登记制实施两周年:国家赔偿案件同比翻一番》,载凤凰网:http://news.ifeng.com/a/20170518/51116327_0.shtml,最后访问日期:2018年5月18日。

（二）立案登记制实施所带来的具体问题

1. 案多人少矛盾尖锐化，公正与效率皆受影响

前已述及，立案登记之前，我国的人案矛盾情况本已存在，东部发达地区的法院这种情况更突出。重庆法院虽然地处西部，但也受到了一定程度的影响。法官的精力和时间是有限的，面对不断增长的案件数量，审判质量必然受到影响，从而危及司法的公正性。为完成审判任务，法官容易匆忙结案，无法根据案件的类型、繁简进行有针对性的处理，这也大大影响了纠纷处理的效率。

2. 涉诉信访压力增大，司法权威备受挑战

对法院工作稍有关注便可发现，每到某一法院信访领导接待日，信访窗口处便会有大量群众排队等待。但实际上，大量的信访案件本不属于法院的受案范围，但信访群众对此并不能充分理解。实行立案登记制之后，由于媒体多宣传“有案必立”，法院信访部门承受了更大压力。备受压力的法院信访部门更多地成为被信访户攻击的“不作为”对象。更有甚者，信访工作人员动辄被信访户“训斥”成为家常便饭。长此以往，必然危及法院的社会公信力，司法权威大大受损。

3. 案件数量、类型增多，法院内部机制经受挑战

立案登记制实施之后，更多新型、复杂的案件涌入法院，传统审判业务庭的功能划分已经不能适应新形势的需要。案件数量不断增加、新类型案件层出不穷，必然会导致出现各业务庭分工不明、工作量不均等问题。基层人民法院民事法官与行政、刑事等法官之间横向流通不够、忙闲不均的现象比较突出。而立案登记制后则主要影响民事条线和行政条线，人案矛盾在这两个领域尤显尖锐。

4. 滥用诉权案件频发，危害司法公信力

民事立案登记制度实施后，在当前社会纠纷矛盾形式错综复杂、社会公众权利意识觉醒的形势下，滥诉、违法诉讼、虚假诉讼案件频发，法院应对乏力。曾有一位当事人因坐火车时听到有人辱骂自己，以侵犯名誉权提起诉讼。实践中，双方当事人合谋达成虚假合意，骗取法院调解书；为泄私愤滥用政府信息公开申请权继而提起行政诉讼的情况屡见不鲜。日益增长的司法需求与越来越重的办案压力已经成为每一位法院人对审判执行工作的深切体会。在无法增加法官编制的前提下，构建科学的案件分流机制，合理配置有限的司法资源，成为当前必然的选择。

二、国内案件分流机制的实践探索

(一)案件分流改革的进程简述

繁简分流是人民法院在民事案件审判执行新常态下采取的一项重大改革措施,在立法上主要表现于简易程序的设置与修订。据2002~2005年、2008~2013年司法统计资料,全国法院民事一审案件适用简易程序率分别达71%、67.37%,其中2008~2013年审限内结案率达98.81%。[①] 在内外压力催生下,繁简分流改革逐步进入深化阶段。2011年4月部分基层人民法院启动小额诉讼速裁试点工作。其中,云南省两个试点法院在8个月内,共审结小额速裁案件4651件,调撤率为90.29%,判决率9.71%,当事人对判决结果均表示满意,[②]凸显了案件分流提高诉讼质效的重要作用。

2016年9月12日最高人民法院出台《关于进一步推进案件繁简分流优化司法资源配置的若干意见》,制定22条具体举措,进一步推进繁简分流改革,优化司法资源配置,实现程序简化、文书"瘦身"、效率提升、公正提速,破解案多人少顽症。该意见下发后,各省市高级人民法院相继出台实施意见,推动落地执行。此前,部分法院已进行先行先试,如河北法院于2014年将简易程序规范化纳入繁简分流工作改革,主要通过明确繁简标准,施行专业化审判、要素式审判、裁判文书的繁简分流等改革举措,取得了一定的成绩。

(二)繁简分流机制的实践总结

现阶段,实务中存在的案件分流模式主要有以下几种:

1. 政法综治部门牵头,司法、行政部门指导,整合各种调解资源的"大调解"工作机制

"大调解"是一种由党政主导的纠纷分流,是一种广泛意义上的案件分流模式。全国范围内,极具影响力且具有代表性的是南通模式。江苏省南通市在2002年率先建立并运行"大调解"模式,至2008年累计化解矛盾纠纷23.14万件,有效防止民

---

① 贺小荣:《〈关于适用简易程序审理民事案件的若干规定〉的理解与适用》,载《法律适用》2003年第10期。

② 杨维汉:《近五年来法院适用简易程序审限内结案率超过98%》,载中国政府网:http://www.gov.cn/jrzg/2013-02/13/content_2331735.htm,最后访问日期:2018年3月14日。

转刑1935件、越级上访3993起、群体性事件3448起。[1] 组织架构上，南通模式由党委政府统一领导、政治综治牵头协调、调处中心具体负责、司法部门业务指导、职能单位共同参与、社会各方整体联动参与，形成市级调解指导委员会、县乡调处中心、村居级调处站、十户调解小组和基层调解信息员组成的自上而下的调解网络。其调处中心为专设机构，配备专职工作人员，融合基层村社专干、公安、司法、城建、环保、信访等部门资源，组织指导医患纠纷、交通事故、环保纠纷等各类专业调处，并实行定期排查和零报告制度。南通模式通过强有力地培训、指导、监督、考核等提高工作效能，通过纠纷公开、调处过程公开、调处结果公开制度提高调处公正度和效果。南通"大调解"体系的实践价值为案件诉前纠纷分流提供了重要的参考价值，逐步在各地推广应用。

2. 法院主导的立案调解、案前风险评估、引导释明等工作机制

该机制具体是指法院在立案阶段针对纠纷性质、当事人诉讼能力等具体情况，就立案标准、诉讼程序和可能的诉讼结果进行相应的适度释明，以及主导或主持进行调解等，方便当事人就纠纷的可能调处方式、调处结果形成初步判断，并合意选择相应救济程序的各项工作。具体包括初步审查、风险评估、引导释明、调解工作4项内容，该模式系法院主导下的首次分流，其特点在于人民法院主导实现案件类型化解决、保障当事人程序选择权和保护当事人系争外利益的目的。

具体实践中，存在以下4类做法：一是由立案窗口进行风险评估、基本释明、程序引导、程序选择权告知的基础上，建议双方和解；二是设立法官调解室，一般由专职法官或返聘退休法官驻室，针对立案窗口引导的适宜进行调解的案件组织调解，调解不成则转入诉讼阶段；三是设立律师接待室，由律师协会派驻律师进行调解；四是由驻庭陪审员或妇联、工会等代表组成调解室，对法院交付的案件进行调解，特别适用于婚姻家事纠纷、劳动纠纷等案件类型。

3. 诉讼程序选择上的速裁工作机制

速裁诉讼系对简易程序诉讼的二次分流。对权利义务关系明确、争议不大的，具有相对较小标额的民商事案件进行快速审理，能够缓解当前司法需求与审判资源之间的矛盾，减轻当事人讼累。有关速裁程序的规定早见于2003年最高人民法院《关于落实23项司法为民具体措施的指导意见》，试点工作起于2011年3月。司法

---

① 中共江苏省委研究室：《东方经验：人民内部矛盾的"大调解"》，载《求是》2010年第15期。

实践中，各地法院一般通过组建3～5人的速裁团队或小额速裁庭，专业审理通过立案筛选符合诉讼法规定标准下的小额案件。小额速裁诉讼一般能够通过送达方式和审理程序的再次简化，大幅缩短审理时间，节约司法资源。

从现有资料分析，小额速裁诉讼具有调撤率高、兑现率高、审理时间短等多种优势。以课题组抽取的忠县、梁平、垫江3家基层人民法院为例，3家法院均于2016年先后设立小额速裁决庭，其中审理小额速裁案件在民事案件中适用率为15%～20%，审理时间在13～18日，调撤率在65%～90%。如忠县法院2016年1～7月，共适用小额诉讼程序结案446件，占民事案件结案的18.37%，占可适用小额诉讼程序的71.36%。其中，调解率为52.24%，撤诉率为34.3%，平均审理天数为13.9日，充分体现方便、快捷、和谐等特点。

4. 审判团队选择上的专业审判组织工作机制

在通过简易程序、速裁程序对案件进行分流外，部分法院结合人民法院改革纲要中法官专业化发展的需要，以及中国审判实践中类案多发、高发，所占比重较大的实际情况，开展了专业化审判团队审理类案的试点工作。专业化审理工作机制的理论依据在于能够利用在某一法律领域内具有较深法律造诣和掌握熟练审判技巧的专业法官团队运用专业优势和积累的沟通渠道提高审判质量和审判效率，实现审判质效、实务调研、裁决尺度和业务指导的有效融合。专业化审判组织工作机制中，运行较为成功的是成都模式。经基层人民法院先行先试，成都市中级人民法院于2015年形成"6+1"专业化审判格局，即6个民事庭分别审理传统民事、金融、知识产权、房地产、公司法及破产、劳动人事争议，1个未成年人及家事审判庭审理未成年人及家事纠纷案件，各专业庭内再综合考虑法官业务水平和擅长领域，细分案件类型设置专业审判团队，从而以审判专业化促进办案优质高效。[①] 此外，全国范围内，专业审判组织设置较早且影响力较大的家事审判专业组织和企业破产清算专业审判组织，通过发挥专业优势，提高司法服务和保障水平。如课题组在忠县法院家事审判试点中调研发现，由女性法官组成的家事审判团队，通过建立家事案件人身安全保护联动制度、财产申报制度、离婚证明书制度，并充分利用由妇联、政协、工会等组成的家事帮帮团调解组织优势，在试运行6个月内，共审结离婚、赡养等家事纠纷案件

---

① 开永丽：《成都法院系统专业化审判改革观察》（下），载《四川法制报》2016年9月28日，第A07版。

202 件，调解撤诉率高达 62.8%，既提高了司法效率，又缓和了家庭矛盾，受到社会的高度认同。

5. 裁判文书的繁简分流

在繁简分流改革的背景下，部分法院开展了裁判文书分类简化改革，通过类案样式化、模板化，实现繁案精写、简案简写。广东法院于 2013 年开始推行裁判文书"瘦身"改革，推行要素式和令状式裁判文书，实现裁判文书的繁简分流，促进类型化民事案件办案标准化和庭审规范化，并为此建立各类民事案件文书标准化说理和标准化条文引用文库，从而统一裁判标准，提高审理质效。当前在试点改革中，主要存在 3 种形式的简化改革裁判文书（见表 1）：

表 1 简化改革裁判文书三种样式

文书样式	适用情形	可省略工作	组成要件	优势
令状式	案情简单，法律关系不复杂的小额诉讼案件（如借贷、物业等纠纷）	当事人诉辩主张、详细裁判理由	当事人信息、裁判主文	可当庭制作、当庭送达
表格式	事实清楚、责任明确，所涉金钱给付项目适宜用表格方式列明的类案（如医疗案件等）	过于详细而冗长的裁判理由	表格列明诉辩主张、查明的事实、裁判理由和裁判主文的简易法律文书、附表列举金钱给付项目	脉络清晰、制作简便快捷
要素式	能够概括出固定要素的类案（如劳动争议、房屋买卖、交通事故等类案）	省略原告诉称、被告辩称、经审理查明、本院等内容	围绕要素陈述当事人意见、相关证据、法院认定的理由、依据及裁判结果	易于抓审判要点

6. 执行程序中的简案速执、集约分工模式等

简案速执就是综合考量执行案件类型、案情复杂程度、案件标的额等因素，在分案阶段将案情简单、通过常规执行手段就能够执结的案件交由专门队伍在短时间内完成相应执行措施以结案的执行工作模式。其优势在于基本能够消除传统执行模式中疑难复杂与简单案件交叉分案，复杂案件、疑难案件拖累简单案件执结时间，从而影响整体执行效率和质量的弊病。

简案速执模式主要包括三部分内容：一是案件繁简分流，将案件分成一般执行案件与速执案件两大类；二是执行团队分类，即分设简易案件快速执行团队和一般

案件执行团队,形成能够各展所长、相互呼应的执行队伍格局;三是执行流程标准化,即通过统一执行流程,加速案件执行过程。2016年年初江苏省高级人民法院决定在全省13家法院推行执行案件繁简分流改革,取得了初步效果。其中,镇江市京口区人民法院自2016年2月1日正式开展繁简分流至5月底,共收案1330件,结案859件。其中简易组新收案件573件,结案277件;旧存案件结案267件。①

集约分工实质上就是将原本由承办法官主导完成的全部审执工作分出部分由其他人配合完成,在此基础上实现不同案件性质相似的工作实现集约化完成的目的。在执行阶段,各地集约分工实践区别较大,如北京市第二中级人民法院将整个执行组成划分为财产查找查封、财产变现、审查裁决和综合结案4个集约阶段,而北京市东城区人民法院将执行程序分为执行准备、执行谈话、调查并采取执行措施、评估暨拍卖、案款登记和发还、执行终结、执行听证和执行结案、归档8个集约环节,重庆市各级人民法院则将执行实施流程分为执行启动、执行调查、财产处置和结案管理4个集约阶段。目前效果较为明显的是财产保全集约办公模式,即通过成立民事财产保全中心,建立专职化的民事财产保全队伍,集约行使审查、裁定、执行、复议等职能提高执行效率。

(三)现行案件分流机制的整体检视

1. 案件分流具体制度的经验总结

李少平认为,繁简分流是缓解严峻审判压力的主要方式,是推进全面司法体制改革的有效切口,繁简分流是提升国家治理水平的重要体现,繁简分流是满足人民司法需求的关键途径。繁简分流改革推进后,全国目前基层人民法院大约20%案件审前调解,70%案件简案快审,10%案件繁案精审,中级人民法院大约90%案件简案快审,10%案件繁案精审。② 繁简分流工作机制已经在司法实践中发挥了重要的作用,从现有的书面资料以及调查访谈结果分析,多数法院总结出以下宝贵经验。

(1)需争取党委政府的高度支持

无论是当前繁简分流机制中诉前分流,还是立案调解、诉中分流、集约分工等,地方党委政府的支持不可或缺。例如,ADR机制有赖于党委政府的方向性把握、人心引导、财政支持以及指挥协调作用。

---

① 朱旻、曹浏:《简案速执　繁案精办》,载《人民法院报》2016年6月16日,第4版。

② 李少平:《大力推进繁简分流全面深化司法改革》,载《人民法院报》2016年9月14日,第5版。

(2)必须注重程序正义

程序正义和实体正义并重是人民司法必须坚持的基本原则,无论是ADR机制还是诉讼程序的简化,必须以充分尊重和保障当事人起诉权和诉讼权为前提。虽然繁简分流主要是通过替代性纠纷解决方式或者诉讼程序的简化来节约司法资源,提高诉讼效率,但各项措施或机制的实施必须以立法为依据,不得实质减省当事人的诉权选择或必要的程序权利。

(3)充分尊重亲历性原则

程序的简化或者集约分工必须坚持亲历性原则,即主审法官必须关注和监督整个审判流程,把握各个流程的合法性和公正性,并亲自完成庭审和裁判文书写作。主审法官不仅应当对裁决结果负责,而且应当对整个诉讼程序负责。

(4)科学配置审判执行资源

繁简分流的效率和效果不仅取决于分流的方式,而且取决于审判执行资源的有效整合和配置,即人、财、物的优化配置。繁简分流必须以充分调研为基础,利用大数据系统进行分析研判,然后结合队伍建设科学配置力量,方能达到预期效果。

(5)充分利用集约化优势

集约分工是最直接、最有效的提高工作效率的方式。通过事务性工作集约分工能够减少重复性的不必要工作环节,增加工作熟练程度和工作技巧,有效提高工作效率。

(6)充分利用信息化手段

送达难与当事人的信息获取难仍是遏制审判执行效率的"瓶颈"之一,即便是小额速裁诉讼,常常也受制于送达难问题。进一步完善信息网络建设,加强与社会网络资源的深度融合,充分利用信息化建设解决前述问题,对于完善繁简分流机制具有十分现实的意义。

2. 现阶段案件分流具体制度运行的主要问题

课题组通过实地考察、访问、问卷统计等方式在各地法院进行调研后发现,以上分流方式在实践操作中或多或少地存在弊端,在实际效果上没有实现预期。在重庆市,课题组从措施内容、实施效果、法官感受、原因分析等方面就案件分流相关问题进行深入调查,认为当前分流改革存在的主要问题在于:

(1)调解组织职能分配和职责定位不明导致责任落实不到位,纠纷化解力度和效果不佳

调解组织职能分配与定位不明晰,是调解化解纠纷力度和效果不佳的主要原因

之一。调解组织职能分配和职责定位不明具体表现在：协调责任笼而统之，虽然形式上建立了党委领导、政府支持、人大监督、法院主导、部门联动、社会参与的格局，实质上各部门仍认为司法机关才是主要责任部门，对于调解工作实际运行关注和投入不够；主体责任大而化之，ADR机制中涉及主体众多，但由于职能各异，制度约束缺乏，导致积极性各有不同；承办责任简而单之，监督责任更是缺位，考核无力导致难以形成有效监督。以上原因导致整个调解体系缺乏足够的约束、引导和激励，难以发挥出调解工作的主观能动性，导致机制运行效果大打折扣。

（2）调解协议司法确认程序不规范，诉调对接机制成果难有公信力

据统计，2011～2013年重庆法院系统司法确认案件总量为8432件，同期人民调解数量为33.3万件，司法确认调解协议效力案件仅占比2.47%，并且，相邻纠纷、婚姻家事继承纠纷和交通事故纠纷3类民生案件在司法确认案件中被驳回率畸高，表明司法确认尚未得到社会认可。在问卷和访谈中，办案法官认为：调解率是指标的设置以及司法确认案件的考核，使司法确认在法院内部的推进受到一定程度的抵触和变通；确认制度试图将原先在法院外解决的纠纷重新归于法院管理，增加了法院的业务量，自然加重了法官的工作压力，法官们因此不甚认同；调解员的素质和能力不高，对事实审查、法律审查等要求不严，导致调解协议质量不高，常常出现协议内容不明确、身份信息不健全、内容违法或侵权，甚至有虚假调解协议等现象，致使司法确认难以进行，再次降低对司法确认的热情度。而八成的被调查群众认为，当前的司法确认相对较高（8.25%）的撤驳率、调解和司法确认总耗时较长、程序复杂性（调解与确认均需亲自到场）、材料要求标准不一等原因，是对司法确认降低期望值和公信力不高的根源所在。课题组还发现，除劳动部门、交警部门一般会引导当事人提出司法确认申请外，其他非诉讼调解主体由于缺少常态化联系机制或资质管理不严、程序不规范等，调解协议很少及时申请法院确认，多数当事人仍走达成协议后当事人又反悔或不愿履行法院起诉的老路。当前我国司法确认程序中并不会对调解协议进行实质性审查，但如果确认后的协议再出现实质性漏洞，将严重减损法院的权威性。总而言之，想要保证司法确认的质量，审查程序就应设置得相对细致、审慎。精细的审查程序虽然可确保司法确认的质量，但却会加重法院的压力，也有违确认制度设立的初衷，确是一个两难的局面。

（3）小额程序等程序形式适用率低，没有发挥应有作用

据2013年重庆市高级人民法院系统数据，全市法院共新收各类一审民商事案

件237,803件,其中标的金额符合小额诉讼条件的案件有178,337件,占民商事案件总量的七成以上(74.99%),但以小额诉讼立案的仅有12,448件,占民商事案件总量的5.23%,也仅占标的金额符合小额诉讼条件案件的6.98%,最终适用小额诉讼程序结案的有12,240件。2015年经重庆市高级人民法院调整小额诉讼案件审判流程管理系统设置和调整小额诉讼案件相关评估指标的计数规则,以及各基层人民法院通过加强引导、集约快速办理、强化调解与释明工作,全市法院小额诉讼程序适用率有所改观,但仍与预期存在较大差距。

课题组在就小额程序适用情况发放调查问卷后发现,绝大多数法官不会主动引导当事人选择适用小额程序,原因有:担忧由于小额程序的一审终审可能带来的信访风险、程序规定不合理、缺乏可操作性、不能真正实现审判效率等,而对当事人发放的调查问卷中,在问及是否了解小额程序等程序形式时,多数人表示"不清楚",在问及是否会主动选择小额程序等其他程序形式时,多数人表示"不会主动选择"。可见我国《民事诉讼法》虽然创设了小额程序,却没有得到法官和当事人的认同,并没有达到预期的程序效果。

(4)速裁程序缺乏规范,不能充分发挥作用

各地方法院的关于速裁程序的规范性文件从本质上来讲只是法院内部的工作流程规定,并无法律上的拘束力。缺乏统一的立法,各地法院制定各自的速裁规则并予以实施,造成了混乱的局面。速裁程序规则的混乱、不统一,必然会给司法实践操作带来障碍,而由于速裁程序的法律地位不明确,反过来又给速裁程序的设置和完善带来重重障碍。由于不同法院对速裁程序的理解不同,在具体操作上难免会出现不衔接的地方。当事人在不同的法院,可能要面对不同的程序规则,难免会增加当事人对法院的不信任感,给纠纷的解决埋下隐患。根据课题组派发的调查问卷,多数当事人对速裁程序的印象是"不了解"或者"不信任",在问及是否会主动选择适用速裁程序时,几乎所有当事人都表示"不会主动选择"。而不会主动选择的原因,多体现在"费用上并无节省""不知道是否能够真正缩短诉讼周期""担心权利不能得到保障"等。

(5)裁判文书简化缺乏明确的依据和范本

裁决文书简化规范始于2003年最高人民法院《简易程序规定》,司法实践中,各地做法不一。有的地方高院进行了进一步的统一,如陕西省高级人民法院出台了《关于简化一审民商事案件裁判文书的规定(试行)》,但多数法院仍沿用老裁判文

书样式，这导致判决书简化功能在司法实践中的功能大打折扣。另外，司法责任改革对法官责任的严厉规定，束缚了手脚，多数法官表明在缺乏具体依据和样本的前提下，对裁判文书简化的探索如履薄冰，不敢大胆创新。

(6)现有审判资源分配模式与审判专业化分类的要求存在差异

首轮员额法官改革后，各地法院为优化审判资源配置积极探索，采取了包括院庭长办案常态化、事务集约化、社会购买服务、“1∶1∶1”或“1∶1”审判团队组建、随机分案等措施，取得了一定的成效，但主要应对的是人案矛盾的问题，重心在于解决诉讼量的问题，而对于提高案件质量以及队伍可持续发展没有探索出更好的举措。其中，表现最突出的是现行分案制度体现的资源配置原则。课题组在选择的3家基层人民法院调研中发现，员额制改革后，均在现在审判资源配置的模式上进行了粗略的人事调整，然后通过分案制度来调节办案压力，其要么采取的是根据条线随机分案制度，要么采取的是院庭长人为分案制度。而随机分案实质上就是对全能型法官的偏好选择，但法官个人能力和知识固有的局限性往往限制了案件的质量和效率，既不符合繁简分流的主流精神，亦不利于审判专业化发展的要求。而院庭长人为分案，一方面取决于院庭长对审判态势、办案法官办案能力的准确把握，另一方面受人情关系的困扰，易陷入分案不公内争之中。有专家认为，应通过反思案多人少现有应对实践的不足，指出缓解法院负担应置于维护司法过程专业性和自主性的视角予以考虑，这一视角亦可作为法院内部资源配置和专业化发展的重要参考。

(7)流程和考核机制不合理、执行信息渠道不畅通、执行责任不明等

部分法官及法院行政管理者在调查问卷或访谈中反映，在繁简分流工作推进过程中，由于具体运行模式较以往有大的改革，而传统思维和工作方式不能及时更新，加之一些配套制度尚未跟进，仍有很多细节问题需要得到进一步解决。例如，现行办案流程中，案件流转环节较多(立案、送达、分配、承办环节等)，个别环节的堵滞和各环节之间衔接不畅经常造成办案拖延，延误办案时机，影响整体效率；部分流程如分案环节缺乏软件技术的支撑，难以把握繁简标准，真正实现繁简分流；考核机制中指标体系的繁简不分、个别指标如结案均衡度与司法实际的脱轨，以及考核指标设计的不全面问题，都是影响办案积极性的主要因素；执行信息与社会信息的共享与深度融合问题未能得到较好的解决，执行信息渠道不通畅仍是解决执行难问题的主要阻拦；执行集约分工后，各环节的责任界定不明，考核和约束手段缺乏仍是难以提高执行效率和质量必须解决的问题。

三、立案登记制背景下我国案件分流机制的构建

（一）诉前：规范、完善ADR机制，实现前期分流

1. 改进“大调解”工作机制，明确分工、落实责任

缺乏整体、科学的顶层制度设计，必然减弱“大调解”在纠纷解决方面的优势。而“大调解”中起到重要作用的各部门，其功能、地位、职责、权限更是缺乏法律的明确界定，其解纷功能难以实现真正有效的整合。任何一个节点的衔接不畅，都可能会导致严重的问题，延误解纷的时机，甚至造成矛盾的激化。只有从立法上对参与“大调解”各个部门的功能、地位、职责、权限进行系统规划和整体设计，同时确立制度的合法地位，才能保证制度的有效和协调运转，最大化地解决纠纷。

2016年7月山东省出台全国首个多元化解纠纷省级地方法规《山东省多元化解纠纷促进条例》，在诉讼兜底前提下，对“大调解”制度的完善进行了有益的探索。该条例第二章专门对多元化解纠纷工作职责主体进行了规定，明晰了各主体的职责，避免互相推诿。同时，该条例还规定各级政府应当将纠纷多元化解工作纳入年度工作考核等。① 这些规定明确了监督管理的主体、追究责任的情形和措施等。这给我们提供了很好的借鉴。

完善“大调解”工作机制，统一的立法已是刻不容缓。只有这样才能理顺各部门的职能分配和职责定位，明确分工、落实责任。在明确责任分工的前提下，科学地设计“大调解”的具体程序，包括适用案件范围、介入时机、不同调解的操作要求、各不同调解主体的衔接、调解与司法的衔接等。在激励与奖惩方面，应健全相关制度，通过科学的奖惩指标提高调解人员的工作积极性和责任感，防止机构人员人浮于事。最后，还应完善“大调解”的保障制度，在组织、人员、经费、权利等各个方面制定规则，为“大调解”的开展提供保障。

2. 采取措施提高司法确认的规范性和公信力

进一步规范调解协议司法确认案件的审理，促进人民调解与诉讼的良性对接，应明确以下内容：

第一，明确审查的基本原则和范围。基于调解协议司法确认程序的目的考虑，

---

① 《人民日报关注山东出台全国首个多元化解纠纷省级地方法规》，载齐鲁网：http://news.iqilu.com/yangmei/20160907/3022037.shtml，最后访问日期：2018年3月21日。

对于调解协议的司法审查仍宜采取从宽的原则。法官只需审查协议内容是否确属当事人真实意思表示,是否存在违反法律、行政法规强制性规定的情形,是否存在侵害国家利益、社会公共利益、他人合法利益、社会公序良俗的情形。第二,科学合理地评估司法确认案件的工作量,重新拟定此类案件的考核参数,并可考虑以调解同等次的奖励措施鼓励法官办理司法确认案件。第三,考虑完善调解员培训机制,定期进行法律知识的培训,逐步提高调解员法律素养;现阶段,有条件的地区可考虑在各调解机构设一名常驻的法律事务顾问,对调解协议的合法性进行前期把关,提高调解协议的质量。第四,对于伪造的、虚假的调解协议,法官在审查调解协议时,认为可能损害他人合法权益且不能排除合理怀疑的,应当依职权调查证据,查明案件事实,对于确属当事人故意达成虚假调解协议并请求司法确认的,人民法院应当驳回其请求,并根据情节轻重,对当事人处以罚款或者拘留。达到法定要件时,应追究其刑事责任。第五,应当完善当事人和案外第三人的权利救济机制,使权利可能受到侵害的主体获得救济的途径。

3. 建立立案强制调解、立案评估等工作机制

(1)在适用小额程序的案件中确立立案强制调解制度

有学者认为,最高人民法院《关于适用简易程序审理民事案件的若干规定》第14条已经确立了我国的强制调解制度,但实际上该条文只是强调了法官在规定的6类案件中,应先行引导当事人进行调解,若当事人不同意进行调解,法官则必须转入审判程序。从其他国家的强制调解立法来看,强制调解多指针对某些特殊类型的案件,当事人必须在国家认可的调解机构调解后才能向法院提起民事诉讼,而小额财产纠纷多数属于诉前强制调解的适用范围。这类似于我国的劳动争议仲裁前置。德国《民事诉讼法施行法》第15a条规定,对于诉讼标的额在750欧元以下的财产纠纷,当事人须在州司法管理机构设置或认可的调解机构调解之后才能向法院提起民事诉讼。①

我国《民事诉讼法》确立了小额诉讼制度之后,小额诉讼的司法实践已然存在调解率高的状况,这说明了实务操作中小额程序的适用已然偏离了立法原旨,出现了与调解混同的现象。而各地高院所制定的小额诉讼实施细则多倡导"调解优先",更是会引导基层法官的实务选择,使小额程序难以发挥立法的预期功能。既然如此,何不明确规定在小额诉讼中实行诉前强制调解制度,借此将一部分案件预先进行过

---

① 章武生、张大海:《论德国的起诉前强制调解制度》,载《法商研究》2004年第6期。

滤和分流,实现诉讼外的纠纷解决,从而减少流入法院的案件数量,合理配置解纷的社会资源。这也构成了规范"大调解"机制中的一个重要环节。对于最终未能达成调解协议进入小额诉讼的案件,法官不再调解,直接按照小额程序快速判决。如此,既可以充分发挥调解的重要作用,又可真正实现小额程序的制度目的。

(2)建立立案诉讼风险评估机制

所谓立案诉讼风险评估,是指当事人到法院立案时,法院登记立案之前先由工作人员针对当事人提交的诉讼请求,围绕法律关系、主要证据、诉讼成本进行中立、适度的分析评估,据此对当事人提出建议,以便当事人更全面地了解诉讼可能存在的风险和可能带来的不利后果。通过立案前的风险评估和诉讼引导,使当事人明白诉讼并非解决纠纷的唯一或最佳途径,寻求更加合理的纠纷解决方式才能最大限度地减少时间和物质损耗,同时达到解决纠纷的目的。这一举措可在很大程度上避免当事人盲目立案、盲目诉讼,从而起到诉前分流案件的效果。立案诉讼风险评估的范围包括诉讼风险释明、诉讼成本预判、解决纠纷途径引导、司法救助的途径等。

同时,基于社会治理中法院所起的重要所用,诉前风险评估机制可帮助法院提前掌控重大敏感案件线索,有利于法院及时启动相关风险处理机制,适时采取措施化解矛盾。例如,容易受群众关注的案件、可能对社会生活起明显导向性作用的案件、涉及重大利益的案件、有可能因诉讼引发当事人上访的案件等,均应作为诉讼风险评估重点关注的案件。此类案件中如有不适合由法院立案的案件,应即时启动"大调解"工作机制,由立案庭层层上报政法委,联合政府相关部门第一时间介入和化解,尽可能把矛盾消灭在萌芽状态,防止事态扩大。

4. 用好司法大数据,建立滥诉识别、防范机制

以"互联网+""智慧法院"建设为背景,如何用好、用活司法大数据是当下一个热点问题。运用技术手段、以大数据收集运用为基础,法院在立案阶段可建立滥诉案件甄别机制。第一,通过联网的司法大数据系统甄别、筛选原告是否存在关联案件、是否有滥诉经历或相关倾向等,一旦发现立即向相关业务庭和部门领导通报,研判解决措施。第二,可通过参数设置关联显示案件类型,通过填写关键词查找相关法律文书,以初步确认是否属于滥诉。第三,立案前要求当事人签订诚信诉讼承诺书,说明滥用诉权、虚假诉讼、无理缠诉的法律后果和惩戒措施,如可被记入信用记录和进行公开曝光等。

从机制建设的角度上说,可以当前法院的信息系统为依托,统合建设全国法院

司法信用数据库。该数据库将记录参加诉讼的公民、法人和其他组织以及诉讼代理人(包括律师)的无理缠诉、虚假诉讼、恶意诉讼、扰乱法院秩序等涉及诉讼环节的信用信息,并与政府的公共信用信息平台互联互通或者数据共享。只要当事人提起诉讼不予以立案和驳回起诉达到一定数量时则会被记录在该司法信用数据库,该信用记录随即也会被传输到政府的公共信用公开平台,作为政府公共信用信息平台上的综合信用评价指标之一,对当事人的信用评级构成影响。

(二)诉中:简繁分流及类型化专业审判

1. 应制定和细化案件分类管理规则

诉讼法对案件的划分只有原则性规定,准确地把握各类民事案件的特点,科学合理地确定案件的分类标准,方能使具体程序的运行进入制度化轨道。一般来说,案件管理的分类标准可参考如下5个因素:一是诉讼标的额;二是案涉法律关系的性质或类型;三是当事人人数;四是社会影响力;五是其他因素,如案件需要鉴定的,法律规定不明或适用法律有难度、争议较大的案件,被告下落不明的案件等均需适用普通程序等。对于案件来说,"繁""简"与类型只是相对而言,错综复杂的社会关系决定了这种划分标准不可能是简单、僵硬的。在统一管理标准的前提下,应同时赋予法官在具体操作过程中根据案件具体情况灵活应变的权力,从而在最大限度上实现案件的科学管理。

2. 呼吁统一立法,完善速裁程序

现行的民事速裁实践一般限于标的额较小、权利义务关系明确、争议不大和迫切需要迅速解决的案件,将之归为一种专门、独立的诉讼程序具有一定的合理性。在统一的民事诉讼程序法的规范下,对各种不同类型、不同争议程度、不同解纷要求的案件分别采用不同层次的程序,可以使各种类型的案件得到相对应的妥善处置。

完善速裁程序,其重点和关键在于:第一,在制度构架上,应制定统一的规则,如规定民事速裁程序的适用标准、案件甄别、启动主体、组织机构、审判模式、审理规则、送达、救济、收费标准等。第二,应注意在与《民事诉讼法》其他程序的衔接,发现案件不适用速裁程序的,应及时转入普通程序或及时引入调解机制。第三,应注重执行环节的安排,对于赡养、继承、婚姻等涉弱纠纷的案件,法院应给予特殊的关照,建议配备专门的执行力量,跟案执行、快速执行。提高速裁程序解纷分流功能的同时,也能起到更好的社会效果,提高社会公众对速裁程序的认同度。第四,在实践运行中应建立科学的业绩考评机制,合理确定、综合衡量速裁案件的工作量,建立公平的评价体系，发挥考评机制的正向激励作用。

3. 根据案件领域，进行专业化审判

专业化审判可以实现审判业务的合理分工。将同一类型的案件交由某一专业团队集中审理，通过专业人才的聚集、类案经验的累积及对专业特长的培养，不仅能提高诉讼效率、统一裁判尺度，而且对提高审判人员专业水平大有裨益，有助于形成专家型、知识型的业务骨干，提升法院整体的专业水平（见图5、图6）。

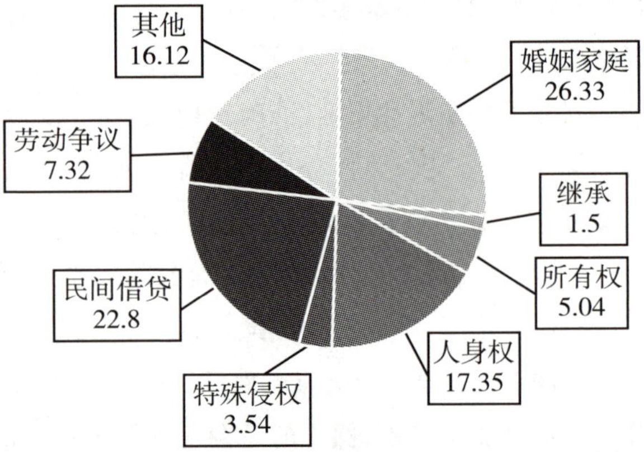

图5　2015年人民法院审结一审案件构成

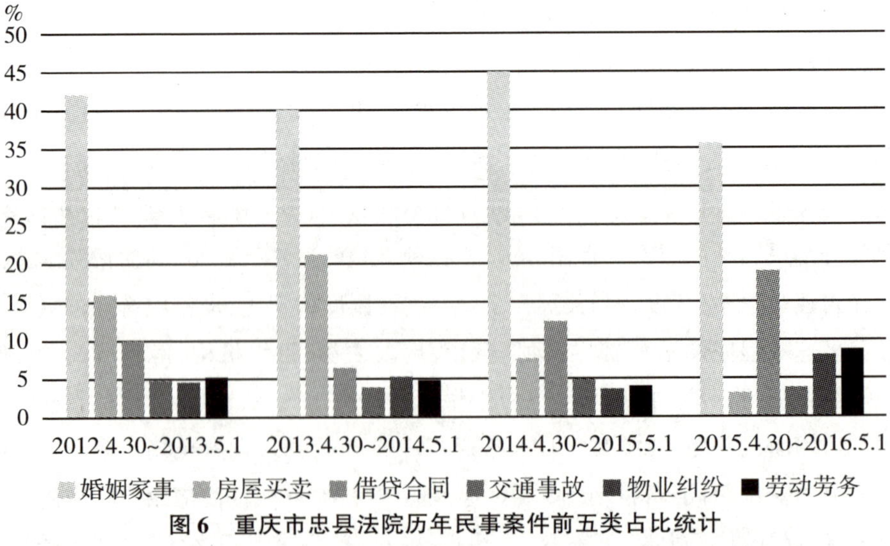

图6　重庆市忠县法院历年民事案件前五类占比统计

从图6可以看出，民事案件中，婚姻家庭、合同、侵权类案件基本可占总数的80%以上，这就为我们推行家事审判、侵权、合同等专业化审判提供了基础。在具体实施上,建议各级法院结合审判实际,根据本辖区案件的类型和特点,设立少年、家事、劳动争议、民间借贷、交通事故、特殊侵权等专业的合议庭。

受现实条件的制约,各地区法院的人力、财力、案件等存在不同情况,全面铺开建立专业审判庭既不科学也不现实。可采取逐步分区试点的方式,在条件不成熟的地区,也可以通过在综合庭内分出专业审判小组或培养专业化法官的方式,逐步提高审判的专业化程度。通过专业化的审判,对每年的婚姻家庭、劳动争议、医疗、金融、保险等类案件进行总结分析,发现其中的疑难和普遍性问题,可及时向相关部门发送司法建议,改善社会治理。同时,对于法律法规中存在的问题,可向人大等立法部门发送立法或修法的相关建议。

4. 充分改良、运用现有程序的功能

(1)非讼程序

在我国,非讼程序的优点没有得到充分的发挥,一方面是因为立法上对非讼程序的设置存在粗疏、简陋、可操作性差的缺点;另一方面则是实务中对非讼程序作用的认识不足。如果立法上能更精密地进行程序设计,突出非讼程序的程序特点并合理地规划非讼程序审理对象的范围,那么非讼程序应该可以发挥其分流案件的作用。

以督促程序为例,在德国的司法实践中,以信息化技术为载体的电子督促程序,在最大程度上节约了司法资源,提高了效率。然而,在我国司法实践中,督促程序几乎处于被空置的状态,深究其原因,无外乎以下几点:其一,法官工作考评机制致使法官缺乏适用该程序的热情;其二,程序运作不合理,异议权滥用严重;其三,对诉讼中的不诚信行为缺乏相应的制约机制,导致程序作用落空。我国新《民事诉讼法》对于督促程序作了一定的修正,但是这些修正并没有真正起到提高督促程序适用率的作用。

欲使督促程序的运作摆脱目前的困境,应有以下几个方面的考虑:从宏观、长远的角度来说,社会诚信体系的建设是督促程序得以顺畅运转的基础,但这是一个复杂而漫长的过程,非一日之功;从具体程序技术来讲,则必须完善程序本身的设计,从防止债务人滥用异议权,以及加强督促程序和普通程序之间衔接等措施上着手;从外部激励角度来讲,应完善现行的法院工作绩效考评机制,同时在法院系统内部加强宣传和学习,提高法官适用督促程序的积极性。而随着信息化手段的进步,督促程序电子化则必将成为今后发展的必然路径。实际上,2015 年杭州市西湖区人民法院已然发出全国首例电子督促程序支付令,开我国电子督促程序之先河。[①] 未来对我国督促程序进行电子化改革势在必行,但是在前期,技术手段和基础设备尚不完备的前提下,可视应用情况逐步铺开。

(2)小额程序

课题组发放的调查问卷反映出,法官不愿适用小额程序的主要原因是"缺乏具体规定"或"规定不合理",可见规则缺位是小额程序未能得到充分适用的重要原因。完善小额诉讼程序并使其发挥预设的价值,需重点从以下几个方面入手:

确定小额程序案件适用的基本标准;在立案阶段,应对当事人做好立案释明工作;小额程序的文书格式应采用表格化模版;在时限上,小额程序应于当日移送业务庭;在庭审和裁判阶段,对当事人、证人的传唤可简便化,送达方式上采用电子邮件、电话、短信等方式,原则上当庭裁判,当庭送达,并采用简化的裁判文书;在诉讼费方面,应考虑比简易程序更低的收费标准,以鼓励当事人选择小额程序;在程序衔接与转化上,应明确将小额程序转化为简易程序或普通程序的情形;在程序救济上,仍应给予当事人一定的救济手段,可考虑赋予当事人以复议权,法官可根据具体情形在宣判前对拟判意见予以释明,给予当事人发表意见维护权利的机会。

(三)裁判:改革裁判文书,推行裁判文书简化模板

在推进案件分流中,法官与当事人都需要一种更新的文书模式,来达到"写得快、能读懂、效果好"的最终目标。对标的额较低、事实清楚,权利义务明确,争议不大的或者不存在争议的案件,可以通过套用简化诉讼文书模本,切实为法官们减轻负担。对适用普通诉讼程序审理的"繁"案,则应更加强化事实与法律依据的表述,规范论证与说理的环节。从而在案件审理的最终环节实现繁简分流。

在具体做法上,我们可参照广东法院根据案件类型、当事人、诉讼程序的特点,制作令状式、要素式、表格式3种诉讼文书的模板供法官使用。针对简案、繁案分别采取制作不同的诉讼文书,预制好可反复使用的诉讼文书模板,不仅提高了裁判文书制作的效率,也节省了审判资源,让法官集中精力制作复杂案件的裁判文书,达到简案更简,繁案出精的审判效果。

现行所有的简化模式都是各个法院自己的尝试和摸索,尚缺乏通行全国的权威

---

① 《杭州西湖区法院发出全国首例电子督促程序支付令》,载新民网:http://news.xinmin.cn/shehui/2015/06/04/27786127.html,最后访问日期:2018年3月22日。

范本。不能实现跨区域的整合,且难以应对“合法性”的质疑,故而多数法院仍在适用老的文书样式。为今之计,最高人民法院应尽快出台裁判文书简化的适用规范和文本范式,真正实现案件繁简分流的有“始”有“终”。

(四)执行:简案速执与分段集约执行并举

1. 明确案件分流标准

简易执行案件应以“执行标的金额不大、被执行人的财产线索易于寻找、被执行人对抗行为不强、执行期限较短”等为标准。具体而言,可指向两种类型的案件:一是简易的财产给付型执行案件,包括足额财产保全的案件、被执行人抵触情绪不强、被执行财产金额较小的案件等,该类案件的执行程序应以效率为目标,尽可能简化程序、压缩流程,快速执行快速结案。二是简易的行为给付型执行案件,包括剥夺和限制被执行人的人身、自由、劳动、名誉等。行为给付型执行案件因不需进行财产查控、处置等,执行过程相对简单,故也可采用快速执行程序。

2. 成立简案速执工作组

简易案件的执行,以突出效率为要点,宜成立简案速执工作组专门负责简易案件的执行,在工作中尽量减少流转环节。例如,工作人员在送达执行文书的同时,可对被执行人进行询问,要求被执行人限时主动申报财产。必要的情况下,执行人员可以即时直接采取相应执行措施,确保案件能够迅速执行到位等。前已述及,在小额程序和速裁程序中的某些特殊类型的案件,可以与此种工作机制相结合,发挥各自的最大效能。同时,应对简案的执行期限作出必要限制,无正当理由不得超期执行,从而确保该工作组始终处于高速运转状态,提高执行效率。

3. 完善分段集约化工作机制

最高人民法院2011年10月19日出台了《关于执行权合理配置和科学运行的若干意见》,要求在执行程序中采用分段集约执行模式。截至目前,具体的操作规则尚未出台,各地法院在实践中的做法大有不同,一定程度上影响了这项工作在全国铺开的效果。重庆市各级人民法院采取的财产保全集约办公模式,即通过成立民事财产保全中心,建立专职化的民事财产保全队伍,集约行使审查、裁定、执行、复议等职能的方式,目前运转良好。可以尝试将该模式延伸至其他的执行工作中。

完善集约分工的执行工作模式,具体而言:其一,在执行的配置权上,可以将执行分为启动、初步调查、深入调查、评估拍卖、异议处置和监督结案几个阶段,分别设立各自的责任部门;其二,在流程管理上,要严格时限管控,各个流程节点必须按照事先制定好的规程执行;其三,在流程各个节点的衔接上,应着力建设专门的管理规则,消除各流程衔接上的障碍,在最大程度上保证衔接的顺畅;其四,应充分利用信息化手段,收集各个阶段的重要信息,既能减轻执行人员的工作压力,又避免重复劳动;其五,要建立科学的考评机制,根据执行各个阶段的不同特点设置相应的考核指标,以此达到规范执行、提高效率的目的。

法院院长职权结构优化论

——基于《人民法院组织法》与《民事诉讼法》衔接的考量

高　翔*

我国诉讼理论与法院组织理论存在一定的疏离现象,就诉讼法而言诉讼法、就司法制度而言司法制度成为一种研究定式,这种研究定式在民事诉讼领域体现尤为明显,既导致诉讼法学对深化司法改革的参与不足,亦使司法改革制度设计空洞并因欠缺程序法保障而实施受限。值得注意的倾向是,在深化司法改革背景下,民事诉讼法学界近期已有研究成果,即从我国《民事诉讼法》与《人民法院组织法》结合视角,对书记官职责及庭审记录的性质与功能、审判职权与审判职设置进行相关研究,为法院组织与诉讼程序的结合研究提供范式与启示。① 法院是民事诉讼法律关系的重要环节,法院的诉讼行为是民事诉讼行为理论的重要内容;《人民法院组织法》是以法院为调整对象的专门法律,规范法院的组织形式、诉讼行为及司法行政行为。民事诉讼理论与法院组织理论在法院诉讼行为上发生直接融合,主体(《人民法院组织法》)—行为(《民事诉讼法》)的内在逻辑关联使两法具

* 重庆市高级人民法院研究室主任,法学博士。

① 相关研究参见张卫平:《论庭审记录的法定化》,载《中外法学》2015年第4期;傅郁林:《以职能权责界定为基础的审判人员分类改革》,载《现代法学》2015年第4期。

有协同性基础，同时法院组织理论中的司法行政行为对诉讼程序运行具有重要影响。

法院院长[①]的法官身份与职权使之具有重要的诉讼法意义，其司法行政权限亦为我国《人民法院组织法》调整规制的重点对象，从而成为考察法院组织与诉讼理论衔接最具代表性的研究样本。近年来，法院院长在某种意义上成为中国司法国情、现象及问题的缩影，学界对其角色承担、多元面孔与趋势走向从法政治学、法社会学视角进行深入讨论，以此剖析司法与政治、审判事务与司法行政、法官独立与司法管理等潜在论题。[②] 深化司法改革尤其是法官员额制的深入推进，使法院院长"角色论"的应然讨论切换至"职权论"的实然运行。[③] 院长"角色论"研究范式明晰了院长职权的语境空间，但尚不能直接为法官员额制下的院长职权改革提供更深层次的技术支撑，院长"职权论"便成为"角色论"基础上进一步探讨之论题。本文以我国《人民法院组织法》与《民事诉讼法》衔接的分析方法剖析我国法院院长职权的层级结构，厘清院长职权运行逻辑并进而明确改革路径，期待可对司法改革研究由政策型研究转向技术型研究、由法社会学研究转向诉讼理论与法院组织理论衔接研究略有推动。

一、"角色论"下法院院长职权运行的实证考察

（一）法院院长职权构成的规范分析

我国地方法院院长职权规范并未构成严谨规范体系，无专门法规或章节乃至条款予以系统规范，散见于我国《人民法院组织法》《法官法》，诉讼法及最高人民法院司法文件中。现行法规范中的地方法院院长职权大致涉及案件审判权、程序决定权、司法人事权、司法监察权及司法行政管理权。案件审判权源于我国《人民法院组织法》《法官法》"院长是具有审判权的法官，应履行审判职责"的规定。诉讼法赋予法院院长对诉讼中涉及人身及重大财产性利益的程序事项的决定权，包括回避、适用妨碍诉讼强制措施、延长审限、决定进入再审、签发搜查令及腾退房屋或土地的公告等。司法人事权分为任命权、提请任命权与业绩评价权，法院院长有权任命本院助审员及书记员，提请同级人大常委会任命审委会委员等审判职务，我国《法官法》

---

① 本文讨论的法院院长限定于地方法院，不包括最高人民法院；主要指正职院长。

② 相关研究参见左卫民：《中国法院院长角色的实证研究》，载《中国法学》2014 年第 1 期；吴英姿：《法官角色与司法行为》，中国大百科全书出版社 2008 年版；等等。

③ 院长是否进入法官员额、入额标准及程序为何、入额后如何处理审判与管理的关系、如何避免院长入额后形式化办案或转移审判职责等，均系法官员额制改革重大的理论与实践难题。

授权法院院长组织本院法官业绩评价。《人民法院监察工作条例》规定地方各级法院监察室在本院院长领导下工作,实则赋予法院院长司法监察权。法院院长还对财务装备等维系法院运行的行政保障事务享有管理权限(具体职权见表1)。

表1　地方法院院长法定职权构成

职权类别	职权内容	法源依据
案件审判权	(1)担任审判长;(2)担任承审法官;(3)主持审委会	《人民法院组织法》《法官法》
程序决定权	(1)决定回避;(2)发现生效裁判确有错误后提交审委会讨论;(3)延长审限批准权;(4)是否提交审委会讨论;(5)签发搜查令;(6)决定拘传、罚款、拘留的适用;(7)签发腾退房屋或土地公告	《人民法院组织法》《法官法》,以及三大诉讼法
司法人事权	(1)提请本级人大常委会任免审委会委员、庭长、副庭长和审判员;(2)任免本院助理审判员、书记员;(3)决定助审员代行审判权职务;(4)担任本院法官考评委员会主任,指导对法官的培训、考核、评议工作	《人民法院组织法》《法官法》
司法监察权	(1)领导本院监察室;(2)作出警告、记过、记大过处分决定	《人民法院监察工作条例》
司法行政管理权	经费、装备、档案、文书等管理权	参照行政机关规章

(二)法院院长角色的实证分析

中国地方法院院长扮演着多重角色,任一角色均可能对其他角色形成挤出效应,以致进入角色超载、角色冲突困境中。① 角色超载并不必然导致角色冲突,即使兼具多重角色,若能以付出更多精力投入等方式应对,则可能胜任多元角色而不至于产生冲突。② 导致角色冲突的原因可能是,兼具多重角色而精力投入已达极限,难以有效投入更多精力应对;另一原因是各种角色存有冲突,某一角色可能从本质上妨碍另一角色的演绎。学者的实证研究显示,中国地方法院院长具备管理家、政治家、法律家三重角色,三重角色权重依次递减,管理家与政治家角色居重要地位,法律家角色地位相对次要。③ 法律家角色实践遇冷显然与法院作为裁判机关、院长身为优秀法官的价值预设不符,从而形成中国地方法院院长的角色冲突。

① 参见江国华、韩玉亭:《论法官的角色困境》,载《法制与社会发展》2015年第2期。

② 参见[日]高见泽磨:《现代中国的纠纷与法》,何勤华、李秀清、曲阳译,法律出版社2003年版,第221页。

③ 参见左卫民:《中国法院院长角色的实证研究》,载《中国法学》2014年第1期。

演绎法律家角色的“最佳剧本”是承办案件，是否承办案件、承办多少案件、承办案件是否发挥裁判指引功能系评价法律家角色是否成功的直观依据。会议在中国行政化运行结构中居重要位置，具有政策传递、工作部署、政治教育、行政控制等多重功能，地方法院院长管理家、政治家角色的演绎以及政务等非审判工作的完成，主要通过参加上级会议、召开本级会议形式实现。为掌握该冲突点的经验资料，笔者统计了J区人民法院院长2015年年度审理案件与参加会议情况，分析院长角色冲突的表现形式（见表2、表3、表4、表5）。①

表2　J区人民法院院长审理案件情况（单位：件；占比＝数量÷Y区人民法院结案数）

人员	担任审判长审理案件	作为承审法官审理案件	提请审委会讨论案件	合计
正职院长	8	0	13	21
副院长	75	55	254	384

表3　J区人民法院院长参加当地会议数量情况（单位：次）

参会人员	会议事项								会议召集部门						
	党风廉政	征地拆迁	作风建设	个案联席会	法院创新工作	专题汇报	其他	合计	区委办	区府办	人大	政协	纪委	其他	合计
正职院长	6	6	5	6	3	12	12	50	11	4	13	7	9	6	50
副院长	10	51	4	27	0	45	69	206	38	81	14	35	7	31	206
合计	16	57	9	33	3	57	81	256	49	85	27	42	16	37	256

表4　J区人民法院院长参加高级以上人民法院召开会议数量情况（单位：次）

参会人员	会议事项						
	最高人民法院视频会议	法院整体工作	司法政务	审判业务会议	司法廉政与法官队伍建设	综合审判性会议	合计
正职院长	8	5	4	3	4	1	25
副院长	13	0	5	11	4	4	37

① Y区人民法院为该省级区划内受理案件数量最多的基层人民法院，在访谈中，该院院长介绍：为缓解审判压力，该法院已最大限度压缩会议数量。因此，从理论上讲，审理案件与参加会议的冲突在其他法院可能更加突出。

表5 J区人民法院组织召开的会议

类别	党组会议	审委会	全院法官及工作人员会议	合计
次数	33	15	4	52

表2反映J区人民法院院长审理案件数量较少,尤其是作为承审法官直接审理案件数量仅为55件,在该院年度38,000件审结数中占比较低,院长履行审判职权主要通过决定案件提交审委会以及参与审委会讨论体现。表3至表5呈现J区人民法院院长参加当地、高级人民法院及本院三个层次会议情况,与审理案件数相较形成压倒性优势。J区人民法院作为当地政权架构及治理结构的重要组成部分,院长以区委委员身份参与本地经济社会管理决策,J区人民法院应当接受当地人大监督及政协民主监督,J区人民政府希望法院为经济快速发展提供保障,区委办、区府办、区人大、区政协均成为法院院长参加会议的召集主体,参加会议次数达256次,以250天的年均工作时间相比,达到每天一会密度。高级人民法院召集的正式会议要求正职院长参加的25次。① 召开会议同样是本法院的重要治理方式,在案件数量压力极大背景下,J区人民法院已大幅精简自行召开的会议(无院长办公会、政治学习会等),但仍召开各类会议52次。

(三)"角色困境"下的法院院长权力运行

院长审理案件与参加会议的冲突,反映了法律家角色与管理家、政治家角色的错位,法规范体系中的院长职权反成为院长角色极少涉及的内容,法无明文规定的政务工作成为院长核心职权事项。中国法院院长的根本性角色,在于其同时担任法院党组书记,党组书记角色与政治家、管理家相关,而与法律家基本无涉。法院院长参加会议众多而无精力行使法规范设置的职权,并非基于自身权力行使偏好,而是"角色困境"下调整权力行使重心的行为选择。

对外而言,在政治、行政与司法交错背景下,法院是当地政权架构及治理结构的组成部分,适应当地政治生态、执行当级党委政策对院长而言系重要政治逻辑。作为党组书记的院长需接受同级党委领导,贯彻执行同级党委重要决策部署,主动向党委报告法院重要工作、重大事项,积极争取党委对法院工作支持,是法院党组书记最重要的职责任务。作为党组书记的院长还需代表法院与法院外的政府等公共部门及日益突出的传媒、公众等社会力量之间进行有效"配合"或"沟通",预防、解决

① 本统计仅包括高级人民法院召开的正式会议,未统计以口头等形式通知参加的会议。

各种已发现、可能发现的冲突,为法院争取更大话语权与发展空间。① 法院院长向同级人大报告工作的制度设计,虽符合机关法人一般原理,但全体法官所有审判工作均通过院长对权力机关表达,具有院长对全法院所有事务负责的标识效应,成为院长主演管理家、政治家角色的制度注解。② 在党组书记、院长对法院整体工作负总责语境下,法院整体工作质量与院长政绩直接关联,使院长在行为选择上倾向于履行影响面广、效果明显、出成绩快的制度创新、做好审判指标等管理性工作,而对行使审判职权有所忽略。

对内而言,党组是法院内部的领导核心,作为党组书记的院长是领导核心之核心。党组书记的核心职责在于政策制定与政务管理,需要把执政党的司法政策落实到每个法院运行中,政务管理集中体现在队伍管理、司法行政事务管理方面。党组书记意见在人事评价中居于极其重要位置,并在司法行政事务管理中居于绝对主导地位。廉政建设中的主体责任亦是党组书记的重要职责,承担廉政主体责任的法院党组书记负有督促本院全体法官廉洁公正司法的义务,并可能因履行主体责任不力而被追责。作为紧密型组织的法院构成以院长为首,负责人、财、物等资源调配、集司法行政管理和审判业务管理为一体并按照科层制原理运行的管理单元。③

二、地方法院院长职权的比较考察

虑及我国法院设置及运行与大陆法系国家更为接近,考察德国、法国、日本地方法院院长职权的法律规范与理论学说,以期对我国地方法院院长职权改革有所镜鉴。

(一)院长职权的一般性规定

第一层是大陆法系国家法官法普遍规定,“院长由具法官之职的人兼任”,被视为反映司法规律、体现司法属性的经典表述。在案件审判中,院长除了在参加合议庭时担任审判长外,无优于法官的权力。院长被编入固定合议庭担任审判长,直接承办案件的数量可根据行政事务轻重酌情减少。④ 第二层是院长被赋予对外管理行

---

① 左卫民:《中国法院院长角色的实证研究》,载《中国法学》2014 年第 1 期。

② 蒋惠岭:《法院独立与法官独立之辩——一个中式命题的终结》,载《法律科学》2015 年第 1 期。

③ 参见王亚新、李谦:《解读司法改革——走向权能、资源与责任之新均衡》,载《清华法学》2014 年第 5 期。

④ 参见蒋惠岭:《“法官兼院长(庭长)”的司法规律解读》,载《法制日报》2015 年 3 月 18 日,第 9 版。

政事务、对外代表法院的地位。法国《司法组织法》规定，法院行政管理权由院长行使，对内负责行政事务，对外代表整个法院，职责是保障整个法院运转，有权以院长令形式采取各种司法行政措施。① 日本《法院法》规定，司法行政事务由法官会议商议，由院长进行总结归纳，院长是会议的议长。②

（二）院长紧急审判程序权与依请求直接裁定程序裁判权

紧急程序审理权与依请求直接裁定权是法国民事诉讼中大审法院院长、商事法院院长、上诉法院院长享有的独具特色的审判权。法院院长是紧急审理程序和依请求直接裁定程序的法官。所谓紧急审理程序，系指在所有紧急情况下，法院院长得到紧急命令采取不会遇到严重争议的任何措施，或命令采取因存在某种争议而证明有必要的措施。③ 紧急审理程序可完全在争议之外进行，也常被认为是提起诉讼的征兆，或是为了在事后的诉讼中取得有利位置，或是为了紧急情况排除妨碍等。所谓依请求直接裁定，系指由于具体情况要求不能经过对席审理而采取紧急措施时，法院院长可以依申请作出裁定，命令采取紧急措施，如批准实行支付扣押或实行保全扣押措施。④ 紧急审理程序和依请求直接裁定程序审判权均为法院院长受请求作出"不涉及案件实体"的临时性决定，两者差异在于紧急审理程序采对审程序，需传唤对方当事人到场，依请求直接裁定程序不采对审程序而依单方申请后作出裁定。⑤ 这两项特别审理权限在审理程序方面赋予法院院长较大的权力，主要基于紧急情况下保护当事人诉权的效率考虑。不触及实体更不会解决实体问题是这种临时性决定的底线，若在事后诉讼程序中发现临时性决定有误可予变更或撤销，院长可将此项权力委托给其他法官行使。⑥

（三）院长的裁判事务分配职权

大陆法系国家普遍确立法定法官原则，并在法院组织法中建立裁判事务分配制度以实现法定法官原则。所谓裁判事务分配，乃指法院内部对于将审判事务如何分

---

① 参见[法]洛伊克·卡迪耶：《法国民事司法法》，杨艺宁译，中国政法大学出版社2005年版，第23页。

② 参见刘薇：《制度与理念——日本第三次司法改革评述》，吉林大学出版社2008年版，第58页。

③ 金邦贵：《法国司法制度》，法律出版社2008年版，第98页。

④ 《法国新民事诉讼法典》，罗结珍译，法律出版社2007年版，第825页。

⑤ [法]让·文森、塞尔日·金沙尔：《法国民事诉讼法要义》(上)，罗结珍译，中国法制出版社2001年版，第306页。

⑥ [法]让·文森、塞尔日·金沙尔：《法国民事诉讼法要义》(下)，罗结珍译，中国法制出版社2001年版，第1280页。

配与个别法官或审判体以抽象形式而对于未来加以规定者。[1] 裁判事务分配是大陆法系国家重要的案件管理制度，成为案件进入法院后诉讼程序与法院组织的连接点。法国大审法院、上诉法院院长可通过院长令形式在各法庭与服务部门间分配法官，在法律范围内决定案件在各个审判庭的分配，并在必要情况下改变这种分配。[2]

（四）院长的司法行政监督职权

大陆法系国家法院组织法及法官法普遍规定法院院长对本院法官具有司法行政监督职权。[3] 司法行政监督职权主要包括法官业绩评价及法官惩戒两方面，法官业绩评价是激励导向的司法行政监督权，而法官惩戒则是责难性的，司法行政权不得影响或限制法官裁判权尤其是审判核心事务行使是大陆法系国家法院组织法的一项基本原则。

法官业绩评价方面，大陆法系国家通常由代表司法行政力量的法院院长与代表法官自治力量的法官委员会共同发挥作用。鉴于法官业绩评价系司法行政监督职权，德国《法官法》明确法院院长主持法官考评，院长评价是德国法官考评书的重要内容，院长评价可对该法官审判工作的实际状况等情况进行如实陈述。[4] 日本对判事、判事补的人事评价由所属法院院长实施，简易法院判事的人事评价由管辖其所属的简易法院所在地的地方法院的院长实施。高等法院院长可对管辖范围内地方法院院长、家庭法院院长所作的人事评价予以调整补充，并就法官对评价意见不服的进行复审。[5] 同时，大陆法系国家的法官人事评价规则普遍科以法官向其所在法院首席法官、院长讨论评价结果的义务，主要基于法院院长对法官业绩评价具有司法管理职责，有权知悉法官评价具体情况，法院院长在评价时也应征求法官及所在庭长意见。尽管法官惩戒一般由法官（惩戒）委员会行使，但法院院长亦具有相当处分权限。

三、我国法院院长职权重塑的宏观分析

（一）《人民法院组织法》与《民事诉讼法》双重视野下的法院院长职权重塑

从法制史上考察，与现代《民事诉讼法》发展在关系上最为密切的是《人民法院

---

① 参见姜世明：《法院组织法》，台北，新学林出版股份有限公司2012年版，第171页。

② 参见法国《司法组织法》第R.311-23条、第R.311-27条。

③ 参见德国《法院法》第80条。

④ 参见冯文生：《德国法官考评的“学问”》，载《人民法院报》2012年3月16日，第7版。

⑤ 参见冷罗生：《日本现代审判制度》，中国政法大学出版社2003年版，第283页。

组织法》与民法，可认为，《民事诉讼法》是基于两者间的法律，《人民法院组织法》作为公法为《民事诉讼法》调整的审判法律关系提供了基本依据。[①] 法院组织理论与诉讼理论的结合在大陆法系国家及地区取得了成功，体现在我国《人民法院组织法》、诉讼法立法及相关研究中。以法国为例，20 世纪中叶法国兴起民事司法法研究，民事司法法系民事司法组织、民事司法管辖权与民事诉讼程序规范的总和；从组织性看民事司法法解决了谁是裁判民事纠纷法官的问题，既然有了民事司法的行为主体，下一步就是法官裁断纠纷如何展开的程序问题；在法律渊源上主要包括新民事诉讼法典、司法组织法典。[②] 德国、日本、韩国经典著作普遍将法院组织纳入诉讼主体编予以详尽讨论。[③]

法院组织理论，乃规定审判机关之组织、任务分配、人事及活动基本规则之理论，系法院组织及活动具重要性及整体共通性问题的一般性规则，法院组织法与诉讼法关系乃呈现交错现象，两者互为各自广义定义下之法源。[④] 就权利基础尤其是宪法性权利基础而言，公民听审请求权保护构成《人民法院组织法》与《民事诉讼法》共通的权利基础，并在两者的体系衔接、结构合理化、规范冲突中发挥价值调节作用。诉讼法发展应当兼顾《人民法院组织法》发展，同理亦然。法院组织理论与诉讼理论协同共生体系，应当分析融合性的理论根源以及差异性、交叉内容如何在诉讼法与《人民法院组织法》中布局、如何使两法从理念到内容遵循"主体—行为"的内在逻辑与"程序—组织"的结合技术，并就各具体领域的衔接做具体构建。同理，法院院长职权重塑唯有在《人民法院组织法》与诉讼法双重视野下方能合理定位并厘清结构层次。

近年来，诉讼法学界已尝试运用"程序—组织"的分析方法研究中国民事司法实践及改革相关问题，主张中国诉讼程序运行应"嵌入"中国法院组织框架加以考察，程序运作与组织管理相互交织可谓我国司法运行的一种社会实在，应当承认"组织

---

① 陈刚：《民事诉讼法学的基本意义及研究方法》，载陈刚主编：《比较民事诉讼法：八》，中国法制出版社 2012 年版。

② ［法］洛伊克·卡迪耶：《法国民事司法法》，杨艺宁译，中国政法大学出版社 2005 年版，第 100 页。

③ 相关论著参见［德］罗申贝克：《德国民事诉讼法》，李大雪译，中国法制出版社 2007 年版；［日］新堂幸司：《新民事诉讼法》，林剑锋译，法律出版社 2008 年版；［韩］孙汉琦：《韩国民事诉讼法导论》，陈刚译，中国法制出版社 2010 年版等。

④ 姜世明：《法院组织法》，台北，新学林出版股份有限公司 2012 年版，第 153 页。

管理束缚下的司法程序运作"这一现实,并在适度考量中国法院组织管理逻辑基础上,避免司法程序的逻辑被组织管理的逻辑遮蔽的状况。[①] 以上"程序—组织"分析方法实际是社会结构理论下强调司法程序运行与社会组织结构、法院内部组织结构的关系,以实现诉讼程序在本土资源环境尤其是科层制法院组织体系中的有效运行。此处的法院组织更多是作为社会治理的"国家机构"的法院组织,而非诉讼法意义的作为"审判机关"的法院组织。本文所指法院组织是作为"审判机关"的诉讼法意义的法院组织,在此意义下的"程序—组织"分析方法系从相对微观技术层面分析诉讼程序运行中的"主体—行为"关系,并与社会组织结构意义的"程序—组织"构成互补关系。或者说本文所指"程序—组织"系规范解释学语境下的研究,而非社会法学、法社会学层面的探讨。[②]

《人民法院组织法》调整范围涵盖法院的组织形式与行为方式,法院组织理论与诉讼理论具有极为深刻的内生联系。一是交集关系。法院行为包括诉讼行为与司法行政行为,《人民法院组织法》调整的法院诉讼行为自然与诉讼法中的法院诉讼行为产生交集,如回避、审判公开等均为《人民法院组织法》与诉讼法共同规范的内容,而且存在同一制度在不同国家及地区分属法院组织法与诉讼法的现象。[③] 二是层次关系。不同于我国诉讼法立法惯于将法院诉讼行为作为法院整体予以表述,大陆法系国家普遍在民事诉讼法立法中明确表述院长、合议庭、审判长、司法事务官、书记官等审判职岗与辅助职岗的具体职责,从而实现审判职岗与辅助职岗具体职责与诉讼法各程序运行阶段的一一对应,而在法院组织法中仅作抽象性描述,典型代表如法国《民事诉讼法》对大审法院、商事法院、上诉法院院长审判职权的规定。三是主辅关系。法院组织的目的在于保障审判核心事务行使,审判核心事务进行除依程序法,还须借于法院内部事务分配规则及合议庭事物分配计划等案件管理事务的协调。[④] 法院院长的裁判事务分配权限等司法行政行为属于法院组织范畴,对于诉讼

---

① 相关研究参见王亚新:《程序·制度·组织——基层法院日常的程序运作与治理结构转型》,载《中国社会科学》2004 年第 3 期;陈杭平:《组织视角下的民事诉讼发回重审制度》,载《法学研究》2012 年第 1 期等。

② 规范解释学又被称为规范分析方法,这种方法论的前提是承认和尊重实在法的权威性、确定性和自身的逻辑性。这里的实在法包括制定法、法律的基本原理、原则和体系的自洽。参见张卫平:《民事诉讼法学方法论》,载《法商研究》2016 年第 2 期。

③ 如日本《民事诉讼法》中"任何人都可阅览民事诉讼档案、记录及当事人申请公开特定保护"的规定,在 2015 年我国台湾地区"法院组织法"的修改中被吸纳。

④ 葛文:《法院审判核心领域的保障与案件管理》,载《法学》2009 年第 10 期。

程序进行居于辅助服务位阶。德国在法院组织法中对此予以规范。法国则鉴于其诉讼程序浑然一体的关系，在《民事诉讼法》中以“司法行政措施”为名对院长的裁判事务分配权予以规范。[①] 四是界分关系。法院行为包括诉讼行为与司法行政行为，法院组织的司法行政行为与诉讼法中的诉讼行为应有基本的界分，司法去除行政化并非去除法院组织中固有的司法行政行为，或是将法院组织理论的司法行政关系与民事诉讼的程序制度混同，使两者纠葛不清，而是应与诉讼行为保持应有边界，如法院院长司法行政权限与审判权限的界分。五是融入关系。德国、日本在法官业绩评价、法官惩戒等法官组织事项的救济方面，设置与普通民事诉讼极为类似的职务诉讼制度，采取对审、言辞辩论等普通民事诉讼的程序设置，系民事诉讼理念与技术融入组织法视角之体现。

(二)大陆法系国家及地区经验演绎的可行性与障碍

大陆法系国家及地区法院院长职权配置形成基本类似的经验，可否“演绎”出我国法院院长职权的配置根据，系优化配置我国法院院长职权的前提性问题。鉴于司法制度深度根植于社会环境与政治体制，简单以大陆法系国家经验为镜发现中国问题，并从中寻找改革方向可能存有问题，而需对大陆法系国家经验与我国司法国情深入对比分析后作进一步判断。

以诉讼法与法院组织法相衔接视角分析大陆法系国家法院院长职权结构，大致包括诉讼法下的审判职权、法院组织法下的司法行政职权两方面。审判职权与法官同权，即使法国《民事诉讼法》在院长紧急程序审理权上作出特别规定，但并未超出普通法官的实体裁判权力，故而并未突破法官同权原则。司法行政职权不同国家及地区则略有差异，均强调法定性、服务性与商谈性。法院组织法作为隶属宪法体系的公法，更易受到国家体制、政治体制、司法体制的制约，进而具有较强烈的本土属性；诉讼法下的审判职权则因诉讼法律关系的恒定性而体现出较明显的普适性，直接审理等诉讼法原则系各国普遍遵循的诉讼规律。英美法系对抗制诉讼模式曾对我国民事诉讼制度改革产生阶段性影响，但整体而言，我国民事诉讼法制现代化过程更深受德国、日本和苏联法的影响，苏联法又可溯至法国法，我国民事诉讼模式渐从职权主义转向辩论主义，大陆法系诉讼制度起到了重要参照作用。[②] 这从法律要

① 参见法国《民事诉讼法》第817条、第820条。

② 段文波：《我国民事庭审阶段化构造再认识》，载《中国法学》2015年第2期。

件分类说、庭审结构设置等大陆法系经典民事诉讼理论进入民事诉讼法司法解释等现象中可见端倪。从本轮司法改革予以考察，法官员额制改革政策强调法院院长进入员额必须依照统一标准和程序进行遴选并亲自办案。在“审理者裁判，裁判者负责”“办案才能入额”等改革导向之下，改革试点法院纷纷对院长办案提出数量要求。改革政策与实践均在向“院长首先是法官”这一命题靠拢，指明了我国法院院长审判职权的走向。院长作为法官审理案件应亲历庭审，亲历当事人主张事实、提出证据的过程，形成对案件事实的内心确信。院长的监督、指导、审核、管理甚至包括主持审委会讨论决定案件，并不符合直接审理原则，并非严格意义的审理案件。

法院司法行政职权的情况则更复杂，简单套用大陆法系国家及地区经验可能“水土不服”甚至“南辕北辙”。外部行政体制为首要制约因素。试图在高度行政化的社会环境中求得生存，必须成为行政体系中一员，用行政话语体系思考、表述。[①]在行政主导的国家治理体系中，法院被认为是行政化治理方式的一部分，人财物省级统管改革在一定程度上降低了对地方的依附性，但并未改变地方法院党组作为地方党委派出机构并接受其领导的体制，中央政策亦明确统管后保障地方发展稳定仍是法院首要职责。上下级法院关系行政化也影响着法院院长的职权选择方向。法院院长司法行政职权结构优化依赖国家治理体系法治化的提升、行政化的淡化，而这是一个渐进过程。会议式的履职方式则成为影响法院院长司法行政职权行使的重要因素，会议未必是院长司法行政职权的最佳行使方式。而在相当长的一段时间内，会议作为我国法院院长最主要的履行职责方式，各种与履行职责直接相关的会议充斥于法院院长日程表，即使是审判工作也多以会议形式部署。会议任务能否减负，直接影响法院院长是否有足够精力与时间审理案件，亦事关司法行政权限合理化行使的方式。会议改革是行政体制效能化改革不可忽视的一个微观点，同样需要在国家治理能力现代化进程中渐进式推进。虽然与我国具有较大的司法国情差异，大陆法系国家院长司法行政权限的经验仍具有一定借鉴价值，如大陆法系国家普遍认可院长享有司法行政职权，同时大陆法系国家法官与我国类似，即同属于公务员，也提供了一种参照的可能。

（三）院长职权重塑的逻辑前提

“角色困境”下的院长职权冲突，实则是院长行使审判权与司法行政权的冲突，

---

① 王申：《科层行政化管理下的司法独立》，载《法学》2012年第10期。

理论根源在于诉讼法理论与法院组织法理论的纠葛不清，制度根源在于法院内部审判事务与司法行政事务的混同。法院组织有两个基本目标，直接目标是处理提交其管辖的事务，另一目标是为保证完成审判事务，需有效管理法院运行中的自身事务。① 审判事务与非审判事务分离，是各国法院组织的普遍特征。审判事务主要围绕个案审理与裁判等核心活动设置。多数国家将非审判事务称为司法行政事务，仅是外延宽窄有别而已，支持审判事务运行是其唯一功能。日本法院组织理论中的司法行政是指为实现司法职能所需的行政管理，如法官人事及对法官的行政监督、法院财务等。②

法院院长审判权与司法行政权的区分，须以法院内部审判业务与司法行政事务的区分为前提。既然法院内部不可避免地存在司法行政事务，法院院长就不可避免地存有司法行政职权。在作为“审判机关”的法院与作为“国家机构”的法院的双重语境下，法院院长自然具有诉讼法意义的“审判机关”普通一员与组织法意义的“国家机构”负责人的双重身份。回避法院院长具有司法行政权限进而一味强调法院院长职权去行政化，实际是对法院院长司法属性的误读。很难想象一个法院以行政管理方式裁判案件，同样难以想象一个法院以审判组织的形式决定和执行司法行政事务，就保障审判活动正常运行的管理活动而言，院长即是法院在行政方面的代表。应当认可法院院长职权中有一部分为司法行政权限，但需与审判权进行明确界分，审判的归审判，行政的归行政，管理的归管理，各守其界，各行其道。同时，院长的司法行政权与全体法官的审判权具有服务保障关系。司法行政权限具有天然的能动性、扩张性与角色挤占性，院长作为司法行政权的代表性人物，这种能动、扩张体现得更为集中明显。审判职权与司法行政职权并非不可集中于一体，关键是作为裁判者与管理者的院长“内心”不能出现两种身份的混同。院长行使以上司法行政权应保持谦抑，注重司法行政权限对审判权的服务保障功能，防止司法行政权限挤占、侵害审判权。院长司法管理行为并非诉讼行为，程序正义非其固有内涵，但基于对法官审判行为的影响甚至关涉当事人诉讼权利，亦应遵循程序保障原则，院长司法行政权行使应受到程序控制。

---

① 于秀艳等编译：《美国法官制度与法院组织标准》，人民法院出版社2008年版，第97页。

② 参见李旺：《日本司法行政的特点与司法改革新动向》，载《清华法治论衡》2000年第1期。

四、中国地方法院院长职权重塑的具体路径

根据结构功能主义立场，中国地方法院院长职权重塑应立足权能结构二分，从审判职权、司法行政职权两方面改造，在审判职权方面遵循与法官同权原则，纯化院长审判权，司法行政职权则应保持谦抑并实现法定化。

（一）院长审判职权的改造

改造策略之一，限制程序性决定职权。诉讼法赋予院长对回避以及拘留、罚款等妨害诉讼强制措施等事项的决定权、审批权，通常以行政性方式而非审理程序推进。此制度设置实际赋予院长在程序性事项决定上享有高于法官的权力，与院长在审判上与法官同权的原理不符，尽管有利于诉讼效率提升，但院长决定是否同意回避申请、是否采取妨害诉讼强制措施，实系具有判断性的裁判过程，却以非审理的行政批准方式作出决定，有违程序保障原则。重大程序性事项的决定涉及相对人人身、财产利益的消减，应当审慎使用以保障当事人程序利益，但基于对法院代表人的信任将此项权力交于院长，而非以程序控制路径予以保障，并非明智选择。

两大法系国家极少赋予院长在回避、罚款等程序性事项上具有决定权、控制权，而是将此权力交由合议庭、审判长行使。如日本《民事诉讼法》对法官回避的程序设置是由作为回避对象的法官所在法院组成合议庭以裁定作出裁判。① 德国《民事诉讼法》规定法官可对经合法传唤而不到场的证人适用罚款。② 即使法国《民事诉讼法》独具特色地赋予大审法院、商事法院、上诉法院院长紧急程序审理权等临时性权力，但紧急审理程序须以对审方式进行而非院长书面批准，同时紧急审理程序与申请作出裁定等临时性决定随时可能在事后被法官主持变更或撤销，院长的程序性权力仍受到诉讼程序的严密控制。

回避以及妨碍诉讼强制措施决定的作出，需建立在证据调查、直接审理、证明责任构建的程序空间之内，以程序控制保障而非院长职权保障实现正确作出决定之目标。“审理者裁判，裁判者负责”已指明院长与法官实体裁判上同权的改革导向，程序性事项决定亦无院长行政审批之理，而应遵循司法亲历性原则，将程序性事项决定交由合议庭以审理方式作出。为防止法官专断并加强程序保障，对于独任审判中

---

① 参见《日本新民事诉讼法》，白绿铉编译，中国法制出版社2000年版，第40页。

② 参见《德国民事诉讼法》，谢怀栻译，中国法制出版社2001年版，第154页。

的程序性事项裁决,应组成合议庭进行审理。鉴于回避事项涉及法院审判行为合法性以及司法公正的整体维护,可对于院长发现法官有回避事由而当事人与法官均未申请回避的,由院长依职权作出回避裁定,以维护司法公正实现。

至于院长发现生效裁判确有错误后提交审委会讨论的程序决定权之存废,首先涉及法院依职权启动再审程序之存废。法院依职权启动再审程序涉及法院消极被动地位与追求客观真实及实事求是的冲突,其存废历来有争议,但非本文讨论重点。若废除该制度则院长该程序决定权自然废除,若保留该制度则院长程序决定权则需进一步讨论。将院长作为发现裁判确有错误的唯一主体,体现了审判运行行政化思维,院长个人意见是认定生效裁判是否确有错误的唯一标准,由于提起主体地位的权威性,审委会一般会同意进入再审,从而使审委会讨论流于形式。① 从法官同权原理上讲,本法院法官均可成为本院裁判确有错误的发现主体,应赋予本法院法官与院长等同的发现权,均可依报经审委会讨论程序,提交审委会讨论决定,当然审委会讨论决定是否进入再审应侧重维护生效裁判确定性。

改造策略之二,确立院长审案分案一般法则及动态调整规则。在院长审理案件是数量或是类型性质为重的选择上,可采设定一定数量底数、侧重案件性质的分案规则,让院长主要审理疑难复杂新型案件以发挥裁判示范指引功能。院长侧重审理疑难复杂新型案件具备一定主观性,可能打破随机分案规则进而形成院长择案而审、挑案而办,最终审理的却是简单案件之弊。因此,分案法则应当明细化,明确当事人人数众多、涉及地方稳定、有信访压力、党政机关及社会组织对案件审理提出意见、本法院未受理过的新型案件、本法院不同合议庭及法官作出矛盾裁判的案件优先由院长审理。在程序设置上,可探索建立当事人协议选定法官制度,当事人协商一致的可选择院长作为审判长或承审法官审理本案。另外,合议庭或独任法官经过庭前会议认为案件疑难复杂或在法律适用方面具有普遍指导意义的,需要院长审理的,可依一定程序申请由院长担任审判长组成或重组合议庭审理。院长参加法院内外会议等行政事务对审理案件的影响,将随外部行政化体制及会议式工作方法的渐进改革而趋于弱化。在这个长期渐进过程中,应结合法官工作量的精细化核算建立院长工作量核算制,每年度核算院长的会议工作量及其他行政事务工作量,按一定标准折扣法官审判工作量,作为确定下年度院长审理案件数量的重要依据,并根据

---

① 周安平:《论民事再审程序提起的主体》,载《上海大学学报》(社会科学版)2009 年第 5 期。

每年度具体情况动态调整。

(二)院长司法行政职权的改造

其一,实现院长司法行政职权制衡化。大陆法系国家尽管普遍认可院长司法行政职权,司法行政权强弱受制于司法传统与法律文化亦有差别,但为守护法官独立与院长司法行政权限间的界限,多数国家设立体现法官自治、维护法官独立的法官委员会,并与院长为代表的司法行政组织共同履行司法行政权限,从而在组织设置上对院长司法行政权限形成制衡,以保障其谦抑性行使。我国法院内部管理长期采取上命下从的行政方式,院长司法行政职权在法院管理中居于绝对主导地位,法院司法管理转型既应赋予法官管理主体地位,探索成立体现法官自治的法官委员会,又应尊重法院内部存在院长的司法行政权限。

在主体上,成立全体法官推荐的法官代表组成的法官委员会,院长、副院长是当然的委员,法官代表人选应不少于全体委员人数一半,全体委员平等协商、共同议定相关事项,会议决议送院长签署后生效。同时院长可在说明理由情形下要求法官委员会对议定事项进行复议。在内容上,法官委员会议定事项限于裁判事务分配、法官业绩评价等与法官权益、法官自治相关的司法行政事项,从而与法院内部既存的党组会议、院长办公会议相区分。①

其二,实现院长司法行政职权清单化。院长司法行政职权大致包括法院发展战略制定、裁判事务管理、司法行政监督、司法行政保障四个方面,围绕以上四个方面制定职权清单。

院长对内总理全院事务、对外代表法院,制定法院发展战略系其重要职责。院长应当结合国家及当地经济社会发展政策、最高人民法院司法政策,拟定本法院提升未来工作质量、互联网法院建设、增进法院整体便民性、法院与其他部门有效互动、司法公共关系处理、司法公信力建设等发展战略及年度发展计划,推进法院整体发展。

院长裁判事务管理权限体现为两个方面:一是裁判事务分配,二是审判信息管理。法定法官原则及裁判事务分配制度被称为“法治国家法院组织的支柱”。②《人民法院第四个五年改革纲要》对于案件分配制度的改革导向是“随机分案为主、指定

---

① 党组会议权限包括党内法规确定的人事任免、思想教育等,院长办公会议权限包括大额经费使用、装备采购等。

② 参见[德]奥特马·尧厄尼希:《民事诉讼法》,周翠译,法律出版社2003年版,第40页。

分案为辅,但何为随机分案、指定分案,实则涉及裁判事务分配规则的确立。无论我国是否参照大陆法系国家确定法定法官原则并建立年度裁判事务分配制度,但应制定本院随机分案的抽象规则及指定分案的例外情形,并提交法官会议讨论。院长在裁判事务分配中享有主持讨论权及主持者应具备的程序控制权限,但在表决上实行同权原则。此外,院长可依程序行使调整变更权,院长在出现法定事由时可根据情事调整审判组织或承办法官,但应征询庭长与法官意见。在审判信息管理上,院长应克服司法数字政绩冲动,摒弃任何形式的审判质效指标竞争,而应通过研阅裁判文书、指导作出并适时发布审判质量效率分析报告等综合性审判管理职责的行使,使各合议庭、各法官在改发个案信息、审判运行态势等整体信息方面实现信息对称。①

司法行政监督权限主要包括司法训诫权、法官业绩评价权及法官惩戒建议权三个方面。一是司法训诫权。院长对本院法官有怠于审判、司法不检者,可行使司法训诫权,责令、警告法官纠正司法不检行为、勤勉履行审判权,如对法官数次开庭不准时提出警告,对法官审判行为频繁受到当事人投诉进行善意提醒,但不得侵害法官审判核心事务的行使。二是法官业绩评价权。法官业绩评价是激励导向的司法行政监督权,院长兼具对法官业绩较为了解且地位又相对超脱中立的优势,②应赋予院长较为广泛的法官业绩评价权,以激励督促法官提升审判品质。院长享有主持法官委员会讨论决议法官业绩的职权,对法官委员会决议有提请复议之权,复议仍维护原决议的,可赋予院长申请上一级人民法院院长裁决之权。法官对评价决议有异议的,可向院长提出申请后由院长组织法官委员会进行复核。在评价形式上,可采大陆法系国家由“法官自评+院长意见书”的法官考评书方式。三是法官惩戒建议权。本轮司法改革设立省级法官惩戒委员会后,院长享有逐级向上一级人民法院提出惩戒建议权限,并最终由高级人民法院院长向法官惩戒委员会提出。

司法行政保障权限主要包括财务预算、经费管理、物资采购、档案管理、安全管理、应急准备、会议召集、行政性文件审核、司法行政人员的任务分配及管理等,此为院长作为机关法人代表人所具备之一般权限。

其三,实现院长司法行政职权法定化。大陆法系国家普通将法院院长司法行政

---

① 参见重庆市高级人民法院课题组:《审判管理制度转型研究》,载《中国法学》2014年第4期。

② 法官同行可能较院长更熟悉情况,但因法官间可能存在业绩竞争关系,其中立客观性不如院长。

权限写入法院组织法与法官法并制定相应配套法规，实现法院院长司法行政权限法定。如日本法院组织法规定地方法院院长对本院及法官具有司法行政监督权限，高级法院院长对下辖法院及法官亦有此权。我国地方法院院长司法行政权限虽被广泛行使，但其依据仅限于最高人民法院司法文件及领导讲话中，既容易导致权力行使随意性，亦带来对院长行政管理无法可依的质疑。应当在我国《人民法院组织法》中明确“高中级法院院长对本院及司法辖区内法院、法官具有司法管理、监督权限，基层法院院长对本院及法官具有司法管理、监督权限”，使院长司法行政职权于法有据；在我国《法官法》中单设章节明确规范院长在裁判事务分配、法官业绩评价、法官惩戒建设方面的具体职权，将清单化的院长职权予以法定化。

其四，实现院长司法行政职权集中化。司法行政职权集中行使系一些大陆法系国家和地区之做法，体现在机构集中与人员集中，典型代表如日本法院设立事务局，司法行政职权由院长与事务局局长集中行使，韩国大法院 14 位大法官中有一位专司司法行政事务。我国法院司法行政职权曾高度集中于正职院长，中央为强化领导集体内部制衡，要求正职不得分管人事及财务，故而法院司法行政财物管理、案件管理等司法行政职权常由不同副院长分管，司法行政职权呈法院领导群体内部分散行使的现状。某个法院内部数位院长均行使司法行政权限的状况，显然与院长集中主要精力于审判的改革导向不符，亦形成院长进入员额后应完成一定数量审判任务的障碍。另外，司法行政权限的行使应遵循行政管理效率化、集中化管理思路，实行司法行政保障事务一体化、专业化管理。可设置不入员额的行政副院长，集中行使司法行政装备、财务、基建管理、案件管理、委托鉴定、司法评估拍卖等全部司法行政权限，其余副院长不行使司法行政权限，从而在法院内形成“院长加行政副院长”集中行使司法行政权限格局，行政副院长在院长领导下配合院长完成司法行政事务，权力集中行使可能导致的权力失衡隐忧，可通过适度扩大法官民主自治参与的方式形成更有效的制衡。

离婚案件中的法官性别与知识生产

——兼论家事审判制度的建立与完善

娄必县*

目前,对离婚案件,特别是离婚案件诉讼程序的研究主要是规范意义上的,未从社会性别的层面对其进行更加广泛而深刻的考察。这必然影响离婚诉讼机制的健全与完善。笔者拟以某基层人民法院民一庭法官为样本,分析不同性别法官群体在离婚案件中的审判行为,从劳动性别分工的角度揭示离婚审判中的司法知识,并提出以制度化的方式建立更加稳定、完善的离婚诉讼机制,促进司法知识生产。

一、样本与现象:不同性别法官的裁判行为

本文的样本来自重庆市某区人民法院民一庭 2013 ~ 2016 年共 4 年的数据。全院共审结民商事案件 13,481 件,其中民一庭审结 6544 件,占全院民商事案件的 48.54%。4 年间,先后有 28 名法官办理过民一庭的案件,18 名男法官审结 3350 件,平均每人审结 186.1 件。10 名女法官审结 3194 件,平均每人审结 319.4 件。在民一庭审结的民商事案件中,离婚案件为 1158 件,占民一庭审结案件的 17.70%。

从数据上看,该院民一庭离婚案件的处理体现出以下几个特点:

* 重庆市高级人民法院研究室法官助理,法学博士。

一是女法官是审理离婚案件的主力。离婚案件的55.96%由10名女法官承办，44.04%由18名男法官承办。从整体上看，女法官所办理的离婚案件比男法官高近12%，多138件。有两名女法官审结的离婚案件超过150件，最多的达到198件，最少的为1件，平均每人审结离婚案件64.8件。男法官审结离婚案件510件，除一名法官审结83件外，其余法官的审结数均低于65件，有两人只审结了1件，平均每人审结28.3件，比女法官的平均数少36.5件。事实上，从该庭庭长的分案策略上可发现，离婚案件主要被分配给女法官，诸如道路交通人身损害赔偿纠纷、房屋拆迁安置补偿合同纠纷、商品房销售合同纠纷、物业服务合同纠纷等案件则主要由男法官办理。2014年最高人民法院评选的10名“最美基层法官”和24名“提名奖”法官群体也反映了这一现象。在这份名单中，男法官21名，女法官13名，其中10名女法官所办理的典型案件均和离婚案件有关，而男法官只有2名（均为提名奖法官）。并且男法官和女法官在办理离婚案件时所选择的方法明显不同。①

二是裁判行为选择有较大差异。法官的裁判行为主要有两种方式：其一，根据事实和法律作出判决；其二，对当事人进行劝说调解，实现双方和解，形成调解方案或撤回起诉。在整体上，民一庭男法官的调撤率高于女法官，但就离婚案件而言，女法官的调撤率高于男法官。民一庭全部民事案件的调解率为34.67%，撤诉率为34.96%，调撤率为69.63%。男法官调解案件1137件，调解率为33.94%，撤诉1279件，按撤诉处理4件，撤诉率为38.30%，调撤率为72.24%。女法官调解案件1132件，调解率35.44%，撤诉991件，按撤诉处理14件，撤诉率为31.47%，调撤率为66.91%。这和印象中的女法官比男法官更倾向于调解形成鲜明的对比。但是，在离婚案件的处理上发生了反转。女法官的调解率为34.72%，撤诉率为25.77%，调撤率为59.97%。男法官的调解率为31.57%，撤诉率为21.76%，调撤率为53.33%。在离婚案件的处理上，女法官的调撤率比男法官整体上高6.64%（见表1）。相对而言，女法官更愿意用相对柔和的方式处理离婚案件，而男法官更愿意用正式的“权力”对纠纷作出裁判。

---

① 参见最高人民法院政治部主编：《最美基层法官》，人民法院出版社2014年版。

表1　民一庭离婚案件裁判方式(单位:件)

方式	男法官	女法官
判决	223	243
调解	161	225
撤诉	111	167
裁定驳回起诉	6	9
移送	8	4
总计	510	648

三是女法官更易支持离婚。除了在裁判方法上存在“硬”与“软”的区别,即便在最终的裁判上不同性别的法官也会有不同的处理结果。男法官作出的223件判决中,判决离婚的为52件占23.32%,判决不准离婚的为171件,占76.68%。女法官作出的243件判决中,判决离婚的73件占30.04%,判决不准离婚的为170件,占69.96%。[①] 仅就调解而言,男法官调解的案件中,94.41%为离婚,女法官的这一数据则为93.33%,二者差别不大。但是,需要注意的是,如果调解和好,往往并不需要调解书,更多的是原告选择撤诉。因此,从更广义的调解和好(包括撤诉)[②]上看,男法官为44.12%,女法官则为46.43%。如果只从离婚和不离婚的最终结果上看,男法官所办理案件中,离婚的为204件,离婚率为40%,女法官所办理案件中,离婚的283件,离婚率为43.67%。整体而言,女法官更愿意努力修复当事人之间破裂的婚姻关系,因此,离婚案件的和好率要高于男性法官。当然,由于每个个案有自身特定的情形,大数据难以对此作出准确的解释。但统计表明,在离婚案件中,66%的案件由女性提起,[③]如果从女性主义的眼光来看,作为女性的法官不可避免地愿意为同为女性的原告争取自由和权利(见表2、表3)。

---

① 从全国范围上看,2014年1月至2016年9月,63%的判决均是当事人双方继续维持婚姻关系。参见最高人民法院信息中心、司法案例研究院:《司法大数据专题报告:离婚纠纷》,2016年11月。

② (调解和好+撤诉)/(调解+撤诉)×100%。

③ 北京市高级人民法院课题组:《民事离婚纠纷类案同判专题分析报告》,载《法律适用》2017年第6期。

表 2　民一庭离婚案件裁判结果(单位:件)

方式	男法官	女法官
判决离婚	52	73
判决不准离婚	171	170
调解离婚	152	210
调解和好	9	15

表 3　民一庭不同性别法官在离婚案件中的调撤率和裁判离婚率

性别	调撤率(%)	裁判离婚率(%)
女法官	59.97	43.67
男法官	53.33	40

上述现象表明,在基层人民法院,女法官是审理离婚案件的主要力量,特别是已婚女法官所办理的离婚案件远多于其他法官。在传统印象中,女法官因感情细腻,比男法官有更高的调解率。但从本文样本所反映的情况来看,男法官的调解率反而高于女法官。但是,在离婚案件这一具体的领域,女法官的调解率又高于男法官。她们愿意用柔和的方式修复婚姻关系,若不能恢复,女法官更愿意支持原告诉求,通过判决解除双方的婚姻关系。不过,女法官在离婚案件中的优势并没有得到真正的发挥。那些使女性在其中有可能得出和利用她们的经验、形象与思想——她们根据这种思想来理解她们自己——之间的联系的领域,受到了制度化的限制。①

二、两性法官裁判行为差异的原因

人和动物最大的区别就是有意识的行为,这种有意识的行为乃归结于知识的指导。众所周知,家庭分工是以性别为基础的。也就是说,性别在家庭生活中处于核心地位,那么在离婚案件中,法官在家庭分工中的角色必然影响其行为选择。那么,性别在离婚案件中就具有了多重意义。从主体上看,无论纠纷的当事人还是审理者,都必然属于某种性别。他们因为生理属性而与他人结为夫妻,同时基于生产生活的需要而进行分工合作。基于此,对离婚案件的观察进入了社会性别的领域。

① [英]提姆·梅伊、詹森·L.鲍威尔:《社会理论的定位》,姚伟、王璐雅等译,中国人民大学出版社 2013 年版,第 218 页。

(一)自然差异影响

人类学家指出,照顾幼小是灵长类雌性的首要工作,幼子在出生时是无助的,他们对自己母亲的依赖期比其他任何动物都要长。人类也一样,至少在人乳的替代品出现以前,人类女性成年生活的大部分时间是用来养育孩子的。① 基于性别差异理论,男性和女性之间存在生理结构和非生理结构的差异,这势必会影响两者的行为方式与思维方式,而且这些差异不会因为彼此间同质性较强的职业思维方式和职业目标而完全消亡。② 不同性别的工作人员在该职位上总是或多或少地体现出相应的性别特征。女性法官会自然地散发出"母性"的光辉。尽管他们是中立的法官,但他们难以完全祛除社会性别的角色,他们会设身处地地考虑家庭的和谐与子女的未来。

男性表现出更强的规范思考能力,反思的能力以及逻辑推理的能力,通过逻辑体系和法律制度来进行摆脱个人的协调,③女性感情色彩较浓,富于内心体验,行为举止容易受心境的影响和支配。女法官更愿意用调解的方式来处理当事人之间的离婚案件,而男法官则更愿意行使具有男性特征的"权力",对离婚案件进行裁判。当然,由于法律制度所形成的制度化限制,女性的这一优势并未得到完全展现。女法官尽管是审理离婚案件的主要力量,但她们同时也审理大量的其他与性别因素无关的民事案件,这类案件更要求她们体现法官"刚直不阿"的职业特点。这样的切换也会影响女法官在离婚案件中的行为选择。

(二)社会分工影响

性别是社会分工的重要因素,性别分工是劳动分工的基础。社会要求两性扮演不同的社会角色,维系社会的运转。即便在现代社会,女性仍然扮演着社会和家庭两个角色,在家务劳动方面,女性所花费的时间远高于男性。2010 年城乡在业女性工作日用于家务劳动的时间分别为 102 分钟和 143 分钟,同期城乡男性的家务劳动时间分别是 43 分钟和 50 分钟,远低于女性。④ 事实上,大多数的男性将事业置于首位,而女性则与之相反,将家庭作为自己毕生的事业。在性别社会化的过程中,女性

---

① [美]威廉·A. 哈维兰:《文化人类学》,瞿铁鹏、张钰译,上海社会科学院出版社 2006 年版,第 268 页。

② 李娟:《中国当代女性法官群体研究》,法律出版社 2016 年版,第 78 页。

③ [美]卡罗尔·吉利根:《不同的声音——心理学理论与妇女发展》,肖巍译,中央编译出版社 1998 年版,第 26 页。

④ 全国妇联和国家统计局:《第三期中国妇女社会地位调查主要数据报告》,2010 年 12 月。

经历的生命事件多以家庭活动为主要线索，婚姻、生育等事件比就学、就业显得更重要。[①]

当基于生理结构的两性被进一步社会化之后，体现出不同的性别气质。男性气质被赋予了掌控世界的色彩，而女性气质则意味着关心、照料他人，对人的关注胜于对事的关注。[②] 和男法官相比，女法官体现了家庭和社会两种角色的交汇与交融。因此，女法官在扮演社会角色时，不可避免地受到家庭角色影响。提供情感劳动是女性家庭角色的重要特点。[③] 也即，女性不但要操持家务，还要在操持家务的同时承担起家庭感情纽带的责任，营造良好的家庭氛围。布尔迪厄指出，今天在许多地方，女人负担的一大部分家务劳动仍旧以维护家庭的团结一致为目的。[④] 这样的社会建构，让女性具备了以柔和方式处理家庭纠纷的能力和意识。所以，女法官在办理离婚案件时，会考虑到女性在离婚后可能面临的困难。她们不愿意进行简单的裁判，而是通过耐心的调解，充分考虑到离婚后可能带来的个人问题和社会风险，拟定相对比较完善的方案，调解率也相对较高。并且，在所调解的案件中，女法官更能让双方当事人和好，而不是离婚。

（三）法庭情景影响

在互动中，双方会将自己的性别信念系统代入互动过程当中，社会还会形成关于性别的社会信念系统，它成为个体、人际、群际性别行为及性别关系的宏观社会心理背景。[⑤] 在离婚案件的审理过程中，男女双方通过陈述与答辩，在法庭中对家庭纠纷的情景进行了再次呈现。正如女性建构主义所指出的那样，两性的不同行为都是社会再生产的结果。女法官往往对法庭中的离婚案件产生强烈共鸣，不自觉地产生“代入感”。一位女法官在处理一件离婚案件时会主动拉着女性当事人的手说：“我办了十多年的离婚案件，但我也是一个女人和妻子……知道你心里难受，知道你的苦衷。”[⑥]或许，“依法裁判”并非女法官的首选，她们更多地是以女性的共情去解决两性纠纷。

---

① 佟新：《社会性别研究导论》，北京大学出版社2011年版，第70页。

② ［美］玛丽·克劳德福、罗达·昂格尔：《妇女与性别——一本女性主义心理学著作》（上册），许敏敏、宋婧、李岩译，中华书局2009年版，第66页。

③ 佟新：《社会性别研究导论》，北京大学出版社2011年版，第192页。

④ ［法］皮埃尔·布尔迪厄：《男性统治》，刘晖译，中国人民大学出版社2017年版，第138页。

⑤ 佟新：《社会性别研究导论》，北京大学出版社2011年版，第289页。

⑥ 袁定波：《顾玉：在法理情中探寻审判智慧》，载《中国审判》2017年第7/8期，第37页。

公平并非是各方得到平等的对待，而是不同的人应该得到不同的对待，也即每个人都应得到其应得的东西。我国法律规定婚姻自由，男女双方都可以自愿解除婚姻，并在原则上平均分配共同财产。同时申明，女性在离婚时应当受到特殊的保护。但在实践中，女性往往并未受到特殊保护。对于离婚的女性而言，她们牺牲了自己公共职业的发展，将自己限于封闭的家庭之内，一旦离婚，她们将会处在相对不利的地位，特别是会带来较为负面的经济状况。在制度供给不足的情况下，女法官更希望以调解的方式，解决当前的纠纷和未来可能存在的问题，而非审结一桩案件。相对而言，男法官主要扮演社会角色，家庭角色扮演相对较少，法庭“共情”的影响甚微。在他们看来婚姻案件和其他的合同、侵权并没有什么不同，因而更倾向于“依法裁判”。这也是社会建构赋予男性理性、“权力”特点的体现。

三、性别、分工与司法知识

社会性别理论为我们重新审视和建立离婚案件处理机制提供了全新的进路，展示出一幅别样的理论图景。司法内部的性别分工生成了一种符合特定纠纷所需要的司法知识与方法。当前，在家事审判方式的改革中，专业化被作为重要特点。需要注意的是，随着社会分工的发展，每一个领域都需要专业化，专业化不仅是专门的人，其本质在于专门的知识与技能。在离婚案件领域，司法知识、司法方法和性别息息相关。如果一种理论对于社会结构的研究，完全忽视性别要素，那么其理论分析的力量必然大打折扣。①

（一）重视离婚案件中的性别差异

不同性别法官在离婚诉讼上的裁判行为具有不同的倾向，在一定程度上改变了诉讼程序。由于我国没有专门的家事诉讼程序，离婚案件的审理程序和其他传统民事案件的审理程序没有什么不同。法官居中裁判，原被告双方各自举证和进行辩论。从形式上看，离婚诉讼采取了形式上的当事人主义诉讼模式，鼓励双方当事人就是否离婚以及子女抚养和财产分配问题进行对抗性辩论。从性质上看，离婚案件并非是简单的私益性诉讼，相反，家庭作为社会的组成细胞，离婚诉讼具有高度的公共属性，对社会的发展具有不可忽视的影响。家庭的伦理性、公共性，要求法官采取

---

① ［英］提姆·梅伊、詹森·L. 鲍威尔：《社会理论的定位》，姚伟、王璐雅等译，中国人民大学出版社 2013 年版，第 209 页。

有限的职权主义诉讼模式,对离婚相关的事实进行必要调查。[①] 但由于目前我国法院普遍面临着案多人少的矛盾,按审判流程作出裁判是最为经济的做法。作为一个理性的法官,也愿意为此快速结案。特别是就社会构造而言,男性被贴上理性的标签,因此男法官往往都是按部就班地作出裁判,并不注重调解。女法官基于自身的"母性"特点和家庭角色,她们愿意花较多的精力进行调解——尽管这种方式会在一定程度上影响结案效率。统计数据也表明,女性法官在制度边缘也做了努力,选择调解的方式,以实现不同的人得到不同的对待,最后实现公正。

(二)重新认识性别分工的意义

社会分工是客观存在的,而基于性别的分工也难以被否认。特别是在离婚案件中,女法官具有独特的优势。这种优势既源自其独特的生理特征,也源自其后天的生活经验。女法官能够更好地平衡"情、理、法"之间的关系,并适当地扩展其范畴。她们兼顾情节与情感、法理与情理、国法与家法。女法官在司法中将理性与感性较好地结合在一起,使司法更具有生活的味道。在离婚案件中,司法的生活味道显得特别重要。方乐指出,个人化的生活体验不仅丰富了她们的司法经验和司法方法,也使她们的司法经验与司法方法展现出了极大的灵活性,进而使她们所提供的司法服务既具有鲜活性也极具开放性。这不仅确保了她们所生产出的司法知识产品能够受到"市场"的普遍欢迎,也促使她们能够获得社会的普遍认可。[②]

离婚而引发的暴力事件时常见诸报端,[③]因此,离婚案件的办理更需要集中体现对法律效果和社会效果的兼顾。通过劳动的社会分工,得以实现专业化的收益,这些收益不仅包括产品和劳务的生产,也包括交易的实施和社会正义的提供。[④] 很明显,女法官在离婚案件方面会取得更好的效果。男法官以审判权力直接对双方当事人的关系进行切割。女法官在纠纷方面注重对婚姻关系的修复(劝说和好),即便无法修复,在解除婚姻关系时也更多地面向未来,对离婚后的各种关系作出妥当的安排。这样的方式将会起到更好的社会效果。

---

① [日]松本博之:《日本人事诉讼法》,郭美松译,厦门大学出版社2012年版,第262页。

② 方乐:《司法经验中的生活体验——从典型女性法官形象切入》,载《法制与社会发展》2012年第5期,第30页。

③ 参见武红利:《鸡西男子闹离婚法院引爆炸药身亡》,载《京华时报》2016年9月6日,第A15版。

④ 孙广振:《劳动分工经济学说史》,李井奎译,格致出版社、上海三联书店、上海人民出版社2015年版,第5页。

(三)离婚案件中的司法知识与司法方法

专业的分工会生产出更加专业的知识。特别是伴随社会转型所带来的社会分工及其专业化,司法场域里的司法知识体系也逐渐开始分工、分化并细化,司法人员之间的知识立场与知识结构日以差异化。① 实践表明,法官们在处理婚姻家庭案件的过程中生成了与其他民商事案件不一样的司法知识和司法方法。

男法官办理离婚案件的方法也体现了他们的规范意识,更愿意采取理性、逻辑的方式来发现案件事实中的疑点,并依法作出裁判。陕西省的骆云桥法官的一次经历形象地说明了这一点。他在送达起诉状和开庭传票时,被告称第一次离婚诉讼判决后,其与原告的关系一直没有改善,连面都没见过。庭审时,被告不愿离婚,又改口称第一次判决不准离婚后,他和原告已经和好。但法官指出了被告前后矛盾的陈述。②

大多数的女法官则不一样。尽管她们也面临着较大的结案压力,但基于她们自身的生理结构和社会重构,特别是庭审激发出对家庭的"共情"时,她们会尽可能地对双方当事人进行调解。在审理离婚案件期间,江苏省的姜霜菊法官总是抓住这个"情"字做调解工作,基本都能调解结案。③ 由于女法官独特的生活经验,她们在离婚案件的处理过程中生成了特有的司法知识和司法方法。山东省东营的杨玉玲法官将自己在离婚案件中的实践经验概括为杨氏"情感渗入法"。④ 这些方法并非局限于基层人民法院。一位办理了 10 年离婚案件的中级人民法院女法官也总结道:"无论什么样的婚姻家庭案件,都有一个情字维系,我总喜欢将自己换作当事人,设身处地地思考,尽心尽力调和。"⑤总体来看,女法官们在离婚案审理过程中所总结出的司法知识主要为:强调家庭伦理、加强交心谈心、注重情绪宣泄、发动社会力量。⑥ 法官们的审理活动对纠纷所涉及的社会利益做了整体性平衡,与之相应的司法知识也是以对各种知识的整合为基础。⑦

---

① 方乐:《转型中国司法知识的理论与诠释》,人民出版社 2013 年版,第 317 页。

② 最高人民法院政治部编:《最美基层法官》,人民法院出版社 2014 年版,第 255 页。

③ 同上书,第 46 页。

④ 同上书,第 175 页。

⑤ 袁定波:《顾玉:在法理情中探寻审判智慧》,载《中国审判》2017 年第 7 期。

⑥ 比如,江苏省的姜霜菊法官有类比分析法、亲情感化法、降温处理法、善用民俗法、换位思考法等。福建省的黄志丽法官在离婚案件中倡导夫妻双方用心经营、相互沟通。参见最高人民法院政治部编:《最美基层法官》,人民法院出版社 2014 年版,第 47 页、第 75 页。

⑦ 方乐:《转型中国司法知识的理论与诠释》,人民出版社 2013 年版,第 305 页。

四、构建离婚诉讼司法知识生长的制度机制

所谓知识是对各种信息的系统化。① 在离婚案件这一具体的场域，司法知识是法官对家庭、法律、伦理、情感、性别等信息材料进行处理、加工，最后形成的一整套的认识和经验。女法官们在离婚案件审理实践中所形成的司法知识与司法方法具有浓厚的性别色彩。从微观上看，这些知识和方法被深刻地打上了个人烙印。经验的个体特性只有经过总结和提炼才能成为具有普遍意义的知识。② 知识的传播需要从应用型知识转变为理论知识，用以指导实践。诺斯指出，制度框架将型塑获取知识与技能的方向；这一方向将是特定社会长期发展的决定性因素。③

（一）形成司法知识生长的法官主体

从世界范围内看，家事审判专业化是发展趋势，法官专业化对提升家事审判质量具有重要意义。一些法治发达国家既建立了专门的家事审判机构也设立专门的家事法官。机构专门化和法官专业化是家事审判的两翼，缺少任何一部分，家事审判的效果都会大打折扣。作为专门处理牵涉人与人之间微妙关系的家事案件的法官，仅仅拥有法律上的知识是远远不够的，他们还必须拥有丰富的人生经验、擅长调整人与人之间的关系，并最好拥有社会学、心理学等多方面的知识。④

离婚诉讼尽管属于法院主管范围，但基于婚姻家庭特殊的性质，婚姻案件的解决往往超越单纯的法律范畴，而涉及社会伦理与个体心理。因此，负责审理离婚案件的法官应当具有更加专业的婚姻家庭知识。他们不但应该精通婚姻家庭相关的法律知识，还必须具有相应的生活经验，有足够的耐心听取和理解各方当事人之间的诉求。俗话说"清官难断家务事"，离婚诉讼的目的在于解除一段错误的婚姻，而不是去界定错误的男女。因此，特别是在离婚破裂主义的主导下，离婚诉讼也很难向其他民事案件那样在原被告之间较为明确地界定对错与输赢。"权力"化的、无差别的规范性判断很难有效处理婚姻纠纷。法官专业化和职业化是妥善处理婚姻家庭案件的重要保障。比如，日本《裁判所法》将家事法院与其他法院并列，并且具有

---

① ［英］彼得·伯克：《知识社会史》（下卷），汪一帆、赵博囡译，浙江大学出版社 2016 年版，第 6 页。

② 畅引婷：《当代中国的妇女研究与性别知识建构》，载《学术月刊》2011 年第 9 期。

③ ［美］道格拉斯·C. 诺斯：《制度、制度变迁与经济绩效》，杭行译，格致出版社、上海三联书店、上海人民出版社 2014 年版，第 93 页。

④ 陈爱武：《家事法院制度研究》，北京大学出版社 2010 年版，第 71 页。

专门的家事调查官负责对婚姻家庭案件的调查取证(日本《法院法》第61条之2)。我国实务界也认为,探索引入家事调查官制度,主动调查婚姻家庭关系中双方的对错,给法官提供报告,也有益于修复双方关系。[①] 离婚案件的法官应当具有丰富的家庭生活经验,愿意以更加细腻、柔和的方式对离婚诉讼进行审理。法官们根据自己的实践并以相关的知识为基础,形成具有普遍意义的与离婚诉讼相关的司法知识。

(二)构建司法知识生长的诉讼机制

当前,我国离婚诉讼模式和其他民事案件的诉讼模式并无差异。一是将婚姻家庭看为纯粹的私人领域,二是在离婚时对当事人的情绪疏导不够。[②] 当事人主导的诉讼模式难以满足家事案件的特别需要,常常导致家事案件案结事不了。女法官在处理离婚案件时显得特别惹人注意,其中一个重要的原因就是她们根据自身的经验在实践中发展出具有实用性的司法知识,这套知识有效地指导审理行为,规避了当前诉讼模式对离婚诉讼所带来的消极影响。

有学者指出,当事人主导的诉讼原则贯彻得越彻底,家事案件审判的困境就越大。[③] 需要改变以前审理婚姻家庭案件的模式,变机械遵循辩论主义和处分原则为强化法官职权探知、自由裁量和对当事人处分权适当干预。[④] 因此,必须改变大一统的民事司法观念,以更加精细化的方式对不同的案件采取不同的诉讼模式。特别是作为家事案件的离婚案件,涉及当事人之间的感情冲突与人生走向,法院不应当以当事人主义的名义放纵双方对抗,而应当以有限的职权主义模式,对当事人之间的离婚进行必要的干预,以恢复双方的感情或者和平地解决双方的婚姻。离婚诉讼的证据要超越传统"就事论事"局限,多方调查双方当事人的生活环境、道德品格、生活状况等,从本质上了解双方当事人的矛盾所在,对婚姻关系是否能够维系作全面评估,以此对离婚诉讼作出准确的判断。具体而言,在有限的职权主义模式下,法官能够更为深刻地理解当事人所面临的纠纷本质,能够更为精准地把握矛盾症结,从主动解决问题(而非单纯裁判)中发现知识。

---

① 王春霞、罗书臻:《家事审判改革为相关立法提供实践依据》,载《人民法院报》2016年3月3日,第1版。

② 同上。

③ 陈爱武:《家事法院制度研究》,北京大学出版社2010年版,第143页。

④ 王春霞、罗书臻:《家事审判改革为相关立法提供实践依据》,载《人民法院报》2016年3月3日,第1版。

（三）构建司法知识生长的社会机制

由于离婚案件本身所具有的社会影响，因此，离婚审判知识的生长需要更为广阔的社会土壤，需要各种社会知识的融合。女法官们的司法实践也表明，发动社会力量参与离婚诉讼也是形成离婚审判知识的重要因素。比如，作为家事审判方式和工作机制改革试点法院，四川省峨眉山市人民法院探索构建“四员一体”联动机制，将调解和职权干预机制贯穿家事审判全过程。① 家庭社会学者指出，家庭调解是国家的重要任务，通过对话的方式帮助夫妻双方在离婚后重新建立家庭运行方式。② 家事案件审判中引入非职业法官介入审判，有利于反映健全的国民精神，使家事案件获得圆满、妥当的解决，其意义极为重大。③

目前，在家事案件的处理过程中，均强调调解的作用。有的国家将调解作为诉讼制度的重要组成部分，要求家事案件在进行审理之前必须由专门调解人员进行调解。比如，日本家事法院专门设置家事调停委员会参与家事案件的纠纷解决。调停委员会由一名家事法官和两名来自社会各界的调停委员组成，确保在调停过程中尽可能反映社会生活中的经验与良知。④ 有的国家将调解作为多元化纠纷解决的重要方式，家事案件在进入法院之前，应当由特定的调解机构先行调解。比如，在北欧国家，芬兰的调停委员会由主任牧师和民生委员会组成，挪威的则是由 3 名非法律专业人事组成，而瑞士的调停委员会是宗教团体。⑤ 特别具有特色的是，澳大利亚充分发挥婚姻介绍所在离婚案件上的调停作用，婚姻介绍所一旦达到法定标准，就可从政府得到补助金。⑥ 我国女法官的司法经验和比较法考察均表明，鼓励街道、居委、妇联等各种社会力量参与离婚诉讼，有利于各种知识的整合，形成符合实践需要的离婚审判知识。

五、结语

要认真对待情感、主观、身体在认识论的地位，而这些方面在传统知识论中却常

---

① 参见《关于开展家事审判方式和工作机制改革试点工作实施方案（试行）》（2017 年 1 月 19 日），载眉山法院网：http://www.emfy.gov.cn/info-2712.html，最后访问日期：2018 年 5 月 21 日。

② ［法］弗朗索瓦·德·桑格丽：《当代家庭社会学》，房萱译，天津人民出版社 2012 年版，第 47 页。

③ 陈爱武：《家事法院制度研究》，北京大学出版社 2010 年版，第 80 页。

④ 李青：《中日“家事调停”的比较研究》，载《比较法研究》2003 年第 1 期。

⑤ 陈爱武：《家事法院制度研究》，北京大学出版社 2010 年版，第 91 页。

⑥ 同上书，第 94 页。

被忽视。[1] 离婚案件在家事诉讼中具有重要地位,在数量上占有较大比例。女法官用她们的实际行动所生产的司法知识在一定程度上弥补了制度供给的不足。但这种基于性别分工而产生的司法知识很难形成普遍意义。应当以家事审判制度改革为契机,充分考量和借鉴女法官们在离婚审判中所创造的司法知识,进一步建立和完善各种制度机制,推动和促进离婚诉讼司法知识的生产。

① 曹剑波:《女性主义认识论》,载张立升主编:《社会学家茶座》(第14辑),山东人民出版社2007年版,第22页。

新常态下便民诉讼网络的深化与发展

重庆市北碚区人民法院课题组*

重庆市的便民诉讼网络经过多年建设,经过探索起步、深入推进、发展完善三大阶段,网络骨架日趋稳定,运作机制更加合理,有效推动了纠纷解决资源的合理配置,拓宽了纠纷解决路径,便利了群众权利救济方式,助推了人民法院执法办案质效提升,成效显著。

另外,在法治化进程逐步推进、社会转型特征明显、矛盾纠纷多样化、司法改革全面落地的新阶段,便民诉讼网络建设也逐渐暴露出一些问题。课题组以重庆市 B 区人民法院便民诉讼网络运行的实践为样本,对便民诉讼网络进一步发展的制约因素进行了分析,梳理了在效果评价机制、经费保障激励机制、便民诉讼联络员选任管理机制、信息化建设等方面的不足。

面对便民诉讼网络实践暴露出的问题,应紧紧把握“新常态”这一大背景,着眼推进法治中国建设的新要求、契合农村社会转型的新需要、回应农村社会治理的新期待、应对农村纠纷发展趋势的新诉求、整合农村纠纷多元解纷力量的新机制、顺应司法改革潮流的新趋势等具体需求,结合近年来重庆法院便民诉讼网络建设实践和运行效果,立足便民利

---

* 课题主持人:吴佳斌。课题组成员:杜利、刘进、肖俊、上官鹏、王新亮。

民、服务诉讼、兼顾社会治理及信息技术推动四项原则,科学谋划发展思路,不断储备完善对策。比如,在微观层面上,需要更加重视便民诉讼联络员基础性作用,本着“规范”和“激励”并重的发展思路,强化人员选任,加强日常管理,建立激励机制,确立退出机制,加强履职保障,真正把联络员选好、用好。通过加强定期、不定期培训或个别指导、实务操作等形式,继续提升便民诉讼联络员业务技能。在中观层面上,需要更加注重便民诉讼网络主干本身的机制建设。通过完善网络主干,让法官、书记员、执行员等法院工作人员熟悉便民诉讼网络,认可便民诉讼联络员重要价值,肯定便民诉讼联络员实际工作效果,进而逐步提升便民诉讼网络的利用率。面对便民诉讼网络的信息化水平偏低的现状,应以智能移动通讯终端设备广泛应用为契机,通过研发“便民诉讼网络地图”、专用 App 等方式,解决便民司法的“最后一公里”问题。还应通过强化经费保障、完善工作评价机制等措施,推动便民诉讼网络自身建设。宏观层面上,需要着眼便民诉讼网络有关的社会力量的影响和制约。比如,便民诉讼网络作为重庆市实践多元化纠纷解决机制的“重庆样本”,需要进一步落实《关于人民法院进一步深化多元化纠纷解决机制改革的意见》所确立的“坚持党政主导、综治协调、多元共治,构建各方面力量共同参与纠纷解决的工作格局”基本原则,更加积极地争取当地党委、政府支持,把各有关部门的职能作用充分发挥出来,把基层的力量资源有效整合起来。此外,通过强化人民法庭规则意识的引领功能,重视“非正式规则”重要效用,依法修正乡村社会的运行规则,维系乡村社会秩序正常运转的重要作用,助推乡村治理各机制间的协调。

一、梳理:便民诉讼网络运行的现状考察

多元化纠纷解决机制是国家治理体系和治理能力现代化的重要组成部分,是适应全面依法治国的重要步骤,也是人民法院实现司法为民、公正司法的重要举措。该机制坚持“国家主导、司法推动、社会参与、多元并举、法治保障”现代纠纷解决理念,重视发挥不同矛盾纠纷解决路径的各自优势,多渠道多层次齐抓共管,不断满足社会公众多元纠纷解决需求。

多元化纠纷解决机制是一项强调自上而下具有顶层设计色彩的战略安排。2010 年 8 月 28 日第十一届全国人民代表大会常务委员会第十六次会议通过了《调解法》,以立法形式明确了“调解”这一非诉纠纷解决方式的法律地位。2011 年 4 月 22 日中央社会治安综合治理委员会、最高人民法院、最高人民检察院、国务院法制办

公室等16个部门下发《关于印发〈关于深入推进矛盾纠纷大调解工作的指导意见〉的通知》，以“指导意见”形式突出调解工作重要价值，强调各地方综治、人民法院、人民检察院、政府法制机构、信访等部门矛盾纠纷解决机制的对接。党的十八届四中全会，明确提出了要健全“有机衔接、相互协调的多元化纠纷解决机制”的目标。2015年10月13日习近平总书记主持中央全面深化改革领导小组第十七次会议，审议通过了《关于完善矛盾纠纷多元化解机制的意见》，为进一步完善多元化纠纷解决机制指明了努力方向。

多元化纠纷解决机制是一项鼓励自下而上突出实践属性的创新平台。为更好地指导多元化纠纷解决机制在全国各地法院落地生根，最高人民法院先后出台了《关于审理涉及人民调解协议的民事案件的若干规定》《关于建立健全诉讼与非诉讼相衔接的矛盾纠纷解决机制的若干意见》等指导性文件。各地也在充分领会、把握机制精神的基础上，各有侧重地展开了探索，形成了“眉山经验”“潍坊经验”“马鞍山实践”等一批值得借鉴推广的实践经验。

便民诉讼网络是践行多元化纠纷解决机制的“重庆样本”。便民诉讼网络遵循多元化纠纷解决机制的基本思路，紧紧立足重庆市“大城市、大农村、大库区”实际，突出共建共享，横向上强化有关条线、单位的多元参与，纵向上重点打造以人民法庭为中心、以便民诉讼站为主干、以便民联系点为支点、以便民联络员为纽带的便民渠道，走出了一条符合重庆市情的诉调对接新路子。

（一）重庆市便民诉讼网络的发展概述

2008年为适应重庆“大城市、大农村、大库区”的实际情况，切实解决边远地区群众诉讼不方便的问题，重庆法院开始着手构建便民诉讼网络。经过多年不懈努力，便民诉讼网络逐步走向完善，“老百姓不出乡镇就能打官司”的目标基本实现，实现了固定平台运转、纠纷解决路径衔接通道畅通的良好局面。

概括地讲，该网络的核心内容就是“二三五”工程，即两个便民平台、三条便民通道、五项便民制度。

1. 两个便民平台。即在农村地区，建立“庭、站、点、员”四位一体、覆盖所有乡镇的纵向便民诉讼平台和在城市地区建立辐射街道社区、涵盖各行各业的诉调对接平台。

2. 三条便民通道。即依托互联网平台开设的倾听群众呼声、把握群众诉求的三级法院的院长电子邮箱；集中办理群众来信来访和申诉接待，听民意、消民怨的“一站式”立案信访窗口；针对特殊群体权益保障和特定纠纷的快速解决专门为特殊群体开通的诉讼“绿色通道”。

3. 五项便民制度。即就地办案、以案释法的巡回审判制度，以信息化建设为抓手、顺应司法公开之势的信息查询制度，为指导当事人理智进行诉讼、准确行使权利、覆盖立审执的诉讼指导制度，在诉讼之外体现司法温情的司法救助制度。

（二）重庆市B区便民诉讼网络的实践探索

1. B区便民诉讼网络的基本情况

B区便民诉讼网络建设，始于2009年，2011年年底基本完成便民诉讼网络的建设，实现了“两个便民平台、三条便民通道、五项便民制度”的基本覆盖。依托2个派出法庭构建便民诉讼网络中心。以设立的4个便民诉讼站作为人民法庭开展巡回审判的主要阵地。设立78个便民诉讼联系点作为便民诉讼的重要枢纽。聘用201名村委会干部或者综治专干等作为便民诉讼联络员。

2. 重庆市B区便民诉讼网络现状考察

“庭、站、点、员”是重庆市便民诉讼网络的主要架构，是支撑网络的重要关节。为尽可能掌握当前便民诉讼网络运行态势、准确评估实践效果，课题组从重庆市B区人民法院便民诉讼网络着手，于2017年1月11日至3月24日在B区进行了抽样调查和实地座谈，样本选取了该网络下的68名便民诉讼联络员、74名法院工作人员及156名诉讼参与人。具体样本选取和数据分析过程主要分为以下三个阶段：

（1）调研样本的选择

此次调研对象的抽取主要包括三部分：一是B区便民诉讼联络员；二是B区人民法院的工作人员；三是参与B区人民法院诉讼的诉讼参与人。

（2）调查方法及数据处理

课题组于2017年1月实地考察了B区人民法院的2处派出法庭，并深入所在辖区，对前述3类调研对象采用问卷调查与访谈调研相结合的方式进行取样。对大分类下的具体样本的选择，采取了随机抽样的方式。调研的主要内容涉及当前便民诉讼网络的价值考察、实际效果、基本职能、机制建设4个维度。调查问卷及座谈结束后，对核对的数据进行统计，并用Word、Excel等办公软件进行分析处理。

问卷调查时，每个调研对象填写问卷的时间约为10分钟，坚持资料当场完成并现场收集。便民诉讼联络员调查问卷共设计了16个问题，包括14个封闭性问题和2个开放性问题，利用1月实地考察时机发放了70份。法院工作人员调查问卷共设计了16个问题,包括15个封闭性问题和1个开放性问题,集中于2月27日至3月10日发放给2个派出法庭、民一庭、民二庭、民三庭、少审庭、执行局等庭室80份。诉讼参与人调查问卷共设计了13个问题,包括12个封闭性问题和1个开放性问题,于3月13日至24日发放给立案庭、2个派出法庭、民一庭、民二庭、民三庭、少审庭、执行局等庭室170份。综上,对前述三类主体共发放调查问卷320份,回收320份,回收率为100%,其中回收有效问卷298份(其中便民诉讼联络员68份,法院工作人员74份,诉讼参与人156份),有效回收率为93.13%,数据具有较高的真实性和时效性。

另外,在1月两次召开便民诉讼联络员座谈会,累计对20余名便民诉讼联络员进行面对面恳谈;3月12日和3月18日上午分别召集人民法庭工作人员及其他庭室工作人员进行了座谈;3月18日下午邀请部分诉讼参与人进行了座谈。

(3)实践样本分析

①价值考察:便民诉讼网络是法院参与乡村治理的重要途径

【访谈资料一】

便民诉讼联络员甲:我认为,便民诉讼网络在便民诉讼以及基层社会的治理作用还是有的。从我参与的案件来说,无论是协助调查工作,还是配合法院做当事人的调解工作,我们这个群体还是发挥了自己的地缘优势和人缘优势的。

便民诉讼联络员乙:我觉得,当前参与的工作量还是过少,1年也没几次。其实,我这算是参与多的了,听说,邻村的便民诉讼联络员都1年了,都没有参与过。有时候,我们确实也想参与一下,本来这就是我们的工作。

法院工作人员甲:我认为,便民诉讼网络的价值在于可以发挥便民诉讼联络员的地缘和人缘优势,协助我们法官更好地解决基层纠纷。

诉讼参与人甲:我认为,现在法院的便民诉讼服务比之前有了很大改观。说实话,我对重庆市的便民诉讼网络充满期待。

88%的便民诉讼联络员对便民诉讼网络在便民诉讼和基层社会治理中所起的作用持肯定态度,认为该网络作用很大或者较大。82%的便民诉讼联络员对该网络在未来更大程度地发挥作用抱有更高期待,表示愿意经常参与该工作,希望法院加强沟通联系(见图1)。

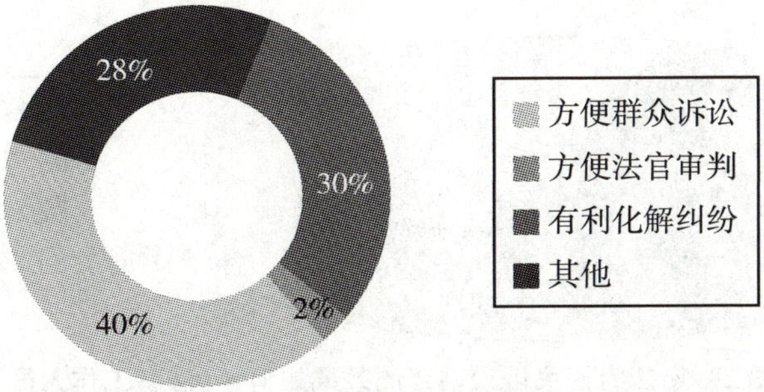

图1　您认为便民诉讼网络的价值是什么？（法院工作人员）

法院工作人员普遍认为，便民诉讼网络在方便群众诉讼、方便法官审判以及化解纠纷等方面可发挥作用，尤其可以利用便民诉讼联络员熟悉当地情况的地缘优势，更方便、快速地解决纠纷，有其存在的价值。有69%的法院工作人员对将便民诉讼网络作为常态化的审判辅助机制表示欢迎，对其价值和作用比较认可（见表1）。

表1　您认为便民诉讼联络员在处理纠纷方面的优势在哪里？（法院工作人员）

选项		频率	百分比
有效值(74)	熟悉当地情况	53	72%
	具有一定威望	34	46%
	就近解决纠纷	44	59%
	说不清楚	9	12%

在对诉讼参与人的访谈中，73%的诉讼参与人对法院当前提供的各项便民诉讼举措持满意或者比较满意态度。81%的诉讼参与人对建立便民诉讼网络表示“非常支持”。

②效果分析：便民诉讼网络运行实效整体偏低（见图2）

【访谈资料二】

法院工作人员乙：便民诉讼联络员？能给我解释一下吗？什么叫便民诉讼联络员？人民陪审员吗？

诉讼参与人乙：对于你们区建立的便民诉讼网络我确实不太清楚，更不清楚哪个是我们片区的便民诉讼联络员。

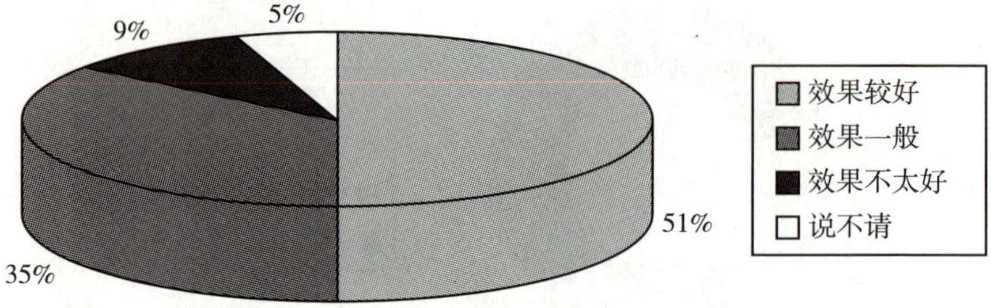

图 2　您认为便民诉讼网络的效果如何？（法院工作人员）

针对便民诉讼网络的实际效果，课题组侧重考察了该网络的主要推动者及受益人，也即法院工作人员（包括审判人员、执行员以及书记员）和诉讼参与人。通过调研发现，这两个群体对便民诉讼网络的实际效果评价一致，认为当前便民诉讼网络的实际效果一般。

其中，法院工作人员认为制约便民诉讼网络作用发挥的主要因素有：便民诉讼联络员保障经费不足、考核激励机制缺失、与基层组织的联动不畅。法院工作人员使用便民诉讼联络员的频率较低。在近 3 年办案中使用便民诉讼网络的次数（见表 2），高达 59% 的干警低于 5 次、没有用过便民诉讼网络的比例达 23%（其中个别人员甚至把便民诉讼联络员与人民陪审员相混淆）。按照工作岗位来说，48% 的审判人员在 3 年中使用便民诉讼网络低于 5 次，书记员、执行员的该项比例分别为 61% 和 65%。

表 2　近 3 年承办的案件中使用便民诉讼网络的次数？（法院工作人员）

选项 群体	近三年承办案件中使用便民诉讼网络的次数？								各群体在近三年承办案件中使用便民诉讼网络的次数低于 5 次情况占该群体使用便民诉讼网络的总体情况的比例
	1～5 次		6～10 次		11 次以上		没有		
审判人员	10 人	14%	7 人	9%	5 人	7%	1 人	1%	48%
执行员	5 人	7%	4 人	5%	2 人	3%	6 人	8%	65%
书记员	11 人	15%	7 人	9%	6 人	8%	10 人	14%	61%

在诉讼参与人的调研中，有 62% 的人认为便民诉讼联络员为其服务的积极性一般。另外，诉讼参与人对便民诉讼网络比较陌生，仅有 15% 的诉讼参与人清楚自己本辖区的便民诉讼联络员，有 37% 的诉讼参与人对便民诉讼联络员可以提供的服务完

全不清楚,有44%的诉讼参人根本没有接受过便民诉讼联络员提供的服务(见表3)。

表3 是否知晓便民诉讼工作提供的服务及接受过什么服务?(诉讼参与人)

变量	频数	百分比
单选:您是否知晓便民诉讼工作可以为您提供哪些服务?		
清楚	24	15%
大体清楚	33	21%
只清楚小部分	42	27%
完全不清楚	57	37%
多选:您接受过便民诉讼联络员提供的什么样服务?		
组织调解	48	31%
委托送达法律文书	66	42%
宣讲相关法律知识	30	19%
没有接受过服务	69	44%

③功能透视:程序性事务占比过大,实体化解纠纷介入不多(见图3)

【访谈资料三】

便民诉讼联络员丙:目前,我承担的任务和我想象的还是有一定的差距的,法官通过我主要是协助他们送达一下法律文书、传票什么的,或者问一下村里人的情况。

法院工作人员丙:平时找到便民诉讼联络员,也就是让他们完成简单的辅助工作,比如,帮我们送达传票、判决书,或者打电话问一下他们辖区的某个当事人的基本情况。

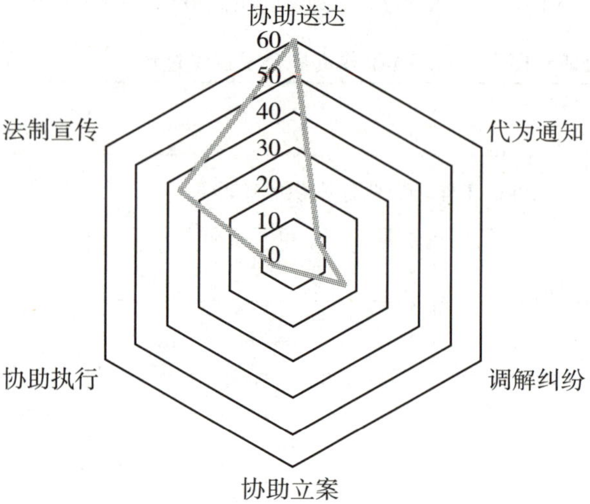

图 3　参与便民诉讼工作,最多的时间和精力花费在哪里?(单位:人次)

(便民诉讼联络员)

通过对便民诉讼联络员的调研发现,目前便民诉讼网络承担的功能中,程序性功能占比过大,主持或参与诸如调解案件、判后答疑、信访案件化解等介入实体矛盾纠纷化解的工作相对过少。例如,有 88% 的便民诉讼联络员称自己主要精力和时间花在了法律文书的送达上,有 53% 的联络员认为自己主要精力用于法制宣传上。另外,便民诉讼联络员对于程序性功能占比过大的倾向也有较为清醒的认识。例如,45% 的便民诉讼联络员认为自己从事的便民联络事务与本人的心理预期有差距,间接反映了目前便民诉讼网络功能方面存在的问题(见图 4)。

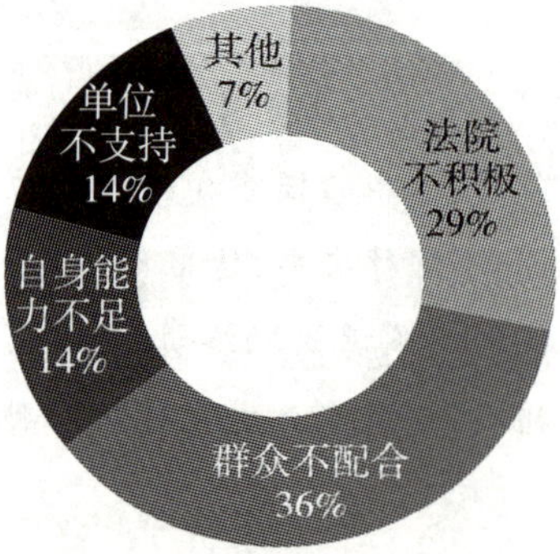

图 4　造成与自己心理预期有差距的原因在哪里?(便民诉讼联络员)

在便民诉讼联络员看来,介入实体矛盾纠纷化解相对较少的主要原因有 3 个:认为法院没有积极主动地邀请他们参与案件实体纠纷解决、当事人不配合、自身能力不足。

在对法院工作人员的调研中发现,在便民诉讼网络的运行中,法院干警确实存在倾向于让便民诉讼联络员从事法律文书送达、身份信息核查等一些程序性工作的问题,58%的干警对"主要由便民诉讼联络员推动实体化解矛盾纠纷的可能性"持消极和否定态度(见图5)。

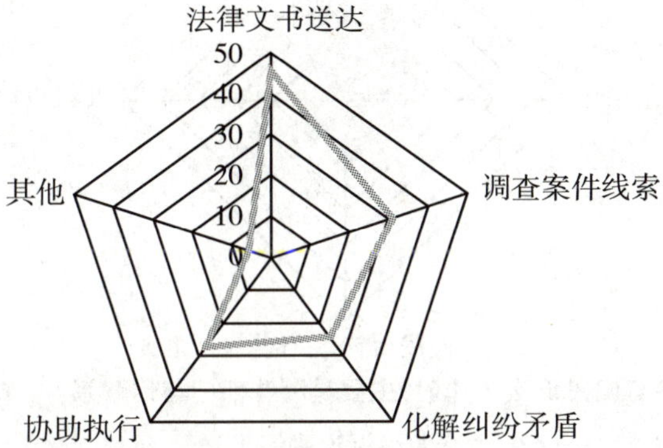

图5 您使用便民诉讼网络目的是什么?(单位:人次)(法院工作人员)

④机制分析:联络沟通不畅,考核激励欠缺

【访谈资料四】

便民诉讼联络员丁:在我参与案件办理过程中,主要的困难在于,法律知识的缺乏是一方面,误工而导致单位的不支持以及交通费等经费不足也是一个方面。所以,我们希望法院多与单位协调一下,多给我们一些切实可行的培训或指导。

便民诉讼联络员戊:全力支持将微信、手机 App 等互联网科技应用到便民诉讼工作中,无论对我们还是对法院和当事人来说都是有好处的,非常期待。

法院工作人员丁:目前,便民诉讼联络员的作用没有真正发挥出来,这与对他们的考核激励有关,积极性不高必然会影响整个便民诉讼网络的效果。

诉讼参与人丙:我们对这种就近开庭或者上门立案还是很欢迎的,毕竟去法院一来一回就耽误一天,希望能够提供更加高效便捷的诉讼服务。

(4)便民诉讼网络的机制分析

①联络沟通机制:制约便民诉讼网络运行的突出短板

便民诉讼网络是"庭站点员"四位一体的有效串联,通过"庭、站、点、员"4个关键节点，推动整个便民诉讼网络运转顺畅。

制约因素一：中间环节的虚化倾向明显（见图6、图7）

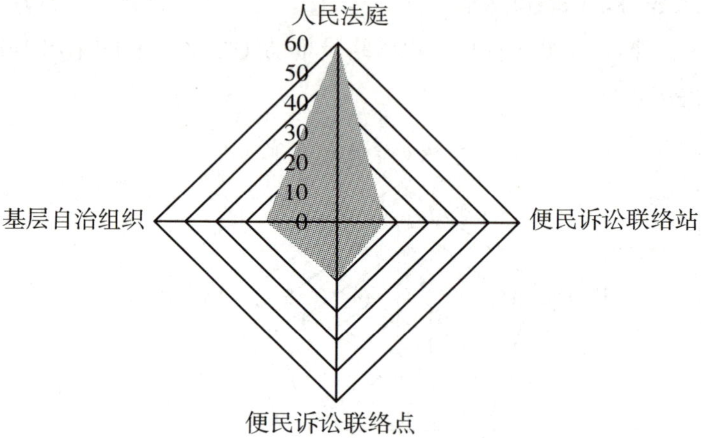

图6　您参与便民诉讼工作时，主要是哪些部门与你联系？（单位：人次）

（便民诉讼联络员）

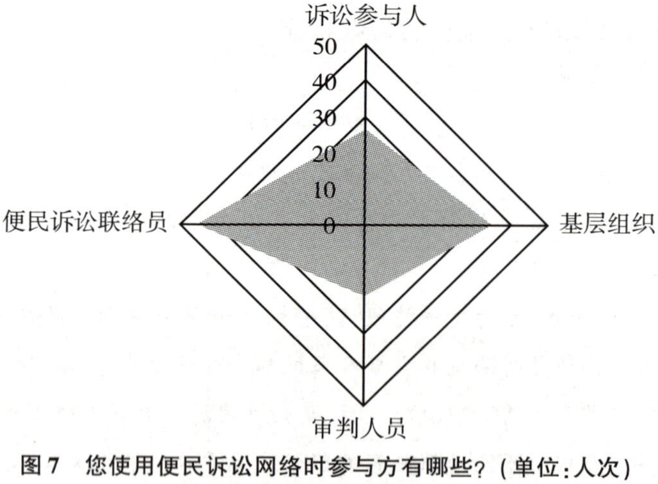

图7　您使用便民诉讼网络时参与方有哪些？（单位：人次）

（法院工作人员）

调研数据显示，便民诉讼联络员所参与的便民诉讼网络工作，有88%是由人民法庭与他们联系而启动的，而通过便民诉讼联络站和便民诉讼联络点联系的比例仅占到35%和24%。同样，有62%的法院工作人员在使用便民诉讼网络时会直接与便民诉讼联络员联系，有47%的人会与基层组织，诸如村委会、司法所或者镇街机关联系，很少利用“站”“点”来推动相关工作。综合对两个群体的调研可以看出，“庭”

与“员”的使用频率较高，作用更为明显，中间环节“站”及“点”有一定程度的虚化倾向。

制约因素二：联络沟通亟待加强

笔者发现，即使是“庭”与“员”间的联系沟通也比较少。在便民诉讼联络员座谈会上，“希望法院加强与他们的联系”“法院要多加强与他们的沟通”“希望法院对他们进行业务指导”等类似希望进一步密切联系的意见被多次提及。同样，法院工作人员也告诉我们，与便民诉讼联络员的平时沟通确实比较少。即使联系他们，也仅仅是召集他们来院开会传达相关精神，或者是为了完成相应的任务，象征性地邀请他们来院召开座谈会听取意见建议。

制约因素三：信息化程度不够（见图8）

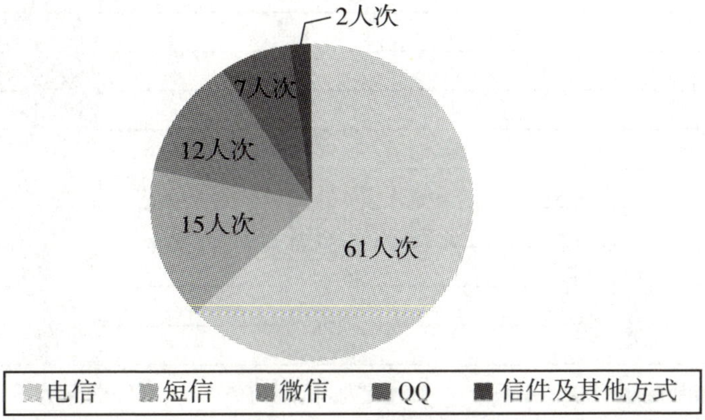

图8　您通过哪些方式与便民诉讼联络员取得联系？（法院工作人员）

在调研中，法院工作人员在与便民诉讼联络员取得联系时，82%的人会选择用电话方式，选择使用微信、QQ等方式的只占到26%。同时，在对诉讼参与人的调研中，他们也表示，平时便民诉讼联络员与自己取得联系时，多年来也主要是通过电话方式。这说明传统通信手段，如电话、短信等传统方式仍然是便民诉讼联络工作最常用的渠道，网站、手机App、微博等新兴信息化通信方式在一定程度上缺失，客观上导致了联系受众面窄、联系对象单一、成本较高、沟通范围有限等缺陷，也在一定程度上影响了便民诉讼网络的运行。

②考核保障机制:影响便民诉讼网络的深化(见图9)

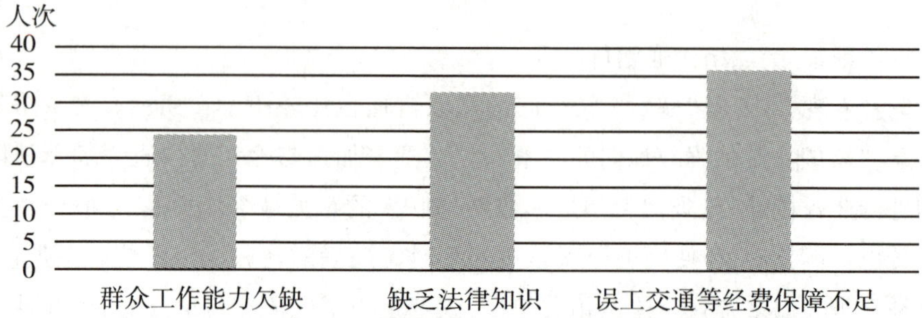

图9　当前便民诉讼网络面临的三大问题(便民诉讼联络员)

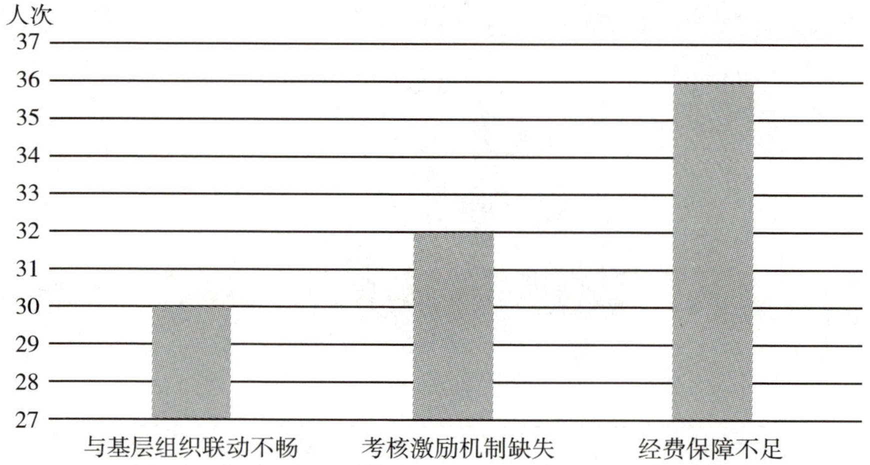

图10　当前制约便民诉讼网络作用发挥的三大问题(法院工作人员)

调研中,便民诉讼联络员认为,影响网络价值充分发挥的最大制约因素是经费保障不足。第二个制约因素是缺乏法律知识。第三个制约因素是群众工作能力欠缺。

在法院工作人员眼中,当前制约便民诉讼网络作用发挥的首要因素也是经费保障不足。此外,考核激励机制缺失是第二位的制约因素。工作内容台账落实有待加强,工作效果评价体系不完备。第三个制约因素是与基层组织联动不畅。对口联系、划片指导工作力度有待加强(见图10)。

二、透视:影响便民诉讼网络效能发挥的制约因素

虽然社会大众对便民诉讼网络建设有较多赞誉,但是现实中便民诉讼网络的效能发挥仍然面临若干制约因素。

1. 效果评价机制不完备

便民诉讼网络整体运行态势如何,功用发挥程度怎样,“庭”“站”“点”“员”各个节点质效如何区分等问题,现有的评价机制无法作出回答,暴露出评价机制方面的若干缺陷。一是评价主体单一。现行便民诉讼网络效果评估主体多是本级人民法院机构内部或者上级人民法院评估,尚未形成完善的当事人及代理律师以及社会公众等外部人员对便民诉讼网络的评价机制,一定程度上把感受便民效果的“亲历方”排除在评价体系之外。二是评价标准不够科学。目前对于便民诉讼网络的评价主要从调解率、一审简易程序适用率、撤诉率等9个评估指标进行指引,一定程度上存在把便民司法服务与正常的审判活动混同的倾向,忽视了立案前经由便民诉讼联络员调处纠纷的价值,与日常矛盾的演化进程没有紧密贴合。三是评价功能难以实现。评价功能主要有管理功能、激励功能和监督功能3种。从B区人民法院的实践情况来看,对便民诉讼网络建设的考核对象是部门,并没有落实到法官个人,导致法官评价与法官便民工作脱节。

2. 经费保障激励机制缺位

一项制度要顺利运行需要各方面的支撑与保障,最基础的莫过于财力和人力。现阶段,基层人民法院在开展便民诉讼网络建设中正面临着保障制度的缺失。(1)配套资金不足。当前便民诉讼网络建设是由基层人民法院或人民法庭负责实施的。但目前,重庆市高级人民法院拨付给B区人民法院的便民诉讼网络建设专项补贴约每年20,000元,难以弥补因便民诉讼网络建设而造成的资金缺口。(2)法官待遇与工作量不成正比。在新形势下,以往基层人民法院通过绩效管理考核法官参与便民诉讼网络建设的做法逐渐弱化,法官因此多付出的努力并不能获得相应待遇的保障,这势必降低法官的积极性。(3)便民诉讼联络员经费缺失。能否调动广大联络员的工作积极性,决定着便民诉讼网络工作的成败。由于人民法院严格实行经费收支两条线,就B区人民法院而言,除了联络员可以通过参加每年两次的工作总结会获得一定的“误工补偿”外,法院实际上并未向他们支付任何经济补偿,这也导致部分便民诉讼联络员责任心不强,长期以各种理由不参加纠纷调处。

3. 便民诉讼联络员选任管理机制不合理

在司法实践中,便民诉讼网络建设运行与制度层面的设计存在偏差,与广大民众的期望也存在较大差距,主要还是在于联络员选任管理机制存在问题。(1)选任机制有待完善。现阶段,尽管B区人民法院已确立公开选聘的制度以选聘联络员,但自发报名参与的占比较少，大部分采取单位推荐的方式，导致联络员来源范围不够广泛。目前，单位推荐的联络员又多为村社干部，但实践中村干部主要精力集中于执行行政性的事项。诉讼联络之类的内容没有法律上的制度安排，又无实质上的激励机制，所以一部分联络员长期无法发挥他们的真正作用，而一些真正具有较高职业道德水准、过硬专业素质的人才无法被法院选聘。(2)日常管理尚不规范。目前对联络员的日常管理仅是一个框架性的规定，制度设计相对简单，缺乏具体而明确的操作要求。因此，基层人民法院在实际运行中尚存在不够规范的问题。

4. 系统性培训有待加强

当前基层人民法院的培训还跟不上新时期人民对司法的需求，在一定程度上影响了便民诉讼网络效能的发挥。(1)培训机会有限。部分联络员有为群众服务的热情，但苦于自身法律知识的欠缺，在为许多群众服务时显得力不从心。从调查来看，58%的联络员认为自身法律知识欠缺，可以说获取培训的需求是旺盛的。为提高便民诉讼联络员的素质，B区人民法院每年都会进行1～2次集中培训。虽然集中培训确实取得了一定的成效，但从B区实际情况来看，由于67%的联络员系初中文化程度，且大部分没有法学教育背景，寄希望通过一两次集中培训，短短几个小时的时间讲授一大块内容，联络员只能浅尝辄止，培训效果可想而知。(2)培训方式不够灵活。培训形式基本是通过现场授课，一般采用“填鸭式”、灌输式方法，虽然方便，但培训效果却一直不甚理想。由于联络员均为兼职，部分联络员由于工作等原因，多年不能到现场接受培训的现象也是时有发生。就法官而言，由于基层人民法院案多人少的压力，部分法官参加培训的机会微乎其微，更不用说有针对性地开展司法便民方面的专题培训了。(3)培训内容缺乏针对性。例如，工业园区片区没有做到强化《合同法》、劳动争议等方面的培训，征地拆迁范围没有重点加强土地、分家析产等有关案件类型的指导，按需培训、“订单式”培训长期缺位。此外，法院将培训的大部分精力基本都放在法律条文适用的培训上，如调解技能、便民服务体系、职业精神养成等方面的培训相对薄弱。

5. 条块结构沟通协调不畅

(1)整体性不强。目前的便民诉讼网络中，法庭、派出所、司法所等作为基础性要素的各类组织间在便民框架下的职责不够明晰、相互衔接并不流畅，与系统的整体性要求还有差距。从调研来看，88%的联络员主要从事的工作是法律文书送达，而参与矛盾纠纷调解较少，直接导致45%的联络员认为自己从事的便民联络工作与心理预期有差距。(2)开放性不够。从调研情况来看,对便民诉讼网络司法便民宣传普及不够,宣传多以现场宣传、传单发放等传统方式为主,群众了解便民举措的渠道较为狭窄,诉讼参与人处于信息弱势方,限制了便民诉讼网络功能的发挥。甚至有37%的诉讼参与人不清楚便民诉讼网络的职能是什么,以及能提供哪些司法便民服务,一定程度上反映出公众参与机制缺乏。

6. 与司法系统整体信息化建设水平不同步

(1)信息化人才储备不足。为解决司法服务"最后一公里"的问题,重庆法院加强司法便民信息化建设,但由于缺乏相关法律支持和技术力量,一部分信息化创新举措在实践中效果未充分发挥。以数字巡回审判系统为例,由于相应的硬件设备和相关设备自动程度还不够理想,加之缺乏能同时熟练掌握审判与电脑技术的复合人才,导致设备不能发挥应有功效,造成一定程度的资源浪费。(2)平台建设滞后。由于缺乏统一平台,法院与各基层组织、联络员之间信息不能互联互通,资源不能共享。便民诉讼网络各成员之间对司法便民工作情况掌握不全面,进度把握不及时,运行数据基本靠手工统计、界定标准不统一,统计效率低、周期长。

三、展望:新常态下便民诉讼网络的完善

(一)优化便民诉讼网络建设应坚持的原则

便民诉讼网络各项制度成果和实践经验,发端于人民法院从方便人民群众参与诉讼这一价值原点的思考。当前,虽然在便民诉讼网络完善的具体举措上存在分歧。但归根结底,便民诉讼网络的改革和完善,应服务于该制度设计的初衷,通过把握基本原则坚持正确的价值取向,促进各项功能定位明晰,效果发挥更加全面,各类资源得到集约利用。

1. 便民利民原则

便民利民原则是便民诉讼网络建设和发展的首要原则。该原则确定了便民诉讼网络优化的核心价值取向,即为方便人民群众化解纠纷提供充分的制度供给和实践保障,在法律规定的范围内适当简化程序要求,确保当事人借助便民诉讼网络能够更加便捷地参与诉讼,在付出更低的时间、经济和精神成本的前提下,使矛盾纠纷得到妥善解决。着眼全球视野下的司法便民化的改革潮流,立足我国实际挖掘优良传统蕴含的宝贵资源,不仅关注"形式便民",还应确保"实质便民",增强群众矛盾纠纷解决的便利性、民主性及有效性。

2. 服务诉讼原则

坚持服务诉讼这一原则，需要正确处理“司法形式主义”和“当事人便利主义”之间的关系。一方面，从公正解决纠纷的角度看，基于司法形式主义的天然特质，诉讼程序性特征明显，如法律文书的送达、举证期限的给予、庭审中的质证和辩论等环节，无不反映了理性的程序思考和推敲，客观上保障了当事人的诉讼权利。但有些司法便民措施容易造成对程序正义的否定。[①] 对于严重违背基本程序正义要求，以至于侵害一方当事人合法利益的调解，[②]不能被动地局限于便利当事人的角度看待问题而任由当事人“自行发挥”。另一方面，从提升纠纷解决效率的角度看，便民诉讼网络的各个环节，应当在法律规定范围内精简诉前、诉中和执行过程中的程序节点及缩短时间周期，依托便民诉讼网络积极配合人民法院开展审判执行工作，着力提升纠纷解决效率。诸如久拖不决的调解，应当在核实当事人真实意思表示的情况下，引导其及时提起诉讼，不能任由当事人继续私力救济。

3. 兼顾社会治理原则

便民诉讼网络虽由人民法院推动建立和完善，但基于法律作为调整社会关系的基本方式之一，在资源分配、权利处分和人身关系调整中所起的重要作用，不能否认该制度在社会治理领域的重要价值。故便民诉讼网络的优化与发展，不应仅停留在法院系统内部的机制改革上，而应上升到国家治理的制度层面。[③] 法院审判执行工作作为国家职能的有机组成部分，本质上体现了国家政治意志和对社会治理目标的追求。因此，便民诉讼网络建设除了坚持便民利民、服务诉讼的维度外，还应兼顾社会治理，将推动社会治理规范化作为重要的考察视角和建设动力。

4. 信息技术推动原则

信息技术的借鉴和吸收，有利于发挥各项业务工作与信息化建设的深度融合，实现司法数据的全面、及时、客观汇集，为便捷高效地化解矛盾纠纷提供技术支撑。一些地区在利用现代信息技术方面的实践，已充分证明信息化在依法打击刑事犯罪、快速办理治安案件、预判群体事件及维护社会稳定等方面的突出效果。随着互

---

① 参见浙江省象山县人民法院课题组：《司法便民长效机制建立与完善的路径探索》，载《中国审判》2010 年第 7 期。

② 如在处理法定继承纠纷过程中，遗漏其他继承人而径行组织纠纷双方调解。

③ 参见卢祖新、娄必县：《从法庭到村庄：法院参与乡村治理的路径、危机与对策——兼评农村便民诉讼网络建设的意义》，载《法律适用》2012 年第 1 期。

联网信息技术的日新月异和智能终端设备的普及，信息技术对包括便民司法在内的人民法院各项工作的推动作用也会日益明显。最高人民法院《关于全面深化人民法院改革的意见——人民法院第四个五年改革纲要(2014－2018)》明确提出，建立中国特色社会主义审判权力运行体系，必须依托现代信息技术，构建开放、动态、透明、便民的阳光司法机制，增进公众对司法的了解、信赖和监督。通过借助现代科技尤其是互联网信息技术，转变和创新工作方式，整合各类资源以形成便民诉讼网络的“大数据”，利用互联网和各类移动终端缩短时空距离，使便民诉讼网络的功能提档升级。

(二)微观上加强便民诉讼联络员管理

目前，重庆法院构建了以人民法庭为中心、便民诉讼站为主干、便民联系点为支点、便民联络员为纽带的便民诉讼网络。在便民诉讼网络架构中，处于微观层面，起基础性作用的是便民诉讼联络员的日常工作；处于中观层面，起主干性作用的是便民诉讼网络本身的机制建设；处于宏观层面，起推动性作用的则是社会力量的影响和制约。考虑到便民诉讼网络上述不同维度构成要素的具体特点，为全面推进便民诉讼网络的优化与发展，可分别从便民诉讼联络员这一微观层面、便民诉讼网络机制本身这一中观层面、便民诉讼网络机制外围因素的影响这一宏观层面，探讨优化之路径。

1. 规范人员选任

在便民诉讼联络员选任上加强规范性，把好入口关，合理拓宽人员范围。课题组建议：一是确定便民诉讼联络员任职资格的禁止性条件。如可规定便民诉讼联络员的学历应为中专以上学历、年龄不应超过65周岁、未因故意犯罪受到过刑事处罚、无赌博和吸毒恶习等。二是设置合理的选任程序。首先，应加大公开选聘力度。通过在人民法院或村社公告栏张贴选聘布告、在互联网发布选聘信息等多种方式，将拟聘便民诉讼联络员的任职条件、工作内容、职业保障、选聘程序等信息公开告知当地群众，加大公开选聘声势，提升公众知晓率。其次，探索先自荐后组织推荐的形式。鉴于以往便民诉讼联络员的来源中，组织推荐比例过大的问题，可以采取以自荐为主，基层组织推荐作为补充的方式。自荐人员的考察主要集中在专业知识、工作技巧、社会常识和政治素养等方面。三是落实便民诉讼联络员归口管理制度。由审判事务管理办公室等有关部门作为职责部门，具体负责便民诉讼联络员的选任、管理等日常事务工作。

2. 强化日常管理

不可否认,实践中一些便民诉讼联络员怠于履行工作职责。如一些便民诉讼联络员长期外出务工或专注于私人事务,对便民诉讼联络工作疏于兼顾。因此,应努力提升便民诉讼联络员日常管理水平。一是建立工作台账。工作台账内容至少包含工作时间、工作地点、参加人员、工作内容、服务对象联系方式等基本要素。二是制定合理的基本任务量。可根据该便民诉讼联络员所在片区常住人口及企业数量、经济发展水平、治安状况等因素,参考之前一定时期内各类诉讼案件数量等数据,为便民诉讼联络员每年设定合理的基本任务量,作为考核便民诉讼联络员工作的依据。三是建立以划片管理为基础的定期交流指导制度。可以片区为单位,实现若干便民诉讼联络员与具体法官的一对一结对,由结对法官负责指导片区便民诉讼联络员日常业务工作。

3. 提升业务技能

"某种意义上讲,司法便民是一种柔性司法理念,带有很强的政治性、应时性和针对性。在司法中推行便民措施,应当有一定限度,不得背离法治主义,也不得违背公序良俗,要在合法性与合理性限度内开展。"①应采取包括开展业务培训会在内的必要手段,帮助便民诉讼联络员提升业务技能。一是编制科学全面的工具书。通俗易懂、内容丰富、实用高效的工具书,对提升便民诉讼联络员的业务技能有直接推动作用。二是合理开展业务培训。首先,应当合理设置培训课程。可针对便民诉讼联络员设计一套知识技能体系较为全面的培训课程方案,内容至少涵盖我国《民事诉讼法》《民法通则》《合同法》《婚姻法》《继承法》《侵权责任法》等常用法律知识和实务操作技能。不光讲解法条原文,还要重点讲解调解技巧。其次,加强培训中的交流与互动。培训过程中,可邀请成绩突出的便民诉讼联络员上台结合案例分享经验和体会。最后,应当提升业务培训的针对性。如对劳资纠纷多发地区的便民诉讼联络员加强劳动人事争议方面法律知识和实务技能的培训,在机动车交通事故多发地区则应加强对我国《侵权责任法》等方面法律知识和实务技能的培训。

4. 加强履职保障

如上文所述,目前重庆市 B 区人民法院的便民诉讼联络员虽名为选聘,但除每

---

① 王杰:《司法便民的正当开展及其限度——兼论其在民事再审案件中的开展》,载《山西农业大学学报》(社会科学版)2016 年第 15 卷。

年参加两次工作总结大会可领取较少金额的“误工补偿”外，[①]并未获得其他包括通信费、材料复印打印费、办公文具费、交通费在内的任何补偿或劳动报酬，而大多数便民诉讼联络员系兼职，在其本人工作单位也未因从事便民诉讼联络工作获得过任何补偿。实践中，便民诉讼联络员垫付交通费、打印费的情况并不少见。加强便民诉讼联络员履职保障，已经成为继续推进便民诉讼网络建设工作不可回避的难点。首先，需要合理确定经费性质。便民诉讼联络员的履职经费性质应当以填补支出成本为主并适当兼顾物质奖励。其次，可争取在财政资金中增设便民诉讼网络建设专项配套预算。最高人民法院《关于人民法院进一步深化多元化纠纷解决机制改革的意见》（法发〔2016〕14号）明确指出，各级人民法院要主动争取党委和政府的支持，将纠纷解决经费纳入财政专项预算。最后，应当妥善保护便民诉讼联络员履职过程中的人身财产安全。比如，对便民诉讼联络员提供的当事人信息等情况，不得向当事人释明该信息来源。对侵害便民诉讼联络员人身财产安全的行为，由法院司法警察或协助当地公安部门及时依法进行查处，保护便民诉讼联络员的合法权益。

5. 完善激励机制

一是加强物质奖励。在对便民诉讼联络员个人档案进行全面客观审查的前提下，对于其每年收转材料次数、上门立案次数、代为诉前调解次数及成功件数、送达人民法院法律文书次数和成功次数等工作实绩进行统计。对工作实绩超出基本任务量的，根据超过数量的不同，分别给予不同金额的物质激励。二是加强精神激励。在对相关便民诉讼联络员给予物质奖励的同时，还可将其工作业绩在媒体上进行通报表彰，加强舆论宣传并颁发表彰证书，并将奖励情况及时通报给便民诉讼联络员所在单位。此外，可以适度提高表彰规格，如在全市范围内每年开展优秀便民诉讼联络员的评比与表彰，激发便民诉讼联络员的荣誉自豪感，提高工作认同感，同时也有利于宣传便民网络建设工作。三是提供任职转型支持。在人民陪审员选任时，对便民诉讼联络员履行职务成绩优异且符合人民陪审员任职资格的，可考虑在征询其本人意愿的前提下优先选任。

6. 确立退出机制

目前，有的农村地区的便民诉讼联络员常年脱离所在基层组织外出打工或搞副

① 重庆市B区法院现聘有便民诉讼联络员201名，而每年经费仅为20,000元，每名联络员年平均经费不足100元，经费短缺情况较为严重。

业，难以有效传递信息或参与矛盾化解。有些联络员在辖区群众中威信不高，难以获得当事人的信任。有些单位的联络员责任心不强，长期以各种理由不参与纠纷调处。这类明显不能胜任矛盾调处工作的人员未能及时得到调整，较大程度地影响了矛盾调处平台的效能发挥。针对此类现象，应建立退出机制，明确便民诉讼联络员退出序列的具体条件和程序。一方面，应当确立便民诉讼联络员的被动退出机制。可规定便民诉讼联络员每年应当完成的基本任务量，对未达到基本任务量50%或有其他严重不称职行为的，可要求该联络员主动退出便民诉讼联络员序列或由人民法院将其解聘。另一方面，还应确立便民诉讼联络员主动退出机制。对于便民诉讼联络员因身体健康、本职工作调动离开现服务地区等原因，不能胜任当前便民诉讼联络工作的，可由其提出书面申请，主动辞去便民诉讼联络员职务。对于职位空缺，可进行递补。

（三）中观上优化便民诉讼网络功能

1. 提升利用主动性

在本课题的调查问卷中，反映出法院工作人员对利用便民诉讼网络推动案件审理的积极性、主动性偏低的现象，应采取措施充分调动法院工作人员利用便民诉讼网络的主动性。可借助司法改革的契机，引导法院工作人员主动利用便民诉讼网络。司法改革的基本目标之一是增强法官主体地位，“让审理者裁判，由裁判者负责”。便民诉讼网络的良好运行，不仅能为人民法院受理案件提供“减压带”，还能成为法官办案的“好帮手”，促进调解加快结案。故需要让法官、书记员、执行员等法院工作人员熟悉便民诉讼网络，肯定便民诉讼联络员的实际工作效果，进而逐步提升便民诉讼网络的利用率。

2. 加强信息化建设

首先，在智能移动通信终端设备广泛普及的今天，应当利用便民诉讼联络员下载使用的微信、QQ等即时通信软件建立讨论交流群，发布工作通知、讨论法律问题、交流工作经验、增强团队凝聚力。其次，在巡回审判等工作事务中，不但要力争使信息化硬件设备到位，还应加强培训能够熟练使用相关设备的人才，充分发挥设备的使用价值。再次，对于前述便民诉讼联络员工作台账，可探索开发相应的便民诉讼联络员办公软件和纸质台账对接，一方面可提升联络员办公效率和准确性，另一方面有利于便民诉讼联络员管理委员会对便民诉讼联络员日常工作进行监督与指导。最后，可根据当地地理概况开发“便民诉讼网络地图”。以地图信息为主要载体，通过扫描“二维码”或链接形式，供当事人公开下载。

3. 强化综合保障

司法资源的有限性在一定程度上成为提升司法工作效率的“瓶颈”。反映在便民诉讼网络建设和发展上，主要呈现为硬件设备无法及时采购、信息化建设停滞不前、事务性工作所需耗材及辅助用品无法得到充分供给等现实窘境。对此，课题组建议，提高对便民诉讼网络整体建设所需硬件的投入，以充分的资金支持为便民诉讼网络的建设和进一步发展打下坚实的物质基础，提升便民诉讼网络解决问题的能力和水平。

4. 完善工作评价机制

首先，在绩效考核等方面应体现法院工作人员在便民诉讼网络机制下的工作量。假日法庭、根据当事人情况非工作时间走访、随时应急赶赴现场、为调处纠纷多次往返等工作内容，有不同于一般“坐堂问案”的工作特点。但在一些法院，这些工作内容并未纳入绩效考核的“工作量“范畴，即使有也是通过“酌情考虑”等变相方式予以解决，从长期来看，不利于维护和促进法官参与便民诉讼网络工作的积极性。对此，应以充分肯定法官参与诉讼前矛盾化解的重要价值为方向，系统梳理法官便民网络平台下的工作类型、难易程度，形成工作量记载、折算及评价体系。其次，应实现评价主体多元化。日前的评价主体设计上，一些地方要么直接没有评价机制，要么把本级人民法院机构内部或者上级人民法院作为效果评估主体，尚未涵盖纠纷当事人、代理律师等社会公众，评价主体缺乏广泛性。这种把“亲历方”排除在评价体系之外，更多依靠法院系统内部的评价方式，难以保证评估的客观性、公正性。应逐步拓展评价主体范围，增强主体来源广泛性和代表性，可以探讨委托第三方评估的思路，及时为多元化纠纷解决机制进行“问诊、把脉”。

（四）宏观上完善对接机制

1. 落实参与主体多元化

2016 年 6 月最高人民法院专门下发了《关于人民法院进一步深化多元化纠纷解决机制改革的意见》（以下简称《意见》），为下一步的多元化纠纷解决机制改革指明了方向。《意见》第 3 条以基本原则的形式进行了明确，即“坚持党政主导、综治协调、多元共治，构建各方面力量共同参与纠纷解决的工作格局”。但在目前的便民诉讼网络建设实践中，当地党委、政府支持的力度仍需进一步争取，参与主体的“多元化”尚未实现，“党政主导、综治协调、多元共治”的制度设计未得到充分落实。在下一步的工作中，需要以《意见》第3条规定的基本原则为指引，更加积极地向当地党委、政府汇报有关情况，努力争取支持。贯彻群众路线，把各有关部门的职能作用充分发挥出来，把基层的力量资源有效整合起来。具体来说，鉴于目前便民诉讼联络员未被纳入人民法院或其他机关、条线的考核体系中，客观上形成了“考核真空”。课题组认为，应完善便民诉讼网络和其他党政部门的对接机制，将便民诉讼联络员当年便民诉讼联络工作实际业绩纳入当年的党政考核体系中，助推参与力量的整合。

2. 助推乡村治理平衡

随着城镇化逐步推进及市场经济的发展，乡村社会经历着从“熟人社会”向“半熟人社会”的转变，诸多外来经济因素也介入到乡村，乡村各类群体利益多元、意识多元的趋势更加明显，乡村社会治理成为新课题。一方面，人民法庭需要重视发挥规则意识的引领和强化功能。法庭在乡村公众看来，一定程度上代表法律规则、正式制度甚至是一种“官方表述”，不同于民间礼制、风俗或者习惯，人民法庭运用司法权力调处矛盾、定分止争的过程，是让当事人直接感受法律、加深对法律认识的过程，也是运用法律修正乡村社会运行规则的过程。另一方面，人民法庭需要重视“非正式规则”的重要效用。非正式规则一般是指未获国家强制力认可，但在一定地域或特定群体中作为通行规则发挥作用的行为指引规范。对乡村社会来讲，非正式规则可以表现为村规民约、道德、族规或习俗习惯等。诸如城镇化进程中出现的经济纠纷、土地流转纠纷、治安案件等治理难题，未必全部需要通过诉讼方式解决，需要人民法庭或由人民法庭指导“站”“点”“员”各节点努力寻找两种规则间的平衡点，运用掌握司法智慧的优势，科学运用非正式规则，以多种途径实现价值取向上的合理性，促进乡村治理机制间的平衡。

图书在版编目(CIP)数据

司法体制改革与智慧法院的实践与探索 / 杨临萍主编. -- 北京 : 法律出版社, 2019
ISBN 978-7-5118-9991-0

Ⅰ. ①司… Ⅱ. ①杨… Ⅲ. ①科学技术－应用－司法制度－体制改革－研究－中国 Ⅳ. ①D926.04

中国版本图书馆 CIP 数据核字(2019)第 012041 号

司法体制改革与智慧法院的实践与探索
SIFA TIZHI GAIGE YU ZHIHUI FAYUAN DE SHIJIAN YU TANSUO

杨临萍 主编

策划编辑 沈小英 陈 妮
责任编辑 陈 妮 毛镜澄
装帧设计 李 瞻

出版 法律出版社
总发行 中国法律图书有限公司
经销 新华书店
印刷 中煤(北京)印务有限公司
责任校对 李景美
责任印制 吕亚莉

编辑统筹 法治与经济出版分社
开本 710 毫米×1000 毫米 1/16
印张 18.5
字数 300 千
版本 2019 年 5 月第 1 版
印次 2019 年 5 月第 1 次印刷

法律出版社/北京市丰台区莲花池西里 7 号(100073)
网址/www.lawpress.com.cn
投稿邮箱/info@lawpress.com.cn
举报维权邮箱/jbwq@lawpress.com.cn
销售热线/010-83938336
咨询电话/010-63939796

中国法律图书有限公司/北京市丰台区莲花池西里 7 号(100073)
全国各地中法图分、子公司销售电话:
统一销售客服/400-660-6393
第一法律书店/010-83938334/8335
西安分公司/029-85330678
重庆分公司/023-67453036
上海分公司/021-62071639/1636
深圳分公司/0755-83072995

书号:ISBN 978-7-5118-9991-0
定价:86.00 元

(如有缺页或倒装,中国法律图书有限公司负责退换)